日本教師教育学会年報

第31号

日本教師教育学会編

〈特集１〉

教員研修制度改革の検討

〈特集２〉

幼児教育・初等教育教師の養成と研修
──現状と課題──

日本教師教育学会年報（第31号）目次

〈特集1〉教員研修制度改革の検討
〈特集2〉幼児教育・初等教育教師の養成と研修
――現状と課題――

1 〈特集1〉教員研修制度改革の検討

2 〈特集2〉幼児教育・初等教育教師の養成と研修――現状と課題―

3 研究論文

4　研究倫理の広場

5　書評・文献紹介

6 第31回大会の記録

7 日本教師教育学会関係記事

日本教師教育学会年報
第31号

1

〈特集１〉
教員研修制度改革の検討

この間、教員研修制度は大きく変化してきました。2016年の教育公務員特例法の改正は、教員の資質向上をめざして、文部科学大臣による「指針」の決定、教育委員会による「指標」の策定を定めました。そして本年７月には、教員免許状更新制度が廃止されるとともに、その発展的解消として、教育委員会が教員一人ひとりの研修等の履歴を記録し、指導助言するシステムが導入されました。

このような一連の研修制度改革は、どのような背景と目標を持つものとして分析・整理されるのでしょうか、また現在、それらはどのような実態を持つものとして具体化されてきているのでしょうか、そして今後の研修制度はどのような理念と方向性を持つものとして構築されるべきなのでしょうか。多様な観点から検討し考察を深めたいと考えます。

〈特集１〉教員研修制度改革の検討

戦後の研修政策と自主的・主体的研修活性化のための課題
── 教特法第22条２項の解釈・運用を中心に ──

久保　富三夫（和歌山大学名誉教授）

はじめに

小論では、戦後の教員研修政策の歴史を整理し、専門職としての教員にふさわしい自主的・主体的研修を実現するための課題は何か考えてみたい。その際に、教育公務員特例法（以下、教特法）研修条項を法的根拠にした研修機会保障の制度・運用からの考察を中心とする。「研修条項」とは、1949年１月の教特法公布以降2003年までは「第３章研修」を構成する第19・20条を指す。2003年７月公布の「国立大学法人法等の施行に伴う関係法律の整備等に関する法律」により、現行法では第４章第21・22条となっている。この２か条は、公布以来ほぼ同一の条文である。とくに、第22条（旧20条、以下同じ）２項の解釈・運用に焦点を当てることにする。

なお、筆者は、研修条項を含む第４章研修（第20～25条の二）および第５章大学院修学休業（第26～28条）を合わせて「研修関係規定」と呼んでいる。

１．戦後初期の教員研修政策

⑴教特法研修条項の制定

教特法は、国家公務員法（1947年公布）と近く制定が予定されていた地方公務員法（1950年公布。以下、地公法）の特別法である。1948年12月の第４回国会において法案が審議され、一部修正されて可決成立し、翌年１月に公布・施行された。当初は教員身分法案として、教員組合運動対策的性格が強く、また国公私立すべての教員を対象とした法案が構想されていた[(1)]。

ただし、教員組合運動対策のためにのみ教員身分法が立案されたと考えるのは事実とは異なる。「学問・研究の自由」の重要性は、敗戦後、早い時期から強調されていた。1945年９月に作成された田中耕太郎「教育改革私見」[(2)]や同年11月20日の文部省官房総務室「画一教育改革要綱（案）」[(3)]に真理探究の自由、すなわち学問・研究の自由保障を重視する理念が明示されている。

⑵研修条項の立法趣旨

拙稿「『学び続ける教員像』への期待と危惧」において、「研修制度の初志（研修条項の立法者意思）」として４つのことを挙げた[(4)]。第１に、教特法は「教員擁護の規定」[(5)]あるいは「教育公務員を保護する規定」[(6)]として制定された。第２に、研修は義務であるとともに権利である[(7)]。第３に、教員自身が自ら研修に努める場合と行政当局から機会を与えられて行う研修と、どちらの場合も「職務としての研修」と位置づけられている[(8)]。第４に、「研修の自由」が基本的に保障されていた[(9)]。

自主的・主体的研修の中核としての「勤務時間内校外自主研修」（以下、「校外自主研修」）の法的根拠である第20条（現22条、以下同じ）２項についての文部省解釈は、「校長は正当な理由がない限りそれを承認すべきであって、みだりに研修の機会供与を拒むべきではない」[(10)]や「教育公務員自身が積極的に研修を行おうとする場合にも、できるだけの便宜が図られなければならない」[11]であった。

2．研修政策の転換

⑴研修の自主性・主体性尊重の後退

1954年の政治的中立確保に関する臨時措置法を皮切りに、1956年に地方教育行政法が公布・施行され公選制教育委員会から任命制教育委員会制度に移行した後、改訂学習指導要領官報告示による法的拘束力強化、教科書検定制度の強化、全国一斉学力テストをめぐる紛争等を背景として、研修政策の統制的側面が急速に強化されていった。

以後、今日まで60年以上にわたる研修政策は、行政研修の体系化・肥大化の歴史であった。1960年代に入ると、文部官僚の著作において、教員の自主的・主体的研修を尊重するという趣旨の表現はほとんど見られなくなる。そして研修の義務性が一面的に強調される。安達健二は「研修の義務→職務命令による強制研修→拒否した場合は職務命令違反による懲戒処分」という論理を述べている[12]。木田宏は、「研修自体が望ましくない場合は、それを制止することも当然」[13]と述べ、研修内容を積極的に統制する姿勢を打ち出した。

文部省は学校長等海外派遣や小中教育課程研究集会[14]を開催し、しだいに行政研修を強化していった。また、記述がやや先走るが、70年代になると新規採用教員研修、教職経験者研修、校長等中央研修会などの行政研修を拡大していった。一方で、自主的研修活動は抑圧され研修機会は狭められていった[15]。

⑵職務性の狭小な解釈

また、職務としての研修と職務専念義務免除（以下、職専免）による研修との区別が重視されるようになってくる。前述の木田論文と同時期（1961年）の「都道府県教育委員会事務局職員人事担当者研修講座　演習問題から」では、「教特法第20条の規定は、職務としての研修以外に教職員の自発的な研修を奨励し、勤務時間中にもできるだけの便宜をはかることを目的としている」と、第20条２項を「職務以外の研修」を対象とする規定と捉え、その「時間中職責を遂行しなかったことになる」が、職専免により地公法第35条違反にはならない、という解釈を示している[16]。このように「職務としての研修」を「職務命令によるもののみ」と極めて狭く解釈するようになった。

⑶補助金支給による教育研究団体統制

文部省が1960年度より始めた教育研究団体等教育研究費補助金[17]支給は露骨な研修統制の狙いのもとに実施された。初等中等教育局（以下、初中局）「教職員研修の強化」は「民間における中正穏健な教育研究こそが、教職員の資質を向上し、日々の教育実践に生かされるものである」[18]と述べている。また、今村武俊（初中局地方課長）が示す審査規準の第２項目は「構成員、過去の研究実績、団体の行動方針等について重大な欠陥を有する教育研究団体は、他の条件いかんにかかわらず、補助の対象としない」[19]というものである。これは、教育政策から自立的な教育研究団体を排除するための基準と考えるほかない。

本山政雄は、「行政の立場からは、教師の研修というのは文部省で定めた学習指導要領をいかに効果的に実施するかの技術の研修が大事である。したがって、新指導要領を、憲法や教育基本法の立場に立って研究したり、批判したりすることはもっての他のことで、荒木文部大臣のいうように法律違反の研究ということになる」[20]とその本質を指摘している。

⑷研修政策転換の画期

研修政策の変化を決定的にしたのが、文部省解釈が1964年12月にいわゆる研修３分類説に転換したことである。前述のように文部官僚の著作でしだいに姿を現し、1964年12月18日付の「大分県教育長あて文部省初中局長回答」において完全転換を遂げ、現在まで行政解釈として継承されている。これは、「教員の研修には、①勤務時間外に自主的に行う研修、②職務専念義務（地公法35条）を免除されて行う研修（職専免研修）、③職務命令による研修、の３種類がある。教特法第20条２項に規定する研修は職専免研修である」（要旨）とする。その後1990年代までは、地域・学校種間の差異はあるが、職専免研修としての取り扱いで「校外自主研修」は広範に行われてきた。一部には「職務・出張」扱いでの研修も存在した。その要因としては、1971年７月の文部事務次官通達「国立及び公立の義務教育諸学校等の教育職員の給与等に関する特別措置法（以下、給特法）の施行について」の影響があったものと思われる。これは、給特法公布（1971年５月）に伴い、同法制定の根拠とされた「教育職員の自発性、創造性に基づく勤務に期待する面が大きい」ことなど「勤務態様の特殊性」に合わせて、長期休業中の勤務場所以外での勤務を柔軟に認めること、あわせて教特法第19・20条の規定の趣旨に沿った活用を促したものである。

３．研修関係裁判の動向

⑴「反面解釈的羈束裁量権」説

1960年代後半より「校外自主研修」の承認等をめぐる紛争が続発し、一部の事件は法廷で争われた。これを筆者は「研修関係裁判」と呼ぶ。まず、1968年に職専免申請不承認のまま教育研究集会に参加して賃金カットを受けた教員に関する二つの判決を見ておこう。

1971年５月10日の札幌地裁判決では、承認・不承認の基準は、「授業に支障がないかどうかおよびそれが研修であるかどうかの２点であって、およそ研修という名目での申し出であれば授業に支障のない限り全て承認しなければならないということはできない」[21]であった。この段階における裁判例は、教特法の立法趣旨であり1950年代には維持されていた「授業に支障がなければ、校園長は基本的には校外研修を承認しなければならない」という解釈（羈束行為説）から、「全て承認しなければならないということはできない」[22]に微妙ではあるが変化していた。

そして、1977年２月10日の札幌高裁判決において、門田見昌明が「反面解釈的羈束裁量権」説[23]と呼ぶ裁判例が登場した。

> 教特法第20条第２項は、……校務の中でも教員の中核的職務たる授業についてはこれをまず優先せしむべく、授業に支障がある限りは研修参加の承認を許さないものとして本属長の承認権を羈束しているものと解される[24]。

いわゆる羈束行為説（教育法学の通説）を否定し、「授業に支障がある場合には承認することができない」という意味で本属長（校園長）を羈束すると考える裁判例である[25]。

⑵校長の広範な裁量権容認

1993年11月２日の最高裁第３小法廷判決は「上告人が本件各研修を行うことにより、各研修予定日に実施される定期考査やその他の校務の円滑な執行に支障が生じるおそれがないとはいえない」と判示し、「漠然たる支障の可能性」が不承認の理由として容認された。さらに、「研修を行う緊急性」も本属長の承認の要件とされている[26]。

これは、兵庫県立高校の教員が、定期考査中の担当科目の試験および試験監督がない日に、在日朝鮮・韓国籍生徒の指導に関わる校外研修を申請したが校長が承認せず、そのまま校外研修を実施したところ欠勤扱いとなり賃金カットを受けた事件である。この判例によると、「校外自主研修」申請が承認されるのは長期休業中以外にはほぼ可能性がない[27]。

⑶期待される専門性の水準

1984年８月27日の山形地裁判決が重要である。これは、山形県立高校の国語科教員が夏休み期間中に大学での語学研修と旅行（1977年にイギリス、1978年にアメリカ）を計画し、県教育委員会教育長あてに外国旅行承認申請書を提出したが、県教委・校長は研修（職専免）として認めなかった。当該教員は語学研修・旅行を

1977年は年休で実施、1978年は中止した。この件での慰謝料請求事件である。

被告・県教委は、「高等学校教員には憲法上保障される研究の自由ないし研修権は存しないことは明らかである」と断言している。「国語教育と語学研修」については、要約すると、「高等学校学習指導要領では外国での語学研修や外国の文化に関する知識・理解はのぞましいことではあるが、国語科教員として絶対的に必要なものではない」ので「英語圏を旅行し、語学の研修を積むことは、国語教科とは直接関係がない事柄といわなければならない」、したがって、校長が裁量権を濫用ないし逸脱したとは言えない、と主張した[28]。「原典を読解する力」や「外来語の原語の歴史的風土を見ること」を「のぞましいこと」としながら[29]も、学習指導要領を超える水準の研修行為は支援しないとの主張である。

判決は、県教委の主張を認め、英語研修・旅行は「国語科の教員である原告の担当教科に直接関係し或いは密接な関連があるというを得ないことは明らかである」[30]と判示した。高校教員に期待される学識・教養はその程度なのかと暗澹たる思いがする。

判決から40年近い現在、文科省・教育委員会が教員に期待する専門性は、依然として学習指導要領の枠内のままなのだろうか。

4．行政研修の体系化と法定

⑴21世紀における研修政策

1988年の教特法改正により、1989年度から、初任者研修制度が全国的に実施されるようになった。初めての法定研修である。

21世紀にはいると自主的・主体的研修がいよいよ逼塞する事態が進行した。第1に、長期休業中の「校外自主研修」の行使が一段と困難になった。これは、2002年7月4日の文科省初等中等教育企画課長通知「夏季休業期間等における公立学校の教育職員の勤務管理について」(以下、2002年7月通知) が強い影響を与えた結果である。これについては後で考察したい。第2に、2002年教特法改正により10年経験者研修が法定され、2003年度から実施された[31]。第3に、2007年の教特法改正により、指導改善研修とその後の措置が法定された。「教員擁護の規定」として制定された教特法は、その立法時の初志とは異なる「教員統制の規定」への変質を遂げていった。第4に、2009年度から免許更新制度が強行された。同制度のそもそもの目的は「不適格教員排除」という名目での教員統制であったが、文科省による制度立案過程において「資質能力の保持」に目的が変更され研修制度と混同されることになった。

⑵「校外自主研修」の衰退

2002年7月通知は、教特法第20条2項に基づく研修を「職務」ではなく「職専免研修」とし、また、研修の権利性を否定していること、さらに、研修の内容を狭く限定していることは、教育法学の通説（自主的職務研修説）と異なっているが、研修と年休との混同を是正することが主旨だとすると首肯できる点もある。しかし、実際に教員への指示が行われる段階になると極端に統制的性格を発揮し、学校現場では「職専免削減」の取り組みが展開された。文科省は、夏季休業中の職専免研修取得状況に関する調査結果を2002年12月発行の『教育委員会月報』[32]において公表した。

「校外自主研修」は長期にわたり衰退しつつあったが、同通知は、長期休業中における職専免研修が極端に減少する契機となった。通知の「二－（二）職専免研修の承認を行うに当たっては、当然のことながら、自宅での休養や自己の用務等の研修の実態を伴わないものはもとより、職務と全く関係のないようなものや職務への反映が認められないもの等、その内容・実施態様からして不適当と考えられるものについて承認を与えることは適当ではないこと」により、授業や校務分掌との直接的関係性が極端に重視され、原理的・探究的で幅広い研修課題については承認されない傾向が一段と強まった。また、「二－（四)」により、計画・報告書の記述量増大と合わせて、申請に伴う管理職とのやりとりなどの煩雑さを教員が忌避して、研修申請自体が大きく減少した[33]。

研修を「職務」として位置づけるか否かの問題もあるが、実践的争点の核心は、教育委員会や管理職が、教特法の立法趣旨に則り教員の自主的研修をできる限り保障しようという立場に立つのか、それとも、できるだけ認めずに出校させようとするのか、という点にある。出校させることが自己目的化したり、貴重な研修機会を奪っているとしたら本末転倒である。一方、教員も、研修申請を回避して年休により研修する等の弱さがあったことは否めない。この通知以降、第22条２項の「死文化」が進行した。2019年６月28日には、初中局長事務代理通知「学校における働き方改革の推進に向けた夏季等長期休業期間における学校の業務の適正化等について」(以下、2019年６月通知) が発出され、同通知により2002年７月通知は廃止された (2019年６月通知に継承)。

５．「校外自主研修」に対する政策的冷遇

⑴自主研修「重視」と施策の「皆無」

1964年12月の行政解釈としての「研修３分類説」確定以降も、教養審・中教審答申等の政策文書では、自主研修の重要性は常に明記されてきた。しかし、「自主的・主体的研修も大事だ」と述べながら、大学院修学休業制度 (2001年度実施) 以外には奨励・支援策を講じてこなかった。しかも、2002年２月の中教審答申「今後の教員免許制度の在り方について」等では、「自主研修」とは「勤務時間外の研修」を指しており、第22条２項の適用は考察・検討の対象外であった。

⑵2012年と2015年の中教審答申

「学び続ける教員像」を掲げた2012年８月の中教審答申「教職生活の全体を通じた教員の資質能力の総合的な向上方策について」(以下、2012年答申) は、「教員は、日々の教育実践や授業研究等の校内研修……民間教育研究団体の研究会への参加、自発的な研修によって、学び合い、高め合いながら実践力を身に付けていく。しかしながら近年では学校の小規模化や年齢構成の変化などによってこうした機能が弱まりつつあるとの指摘もある」と述べている。答申に先立つ「審議のまとめ」(2012年５月15日) に対して、本学会は山﨑準二会長名の意見書 (2012年５月) の中で、「教員管理の点で上記のような自発的自主的な研究会・研修会への参加が公的に認められなくなってきていること」が「機能が弱まりつつある」大きな要因であり、「多様で創造的な教育実践を生み出していくことのできる資質能力の育成を図るためには、その自己研鑽の機会も教育行政によって公認されたものだけに限定することなく多様に認められ保障されなくてはならないと考える」と表明した。2015年12月の中教審答申「これからの学校教育を担う教員の資質能力の向上について」でも「自律的、主体的に行う研修に対する支援……が必要」等と述べながら、「校外自主研修」活性化の方策は提示されなかった。前述の本学会意見書は本質を衝いているが、その後も教育政策からは依然として排除され続けている。第22条２項に基づく「校外自主研修」の奨励・支援措置を行うこと、および2019年６月通知 (2002年７月通知) の見直しは、「学び続ける教員像」実現のための喫緊の課題である。

６．研修政策の改善課題

⑴研修の義務性・権利性の認識

1960年代以降は、政策文書において、研修の権利性を否定するか、あるいは無視して、義務性のみ強調することが恒常化している。とくに、2002年７月通知では、「職専免研修は、職務に専念する義務の特例として設けられているものであるが、当然のことながら、教員に『権利』を付与するものではなく」と決めつけ、2006年教育基本法全面改正では教特法第21条１項の「努力義務」のみ第９条１項に規定した。しかし、中教審や国会審議でも「研修は権利であり義務である」との認識は排除されていない。教

特法成立過程や立法時の文部省解釈からも権利性否定は不可能であり、また、教特法第22条２項の規定からもしかりである。しかし、さらに踏み込んで、次に引用するように、「子どもの学習権・人格の自由な発達」保障[34]のための「義務性を濃厚に帯びた権利」と捉えたい。

> 直接には教特法第20条によって教員には研修権が法認されていると解されるが、……それは義務性をかなり濃厚に帯びた権利だと見るのが妥当である。いうなれば、教員の研修権は、親の教育権にも似て、子どもの学習権・人格の自由な発達に向けられた「承役的権利」ないしは「他者の利益をはかる権利」として、優れて「義務に拘束された権利」だと規定できよう。主要には、権利性は任命権者を名宛人とし、義務性は子どもに向けられているといえる[35]。

⑵「高度な専門職」の学び

筆者は、「学び続ける教員像への期待と危惧」において、「2012年答申が掲げる『学び続ける教員像』の『学び』は、これまでの研修統制政策とは異なり、専門職教師にふさわしい多様で深い学び、探究的な学びを保障することでなくてはならない。『学び続ける』その『学び』を教育政策の枠内に閉じ込めないことが肝要である」[36]と指摘した。「『令和の日本型学校教育』を担う教師の在り方特別部会」が構想する「新たな教師の学びの姿」についても同様である。しかし、研修政策の展開は筆者が危惧したことが進行していると言わざるを得ない。すなわち、同特別部会の「審議まとめ」（2021年11月15日）に即していえば、「変化を前向きに受け止め、探究心を持ちつつ自律的に学ぶ」高度な専門職としての教師の学びにおいて「質が高い」として推奨されているのは、「教職大学院」「各教育委員会や教職員支援機構が開設した研修、民間のさまざまなセミナー等」（「民間」とは主に「民間事業者」を指すと思われる）、それから、必ずしも「質が高い」とはされていないが「『現場の経験』を含む学び」としての「校内研修」にほぼ限定される。すなわち、基本的には教育政策の枠内での学びである。ありていに言えば「『官許』の学び」であり、その枠内でひたすらまい進する教員像、その限りでの「学び続ける教員像」が浮かび上がってくる。

その一方では、「高度な専門職」教員の自主的・主体的・自律的で多様性がある研修であるために、職務としてあるいは職専免により幅広く認められるべき、教職大学院以外の学部・院での学修や公開講座、自治体・新聞社等主催の市民向け講座、教育学（その他の学会も）関連学会などへの参加・発表・投稿、そして、戦後日本の教育研究運動において大きな役割を果たしてきた多彩・多様な民間教育研究団体主催の研究会への参加・発表による研修については推奨されていない。少なくとも明確な言及はない。

しかも、研修計画立案にあたっては、2022年教特法改正により法定された「研修受講履歴管理システム」により、「単調右肩上がり積み上げ型」（山﨑準二）の教員育成指標に縛られながら「受講」すべき学習コンテンツを選び取っていくという。児童生徒・保護者、同僚・管理職、地域住民等との出会い・関わりや自らの家族生活、人生経験など、さまざまな要因により行きつ戻りつの過程を辿る職能成長実態とは乖離した教員育成指標が過度に重視されている。しかも「研修を行う」のではなく「受講・受ける」が基調である。

⑶核心は「研修の自由」保障

教員の教育活動の自由は、児童生徒の発達段階や法規等により一定の制約を受けることは止むを得ないとしても[37]、「研修（研究と修養）の自由」はできるかぎり幅広く認めることが、専門職としての学びの姿としてふさわしい。教員研修を政策の枠内に閉じ込めていては、それを検討吟味し絶えざる改善を続けていくための新たな知見や理論の創造力が枯渇してしまう。あるいは、初等中等教育の教員たちは、「教育政策の忠実な執行人」として、教育委員会等が推奨する研修内容習得に励めばよいということなのか。しかし、それでは「審議まとめ」が掲げる「探究心を持ちつつ自律的に学ぶという、高度な専門職にふさわしい」(31頁) 研修とは言えないのではないか。「新たな教師の学びの姿」を掲げるのであれば「研修の自由」保障の理念の確立こそ、その土台に据えられねばならない。

次に引用する「研究及び教育の自由」規定は、1946年12月26日の教育刷新委員会第6特別委員会第6回会議で報告された教員身分法案要綱案の第12項である。

> 一二、研究及び教育の自由　　教員の研究の自由はこれを尊重し、何人もこれを制約してはならないこと。但し教育に当たっては教育の目的に照らし各級の学校により法令その他学校の定める制約の存することは認めねばならないこと(38)。

この規定は、21世紀の現在においても継承できる内容である。検討すべき法規等をあげておくならば、憲法第26条の「教育を受ける権利」から導かれる研究の自由、教育基本法第2条の柱書きの「学問の自由を尊重しつつ」、それから、教師の地位に関する勧告の63項「教職にある者は、専門的職務の遂行にあたって学問の自由を享受するものとする」等である。ここでは、堀尾輝久による「教育を受ける権利」からの「研究の自由」の立論を見ておこう。学習権を保障するための教育の本質からの「学問研究の自由」要請論である。

> 教師の研究と教育の自由を、学問研究一般およびそのコロラリーとしての発表・教授の自由と単純に同一視することはできないといわねばならない。ここでは、研究(教育の)が教授の自由を要請するのではなく、逆に、学習権を充足させるための教授(育)という目的によって、研究の自由が要請されているのであり、……こうして教師の研究は、子どもや青年(国民)の学習権を充足させ、「国民の教育を受ける権利」(憲法第26条)の実質を保障するために要請されている。つまり、教育ということがら自体が、教師に1つの学問研究を要請するのであり、そこからまた教師の研究は、逆に教育の本質によって規定(制限ではない)され、その研究の領域と方向が示されているのである(39)。

これは、今日も初等中等教育の教員にとっての「研修の自由」保障の理論的根拠となる学説である。それは、「子どもの最善の利益」に接近するための教員としての職責遂行上要請される「研修の自由」である。「勤務時間外に自費で、ご自由に」という意味での「自由」ではない。学習権保障という職責遂行上欠くべからざる「研修の自由」であり、機会・費用保障に裏打ちされた「自由」なのである。

「審議まとめ」は、「本部会としては、……既存の在り方にとらわれることなく、審議を深めていく」(37頁) と述べているが、「研修の自由」保障について、同部会としての深い検討が行われたとは到底言うことはできない。

(4)研修条項の課題

①制定時から内在する矛盾

矛盾の第1は、「研修」とは「研究」と「修養」を約めた言葉であり、「研究」も「修養」も主体的行為 (study and self-improvement) であるにもかかわらず、教特法第20条の条文には、「受ける」(1・3項) と「行う」(2項) の2つの表現が存在することである。有倉遼吉は、「立法論的にいえば、『研修を受ける機会』とするのは妥当ではなく、『研修の機会』または、『研修を行う機会』と規定すべきであろう」(40)と述べた。なお、次に掲げる教特法英訳版の第20条には「研修を受ける」に相当する表現はない。「審議まとめ」で「研修はそもそも『研究と修養』を意味する用語であり」(19頁) と明記していることはその通りである。したがって、「研究を受ける」や「修養を受ける」という言葉がないように「研修を受ける」という言葉も適切ではない。研修は「行う」ものであり、その主語は教員である。教員が「受ける」(与えられる)のは「研修」ではなくて「研修の機会」「研修を行う機会」である。教育委員会や教職員支援機構は研修会の開催・実施主体であるが研修行為の主体ではない。研修行為の主体は教員である。「研修会の開催・実施主体」と「研修行為の主体」を明確に区別することが重要である。

> Article20. Educational public service personnel shall be given opportunities for study and self-improvement.
> 2. Teachers may leave their place of service for their study and self-improvement with the approval of the chiefs of their appropriate administrative agencies provided that it shall not impede their class-work.
> 3. Educational public service personnel may be allowed to make study and self-improvement extending over a long period of time retaining their current positions in accordance with the provision ordained by competent authorities. [41]

矛盾の第2は、「職責遂行の不可欠の要件」と位置づけながら研修費支給規定が存在しないことである。この不当さは立法時の国会審議において確認されていた。文部省は、研修費支給について今後の措置を約束して法案を成立させたにもかかわらず、初等中等教育教員の研修費支給規定設置は、国レベルでは今日まで未着手の課題である[42]。初等中等教育の教員にとって研修は職責遂行のために必須の行為である。そのための費用が支給されないまま、今日では検討すらされない不当性はもっと強調されねばならない。筆者が見聞するところ、4年制大学の附属学校等を中心に、私立学校の一部では研修費が支給されており、これが国公私立を問わずあるべき姿である。

②法解釈に関する検討事項

その実現の困難性を自覚しながらも、文科省・教育委員会、教員団体、学術研究団体等により、研修政策の歴史を論争・対立も含めて共有し、次の諸点等について時間をかけて検討して合意形成をめざしたい。検討すべきだと思われる主な事項を列挙しておこう。

(ア)「授業に支障」…「授業そのものへの支障」だけでなく、「授業その他の教育活動や校務への明白な支障」の有無を含むのか。

(イ)「支障のない限り」…「支障がなければ本属長は『校外自主研修』を承認しなければならない」(羈束行為説)のか、「支障がない場合に限って本属長は承認できる」(「反面解釈的羈束裁量権」説)のか。

(ウ)研修申請・報告書…提出の是非、適切な記載項目・分量、公開と情報保護。

(エ)「修養」行為に対する支援措置[43]。

③法改正の必要性

自主的・主体的研修保障のためには、法解釈の検討だけではなく次に示すような法改正も必要である。(ア)第22条2項の「授業に支障のない限り」を「授業その他の教育活動ならびに校務に支障のない限り」に[44]、(イ)「研修を受ける」を「研修を行う」に、(ウ)教特法成立過程での長期研修構想や日教組教育制度検討委員会、同第2次教育制度検討委員会の提言[45]を継承し発展させた「一定勤務年数での長期研修機会附与制度」創設の規定[46]、(エ)研修費支給を規定する、(オ)学校事務職員を教育公務員とする、(カ)国私立学校教員・事務職員への準用、など[47]である。

7.「校外自主研修」活性化のための課題

(1)現況

筆者は、2018年4～5月にかけて、全国の141の教職員組合[48]を対象に「自主研修の現況と教職員組合の要求運動等に関する調査」を実施し、43組合から回答が寄せられた。

「校外自主研修」については、第1に、「自主研修は名称さえ聞かれなくなっており、申請したということをほとんど聞いたことがなく、手続き、計画書を見たことがない」、と長期休業中においても申請すらしない実態が回答数の３割強に記述されている。第２に、申請書（計画書）・報告書はおおむねＡ４で各１枚である。記載事項は、期日、目的、研修場所、研修内容、職務への反映などである。第３に、教員に強い圧迫感を与えている主たる要因は、申請書提出後に管理職から「教科指導にどう生かせるのか」、「自宅でなければならない理由」を執拗に問い質されることであるという。第４に、「しだいに研修報告を書くなら研修は取らないという雰囲気が広がり、自主研修は限りなく少ない」ことや「申請の煩雑さから年休処理してしまう教員が多く、承認・不承認の実情について報告が上がってこないのが現状である」というように、申請者が激減し皆無に近くなっている実態が広く存在することがわかる。「4.（２）」で述べた2002年度以降の職専免研修の減少は、その後もさらに進行しているものと思われる。

⑵活性化のための課題

第１に、教員（および教員団体）が「校外自主研修」の申請を積極的に行う取り組みが必要である。申請しなければ何も始まらない。これは、長時間過密労働が是正された後の課題ではなく、喫緊のそれである。

第２に、文科省は、教員の自主的・主体的研修を奨励・支援するという研修条項の立法趣旨に立ち返り、2019年６月通知を見直す必要がある。第22条２項は、決して、自主的・主体的研修を制約するための規定ではない。

第３に、研修内容を担当教科等に狭く限定していることの是正はもとより、教養審・中教審答申において備えるべき資質能力として、「教職への情熱」や「総合的人間力」「コミュニケーション能力」を強調しながら、その体得につながる「修養」行為についての支援措置が皆無である実態を改めねばならない。

第４に、繰り返しになるが、もっとも根本的問題は「研修の自由」保障理念の確立である。「働き方改革」と「教職の魅力増大」が至上課題である今、「高度な専門職」にふさわしい「教師の学びの姿」を実現するためには、これは、長時間過密労働の是正とともに、研修環境整備のもう一つの重要な柱なのである。

注

⑴拙著『戦後日本教員研修制度成立過程の研究』風間書房、2005年、85-162ページ。

⑵鈴木英一編『資料教育基本法30年』学陽書房、1977年、74ページ。

⑶同前書、79ページ。

⑷『日本教師教育学会年報』第22号、2013年、41-44ページ。

⑸1948年12月12日、衆議院文部委員会での下條康磨文部大臣発言。「第４回国会衆議院文部委員会議録」第５号、５ページ。

⑹1948年12月13日、参議院文部委員会での下條文部大臣発言。「第４回国会参議院文部委員会会議録」第３号、16ページ。

⑺「第４回国会衆議院文部委員会議録」第２号、４ページ、1948年12月９日。

⑻12月11日の衆議院文部委員会における久保猛夫委員と辻田力調査局長の質疑応答。「第４回国会衆議院文部委員会議録」第４号、２ページ。1958年９月13日付岩手県教育委員会教育長あて文部省初等教育局長回答「教員の夏季休業日における服務について」文部省初等中等教育局地方課編『解説教育関係行政実例集』学陽書房、1962年、250ページ。

⑼久保・前掲書、409-410ページ。相良惟一『教育行政法』誠文堂新光社、1949年、13-14ページ。

⑽宮地茂『新教育法令読本』日本教育振興会、1950年、127ページ。

⑾文部省内教育法令研究会編『改正教育公務員特例法逐条解説』学陽書房、1951年、119ページ。

⑿『改訂版校長の職務と責任』第一公報社、1961年、320ページ。

⒀「教職員の人事管理」安達健二編『学校管理』学陽書房、1961年、107ページ。

⒁いわゆる文部教研。初回は1962年12月。

⒂牧柾名は「研修の目的性・集団性・開放性」（『季刊教育法』第46号、総合労働研究所、1983年

1月、44-53ページ）において、「教師自身が研修の自主性をそこなう事由をすべて外的条件に帰してしまうこと」を戒めている。

⒃『教育委員会月報』第13巻7号、第一法規、1961年10月、49-50ページ。

⒄2001年度が最終年度で廃止。

⒅『文部時報』第1004号、1961年4月号、53ページ。

⒆『文部時報』第1027号、1963年3月号、59ページ。

⒇「教師の研修と教育行政」『学校運営研究』第19号、1963年10月号、77ページ。

㉑教研集会参加事件・札幌地裁1971・5・10判決。『判例時報』No.651、1972年1月21日、108ページ。

㉒同前。

㉓門田見昌明「組合教研の研修性と職務専念義務免除の承認権」『季刊教育法』第24号、総合労働研究所、1977年7月、106ページ。

㉔札幌高裁1977・2・10判決。『判例時報』No.865、1977年12月1日、103ページ。

㉕「授業」を「校務」に含む点は疑問である。

㉖定期考査時研修事件・最高裁第3小法廷1993・11・2判決。『判例時報』No.1518、1995年4月1日、126ページ。

㉗拙著『教員自主研修法制の展開と改革への展望』風間書房、2017年、254-256ページ。

㉘同前書、227-231ページ。

㉙『判例タイムズ』No.554、1985年7月1日、293ページ。

㉚同前誌、299ページ。

㉛10年経験者研修は、2016年教特法改正により中堅教諭等資質向上研修に改変。

㉜第54巻9号、第一法規、90-103ページ。

㉝拙稿「教特法研修条項（第21条・22条）の原理と課題」『教育制度学研究』第25号、2018年11月、25-26ページ。

㉞「子どもの最善の利益」への接近、と言える。

㉟結城忠「教員研修をめぐる法律問題」牧昌見編『教員研修の総合的研究』ぎょうせい、1982年、303-304ページ。

㊱『日本教師教育学会年報』第22号、2013年9月、47ページ。

㊲1976年5月21日最高裁大法廷判決。国家的介入は抑制的であることが要請される。

㊳教員身分法案要綱案（「1946.12.26」案）『辻田力文書』国立教育政策研究所所蔵、所収。

㊴『現代教育の思想と構造』岩波書店、1971年、331-333ページ。

㊵有倉遼吉・天城勲編『教育関係法〔II〕』日本評論新社、1958年、544ページ。

㊶“The Law for the Special Regulations concerning Educational Public Service”. 昭和59年度文部省移管公文書『教育公務員特例法』第3冊（国立公文書館所蔵）所収。

㊷地方教職員組合による「研修費」獲得状況は久保・前掲『戦後日本教員研修制度成立過程の研究』321-325ページで詳述している。

㊸久保・前掲『教員自主研修法制の展開と改革への展望』289-293ページ。

㊹前記検討事項に関する筆者の見解である。

㊺教育制度検討委員会・梅根悟編『日本の教育をどう改めるべきか』勁草書房、1972年、128-129ページおよび第2次教育制度検討委員会・大田堯編『現代日本の教育を考える』勁草書房、1983年、162ページ。

㊻久保・前掲書、361-380ページにおいて詳述している。

㊼久保・前掲書、380-386ページ。

㊽都道府県・政令市教職員組合90、都道府県・政令市高等学校教職員組合51。

ABSTRACT

Post-War Policies of Teachers' Study and Self-improvement and Challenges for their Voluntary and Proactive Activation:
Interpretation and Application of Article 22, Paragraph 2 of the Law for the Special Regulations concerning Educational Public Service

KUBO Fumio
(Professor Emeritus of Wakayama University)

This study summarizes the history of the policies for teachers' study and self-improvement in Post-war Japan and considers issues to realize voluntary and independent study and self-improvement suitable for professional teachers. The focus is on consideration from the viewpoint of the system and operation of the opportunities guaranteed by the clauses of study and self-improvement (currently Articles 21 and 22) of the Law for the Special Regulations concerning Educational Public Service. Particular attention is paid to Article 22 (2).

Legislators had the following four intentions regarding the Law for the Special Regulations. First, it was enacted as "provisions for the advocacy of teachers" or "provisions for the protection of educational public servants." Second, study and self-improvement were both an obligation and a right. Third, in the case where teachers themselves strive for study and self-improvement and in the case of those provided with opportunities from the administrative authorities, they were located as the accomplishment of duties in both cases. Fourth, "freedom of study and self-improvement" was basically guaranteed.

After the local education administration law was promulgated and enforced in 1956, the control aspect of the policies for the aforementioned was rapidly strengthened. In the 21st century, voluntary and independent study and self-improvement have been further in decline.

There are four issues to be improved. First, it is necessary for teachers themselves to consciously and proactively apply for study and self-improvement leaving their place of service. Second, the Ministry of Education, Culture, Sports, Science and Technology (MEXT) should return to the legislative purpose of the clause to encourage and support the voluntary and independent study and self-improvement of teachers, and amend the June 2019 notice. Third, while emphasizing "passion for the teaching profession" and "comprehensive human power," it is necessary to change the actual situation in which there are no support measures for "self-improvement" actions to acquire it. Fourth, the guarantee of "freedom of study and self-improvement" is another important pillar of improving the environment for study and self-improvement as well as addressing the issues of long hours and overcrowding work.

Keywords : **the policies for teachers' study and self-improvement, the Law for the Special Regulations concerning Educational Public Service, provisions for the advocacy of teachers, study and self-improvement leaving their place of service, guarantee of "freedom of study and self-improvement"**

〈特集Ⅰ〉教員研修制度改革の検討

教員政策と教師教育システムのパラダイムシフト
── 教師の専門職的成長の意味と責任主体の変移 ──

百合田　真樹人（独立行政法人教職員支援機構）

1．はじめに

令和4（2022）年5月11日、教員免許更新制の発展的解消に係る「教育公務員特例法及び教育職員免許法の一部を改正する法律（以下、改正法）」が可決、成立した。これにより、同年7月1日以降に修了期限又は有効期間満了を迎える免許状所有者の更新講習受講の義務及び受講後の更新手続きは不要になった。

改正法の審議では、教員免許更新制の単純解消ではなく「発展的解消」が強調された。本稿は、その「発展的解消」のレトリックが表す、わが国の教員政策と教員研修制度が前提にする教師教育システムとその質保証のあり方を、国際的な教師教育システムの検討と改定の文脈に照らして示す。

本稿はその検討を踏まえて、教師教育研究が教師の専門職的成長とその質保証を担う教師教育システムをどう捉え、研究の関心と課題がどう変容してきたのかを追跡し、現在の教師教育システムの課題とその克服に必要な教師教育研究の視点を示す。

2．「発展的解消」のレトリック

教員免許更新制は「経済的、時間的負担が多かった」とした文部科学大臣の発言は、各メディアが「本音」と報道した。背景には、改正法の焦点課題のひとつである教員免許更新制の解消に、抜本的対策が進まない教員の長時間労働と過重負担に即効性とメッセージ性を伴う具体的施策を求める政策環境の影響が否めない。

日本が初参加した第2回OECD国際教員指導環境調査（TALIS）は、日本の教員の勤務時間が2位のカナダ（アルバータ）を大きく引き離して世界最長であることを明らかにした（OECD 2014）。その3年後の文科省調査でも教員の長時間労働の実態が確認されたことで、教員の負担軽減に向けた行政努力が進んだ。しかし、第3回TALIS調査でも教員の長時間労働と労務内容の時間別構成比には改善が認められなかった（表1）。

表1　労務内容の内訳と変動幅（TALIS）

	2018	変動幅	
		時間数	%
授業時数	17.97hr	0.26hr	1.5%
授業準備・採点等	12.96hr	▲0.28hr	▲2.1%
校内の協働	3.56hr	▲0.32hr	▲8.2%
生徒指導や保護者対応	3.53hr	▲0.51hr	▲12.7%
管理事務・校務	8.43hr	▲0.08hr	▲0.9%
課外活動	7.48hr	▲0.18hr	▲2.3%

OECD（2014、2019）より作成

また、文科省が令和3（2021）年に始めた「#教師のバトン」は、教員の労務環境改善に向けた抜本的施策の必要性を顕在化した。教育現場での働き方改革の好事例や教職の魅力を汲み上げる意図で始まった「#教師のバトン」には、過酷な労務環境を訴える教師の声と批判が殺到した。それらの声はSNSで拡散し、主要メディアも注目したことで、それまでの行政努力が個別限定的な効果にとどまり、システムレベルの成果に乏しい実態を社会全体に周知した。

これらの背景が、教員免許更新制を解消する政策環境にあるとする類推には一定の合理性がある。改正法の審議過程の議論には、そもそも教員免許更新制の導入当時にあった更新講習の受講と免許更新を教員に求めることで、教員の資質低下の抑制を図る制度的質保証の諸機能とそれらの有効性を検証する議論がない。こうした議論の不在は、制度解消の議論が政策評価や実践評価とは異なる次元にある政治色の強い政策判断を伴うという印象を濃厚にする。

改正法の審議背景に見え隠れする政治性は、「発展的解消」のレトリックが体現するわが国の教師教育システムの前提を浮き彫りにする：①教員の資質は依然として社会的な懸念対象であり、②制度的質保証は教育実践者の外から（政策的に）担うべきとする前提がある。つまり、「発展的解消」のレトリックは、わが国の教員政策が想定する教師教育システムが、教師[(1)]の外からその資質に制度的質保証を加え、教師を制度上の客体にする前提にあることを示す。教育実践の主体である教師の客体化は、教職の専門職性に極めて強い負の影響がある（Buchanan 2015; O'Brien & Jones 2014; Timperley 2011）。教師教育システムのあり方をめぐる国際的な動向は、教師を客体化する教師教育の様々なレトリックに再考を求め、そこにパラダイムシフトが起きている。

3．現在進行中のパラダイムシフト

教師の継続的な学びとその効果をめぐるこれまでの研究は、法定研修や専門家の講義や講演といった時間と場所を限定する教員研修モデルが、実践の変容を促す上で極めて効果が薄いことを示す（Darling-Hammond et al. 2009, 2017; Stein et al. 1999; Boyle et al. 2005; Koellner & Jacobs 2014）。さらに、精緻に構造化・標準化された公的教員研修の多くは、教師が教育実践現場で経験する多様で複雑な課題に沿う学びの機会保障になり得ていない（van Veen et al. 2012）。教師が求める研修や専門的学びの内容と機会は、教師の個別的な専門性やキャリア展望によっても極めて異なり、職業的カテゴリーで教師を画一的に捉える教員研修制度は限界を迎えている（Anderson & Olsen 2006）。

教師は日常の教育実践に統合された持続的な研修機会から効果的に学びを得る（Borko 2004; Cordingley 2015）。こうした知見を背景にして、実践の場に埋め込まれた研修活動（Wilson & Berne 1999）や教師の実践課題に照らした研修活動（Gravani 2007; Shriki & Lavy 2012）が提案されてきた。教師は用意された教員研修制度の枠内で受動的に学ぶのみではなく、日常の教育実践や学校教育の場における関わりから自律的に学ぶ専門職性を持つ（Admiraal et al. 2016; Cordingley 2015; Opfer & Pedder 2011）。この専門職性は、教師が自律的に目標を設定し、必要な学びを判断し、実践に照らして解釈し、将来の実践に反映するまでを最終的に担う責任主体とする議論（Kyndt et al. 2016; Lohman & Woolf 2001; Mansfield & Beltman 2014）に根拠を与える。そして、教師をこうした自律的な学びの主体とする認識は、教師の専門職的成長を弁証法的な取組みとして再定義する。そして教師を、学習者であると同時に、実践の専門家として弁証法的にそれぞれの成長を担う能動的な主体として再定義する（Lohman & Woolf 2001; Tour 2017; Louws et al. 2017）。

教師の持続的成長は弁証法的であり、教師は教師教育システムに参画する能動的主体であるという認識は、現在主流の教師の継続的な専門職的開発（Continuing Professional Development：CPD）から、新たに継続的な専門職的学び（Continuing Professional Learning：CPL）に繋がる現在進行中の「パラダイムシフト」の動因になっている（Timperley 2011; OECD 2020）。

このパラダイムシフトは、「（教師教育の）システムに係る全ての主体を学びの参画主体にする」（Timperley 2011: 4）ことで、現在の教員政策や教師教育にある前提に挑戦する。教師は教師教育システムから一方的に知識や技能を得る受益者ではなく、個別的な実践から得る経験知と暗黙知（tacit knowledge）をもとに、仮説を立てて実践を介して意味を構築・再構築することで、教師教育システムに能動的に参画する。CPLのパラダイムは、教師教育システムにインパクトを有する教師を、教員政策（あるいは教員政策を構築するシステム）の客体ではなく、自らの学びを組織して再構築を担う自律的主体に再構成する。

4．教師教育システムのパラダイムシフト

教職は継続的な職能成長を要する専門職であるという認識は国際的に共有されている。UNESCO（2015）は教師の継続的な成長機会保障を持続可能な開発目標（SDGs）の要件にしている。各国の教育政策文書も、加速度的に変化する現代社会の諸課題に効果的に応答するために、教師が継続的に知識や技能を刷新する必要性と重要性を強調している（EC 2015; Roberts-Hull et al. 2015; OECD 2005, 2019）。そして平成24（2012）年の中教審答申「教職生活の全体を通じた教員の資質能力の総合的な向上方策について」も、教職キャリア全体を俯瞰する教師の専門職的成長を支援するシステムの必要性を確認している。

現在、教師教育の議論は教師が継続的に成長することとその機会保障の必要性の認識を共有している。その一方で、教師の継続的成長のあり方と機会保障メカニズムをめぐる認識は変化しており、教師教育研究の問いを変化させている。このセクションでは、教師の専門職的成長を対象にする教師教育研究の国際動向を、そこで用いられるレトリックの変化を追跡して可視化する。

調査は、教育領域の政策文書（報告書等）及び論文のうち英語で刊行されたものを網羅的に収録するERICデータベースを用いた。継続的な専門職的成長に関連する査読論文を抽出した結果を、発表年別に件数を整理してグラフに示した（図1）。なお、論文抽出に用いた検索式を次に示す：

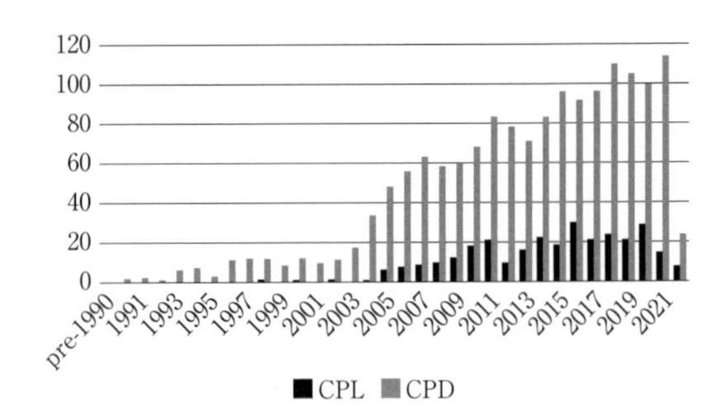

図1　ERICデータベース検索結果

① Teacher AND（continuing OR continuous）AND “professional development”

② Teacher AND（continuing OR continuous）AND “professional learning”

③ 上記2検索式から（continuing OR continuous）を除いたもの

検索式①は教師の継続的な専門職的開発（CPD）の関連論文を抽出する。検索式②は教師の継続的な専門職的学び（CPL）の関連論文を抽出する。また検索式③は、上記の①と②の検索式から「継続的な」というキーワードを除いた関連論文をそれぞれ抽出する。検索式①と②を用いた最終検索日は2022年6月23日、検索式③は2020年12月17日が最終検索日である。

検索結果は、教師の継続的な専門職的成長の関連論文（①②）は、その全てが1990年以降の刊行だった。検索式から「継続的」を除いて「専門職的」に限定した結果（③）でも、1990年以前の論文は全体の0.6%だった。また、CPD関連論文の95.8%、CPLでは99.6%が2000年以降の刊行である。この結果は、教師の継続的な専門職成長のレトリックが教師教育システムの文脈に加わったのが2000年前後であることを示す。

さらに、この調査結果は、自律的な責任主体として教師を捉え、その継続的成長が教師教育研究の問いとして対象化された時期が2000年前後であることを示唆する。この時期は、教師の専門職的成長は時間軸を伴う構造化されたプロセスとして考察することが必要とした1990年代後半に展開された教師教育研究の議論（e.g. Cochran-Smith & Lytle 2001; Ingvarson 1998）と

一致している。

５．継続性と専門職性の以前のパラダイム

教師の継続的で専門職的な成長が焦点化されたのは20世紀から21世紀への移行期に重なる。しかし、それ以前からも教師の職務遂行に必要な資質を維持する制度的質保証は、教員政策や教師教育システムの重要な関心事であった。このセクションでは、議論を先に進める前に、教師教育システムの継続性と専門職性が研究の問いにのぼる以前のパラダイムとそのレトリックを確認する。

教師の継続的で専門職的な成長が焦点化される以前は、教員養成教育と現職教員の研修や訓練とを明確に区分するIn-Service Education & Training（INSET）が用いられてきた。INSETは教職に入職後の教師の知識や技能の刷新を目的にする教育や訓練を意味する（O'Brien & Jones 2014）。*Journal of In-Service Education*は、この領域の国際学会誌であるが、2000年前後に誌名をめぐる議論が始まり、2009年に誌名を*Professional Development in Education*に変更している。ただし、INSETの表記は、現在でもウェールズ（UK）や南アフリカ共和国などの多くの国や地域の教師教育システムの枠組みや政策文書に残る。また、わが国の法定研修や現職研修もINSETに分類される。

入職後の教師を対象にするINSETは、Pre-Service Education & TrainingやInitial Teacher Education（ITE）と教育する対象が異なる。ただしITEとINSETの教育実践は、その教育対象に不足する知識や技能を補完する《欠損モデル》を共に採用している。将来の教員候補者に必要な知識や技能の効果的な育成を担うITEに似て、INSETは実践現場で変化する諸課題に応答する教師の知識や技能の効果的な刷新を担う。このため両者は目的論的にも方法論的にも極めて近い。

ITEとINSETの目的論的・方法論的な近似は、INSETの教師教育システムがITEの養成教育システムを単純に踏襲して、教師の継続的成長を概念化していることを意味する。ITEとINSETを単純な連続性でイメージする傾向は根強く、その単純な連続性を前提にした教職のキャリア成長のモデルの例は近年でも見ることができる（Roberts-Hull et al. 2015; OECD 2017, 2019: 18）。わが国の教員育成指標も同様に、ITEからINSETに続く単純な連続性で教職キャリアを描くケースが多い。

しかし、ITEからINSETに単純に連続する教職キャリアイメージの背景には、深刻な教師教育システムの概念上の課題がある。

ITEは教員候補者を受け入れ、教職に必要な知識や技能の育成、その修得の認証に至る入り口と出口が明確にある線形の成長モデルを想定する。そこで行われるのは、未だ教育実践の経験も知識もない教員候補者を対象に、それぞれの外で必要性と有効性を判断した知識や技能を育成する養成教育である。

一方でINSETが対象にする教師は、教職に必要な知識と技能を修得したことを既に認証され、さらに教育実践から得る経験知とその内部化を経て構築する暗黙知（tacit knowledge）を持つ実践主体である。しかし、ITEを踏襲するINSETの教師教育システムは、教師を職務遂行に必要な知識や技能に欠けた刷新の対象として客体化する。このため、INSETの教師教育システムは、教師の経験知や暗黙知の外で知識や技能を判断し、教育実践に必要な知の構築のプロセスから教師を切り離す。その結果、教師は教師教育システムの客体として外部化され、その資質や専門職性は外から管理する制度的質保証の対象になる。

６．CPDのパラダイム：責任主体としての教師

加速度的に変化する予測困難な社会の到来は、学校教育現場の課題を多様化・複雑化している。こうしたなかで、1990年代半ばから2000年にかけて、学び続ける教師像や学び続ける専門職として教職を再定義する議論がある（Salazar-Clemena 1997）。

1972年にユネスコのフォール報告書（Faure et al. 1972）が定義した生涯を通した学びの機会保障の概念は、社会環境の変化への強靭性と柔軟性の獲得に継続的な成長機会が重要な役割を担うことを強調する。生涯学習の概念は1996年のドロール報告書（Delors et al. 1996）で改めて、現代社会に不可欠な全ての個人の権利と確認され、国連の持続可能な開発目標にも引き継がれている。

継続的な成長機会を個人に保障された権利とする生涯学習は、時間軸を伴って変化する多様で複雑な実践課題に照らして個別的に成長する教師像を具体化する。INSETの制度的質保証は、職業的カテゴリである教師（集団）全体の直線的で段階的な成長を対象にする。対照的に、CPDの教師教育システムは、教師（個別的実践主体）の個別的な専門職性に制度的質保証の焦点をあてて、個々の教師を自律的な成長の責任主体にするパラダイムシフトである。

CPDは教職の専門職性を教師（集団）に予め条件づけられた要件とすることで、教師（個別的実践主体）が個別的に必要な研修や訓練を判断して、自律的に成長を担う責任主体にすることを合理化する。一方で、教師（個別的実践主体）がそれぞれに継続的成長の責任主体であることは、カテゴリカルな教師（集団）を対象にした外からの包括的な制度的質保証を難しくする。このためにCPDの教師教育システムでは、2つの異なる制度的質保証アプローチを採用する傾向がある：

① 教師を継続的成長の個別的な責任主体にすることを合理化する教職の専門職性に焦点化した制度的質保証のアプローチ
② 教師の個別的な成長に説明責任を求める結果・成果に照らした制度的質保証のアプローチ

複数の国や地域が前者（①）を採用する。教職の諸要素を資質能力に要素分解し、それを指標化した専門職基準やスタンダードを教師の外から設定し、教師（個別的・集団的）が有する教職の専門職性を制度的質保証の対象にする。

教職の専門職性を指標化する試みには歴史がある。1946年に米国で設置されたNational Commission on Teacher Education & Professional Standardsはその先駆けであり、教職の専門職性を顕在化することで教師の社会的地位向上を目的に検討されたものである（Cochran-Smith & Zeichner 2005）。そして、現在の教職の指標化は、教師を個別的な責任主体にするCPDの議論と並行して、教職の専門職性の強化とその支援の有効な指針を示すものとも見做されている（Darling-Hammond 2010）。

その一方でCPDの制度的質保証に指標やスタンダードを適用することへの深刻な懸念もある。それらの議論には、①教職の機能を資質能力に要素分解した指標の妥当性と指標の評価基準としての妥当性の議論（Tang et al. 2007）、②非網羅性と非無謬性を克服し得ない指標化の限界と限定性の議論（Darling-Hammond 1998; Hargreaves 2000; 油布 2018）、③指標が管理統制的に機能し（子安 2017; 木村 et al. 2021）、教職の脱専門職化を牽引する可能性の議論（Hargreaves 2000; 牛渡 2017）に大別される。

そして、CPDの制度的質保証の2つ目のアプローチは、国際的に進む膨大な教育情報（データ）の集積と情報処理技術の革新に伴う関心を背景にする。教育現場で進むデータ化とエビデンスベースの政策判断を求める傾向は、学校教育システムが保有する人的資本として教師を捉えてその資質を因子化し、分析対象にする研究手法を急速に普及させている。教員研修制度についても、研修等による介入を投入資本に準えてその効果を測定する経済学的な手法を適用した制度的質保証の検討が進んでいる。

教師の指導は児童生徒の学びに最も影響する因子であることは、多くのメタ分析で実証されている（Hattie 2013）。こうしたエビデンスを背景に、CPD活動の成果と方法論的有効性を児童生徒の成績変化を測定して評価する研究（Harris & Sass 2007; Stronge et al. 2011; Shaha & Ellsworth 2013）が進む。そして、それらの研究は、児童生徒の成績変化から教師の個別的な

CPD活動の成果を評価し、教師に結果責任を求める野心的な政策や制度への適用可能性の検討にもつながっている（ADB 2021; Tamim et al. 2017）。

CPDの教師教育システムは、教師（個別的実践主体）を個別的な成長を担う自律的な責任主体にする。しかし、CPDの教師教育システムは、教師の外で定義される評価基準（例：専門職基準など）や、教師が限定的にしか制御できない変数（例：児童生徒の学力変化）に照らして教師（個別的実践主体）に説明責任を要求することで教師（集団）の制度的質保証を図る。

CPDの教師教育システムのパラダイムは、教師（個別的実践主体）に自律的なCPD活動と成長の責任を求めながら、教師の外から自律的判断が可能な領域を極めて狭く設定する構造的矛盾を抱える。そしてこの矛盾はCPDの教師教育システムが教職の専門職性を強調しながら、教師の個別的な成長を外から他律的に管理統制することで、結果的に教職の脱専門職化と教職の魅力低下の背景要因として働いている（Hargreaves 2000; Buchanan 2015）。

7．CPLのパラダイム：参画主体としての教師

わが国の教員免許更新制は、CPDの教師教育システムの特徴と限界をよく表している。教師の成長に向けた自律的行動（更新講習の選択）を重視し、その結果に個別的責任を求める（免許の更新または失効）一方で、実態としての自律性（選択可能な講習と時期）は極めて限定的であり管理的（開設者の認定制度）に機能する。そして免許更新を避嫌した早期退職や再雇用辞退といった事例は、CPDが抱える他律的に管理される個別的責任の矛盾が表面化した現象としても理解できる。

こうしたCPDの限界と矛盾を批判して、CPL（教師の継続的な専門職的学び）は、教師を学びの主体とするだけではなく、教師教育システムに参画するステークホルダーと認識するパラダイムシフトである（Timperley 2011）。

先行研究は、研修等で教師が学びに費やす時間は、その学びを介した職能成長の有効性の中核的な決定因子であることを示す（Borko & Putnam 1995; Parsad et al. 2001; Garet et al. 2001）。このため近年の教員政策は、1回限りの講演やワークショップなどの研修モデルを避けて、日常の教育実践に根ざす教師中心主義的な学びの確保と機会保障を教師教育システムの優先的な課題にしている（Darling-Hammond et al. 2009, 2017）。教師を個別的な責任主体とするCPDをさらに発展させて、CPLは教師を教師教育システムの参画主体に組み込み、専門職的学びの確保と機会保障の協働責任主体にする。

教師教育システムの参画主体に教師を取り込む合理性は、多くの教師が成長機会を制度的質保証に照らした公的研修の外部にも求める実態からも明らかである。昇進に最低60時間のCPD活動を8年連続で受講しなくてはならない韓国では、99%の教師が何らかのCPD活動に参加する（OECD 2019）。このため韓国では公的機関や大学をはじめ民間事業者が多種多様のCPD活動を提供している。それでも、小中高の教師5,547人を対象にした調査は、半数（50.1%）の教師がCPDに認定されない専門職的学びに参画している実態を明らかにしている（Hur et al. 2018）。こうした結果は、制度的に用意されるCPDの選択肢は、実践現場の教師が必要性を実感する専門職的学びの多くを取りこぼしていることを示唆する。

教育実践から教師が得る経験知や暗黙知に加えて、実践の省察を経て理論化された実践知は、教師教育システムに教師が持ち込む知である。CPLはこれらの知を教師教育のプロセスに組み込むことで、教師の個別的な、そして実践現場の教師の組織的な実践と密接に関連する成長機会の保障を図る。そこでは、教師教育システムへの教師の参画を保障し、その継続的な専門職的学びの機会を確保する制度的質保証の新たなパラダイムが検討されている。

8．CPLの具体化の現状と課題

CPLは、実践に根ざした、また実践に近い場で協働的学びを確保する教師教育システムの役割を重視する。そこでは、教師教育システムの全般に教師が主体として自律的かつ継続的に参画して専門職的学びの質を保証する。

教師の協働的学びを支援し、その機会保障を担うこれまでの政策的アプローチは、教師間協働の促進を狙って、専門職的学びのコミュニティ（Professional Learning Community: PLC）を始め、Peer Observationやチームティーチングなどの方法論的な枠組みを示すことに注力してきた。しかし、これまでの先行研究は、多くの教師がこうした外から提供される教師間協働の枠組みや方法論に否定的ないし消極的であることを実証する（Adamson & Walker 2011; Grimmett & Crehan 1992; Hargreaves 2001; Webb & Vulliamy 1996）。さらに、教職はそもそも目的を共有する協働性に必要な相互信頼関係と自己開示性を育み難く、教師間協働が機能する例は極めて稀とも指摘されている（Hargreaves 1994）。教師の協働の難しさは、教師の職業を「細胞的職業（a cellular occupation）」（Lortie 1977）と表現したローティーの議論にも認められる。

協働的学びには、「相互信頼、親密さ、受容性、尊重、長期的な関係性」（Hargreaves 2001: 513）を育まなくてはならない。しかし、教師間協働の実態を分類した研究（Little 1990）は、教師間で最も一般的に行われている関わり合いは、簡単な会話やアドバイスといった相互依存度が極めて低い個別的で瞬間的な協働に過ぎないことを示す。対照的に、チームティーチングやカリキュラム開発などの相互依存度が高く時間的なコミットメントが必要な協働は難しく、偶発的に協働が生まれることも極めて稀である。こうした実態は、教師（集団）はそもそも《協働》を価値として共有しておらず、それとは対照的な相互不干渉の原則とプライバシーの堅守を優先しているという研究（Shapira-Lishchinsky & Rosenblatt 2009）からの知見を強化する。

教師（個別的実践主体）は個別的な専門職的学びの参画主体であり、教師（集団）は教師教育システムの参画主体である。それぞれは教育実践を担うアクターとして、教師教育システムに参画するステークホルダーであり、その他のステークホルダーである政策アクターや研究者などと協働して専門職的学びをデザインし、その実践と評価を担う。《協働》は、教師（個別的実践主体）を参画主体と積極的に認識するCPLのパラダイムが前提にする要件であり、そこでは相互依存度の高い持続的な協働の想定がある。

しかし、こうした協働はCPLのパラダイムシフトに伴って自然発生的に現れない。先行研究は、協働は教師の実践やその文化が先験的に有する価値や資質ではないばかりか、教師の多くは否定的ないしは極めて消極的であることを示す。言い換えれば、教師の協働的学びは、学びに参画する教師（個別的実践主体）や教師（集団）の文化の外からその有効性を示すことや、その場や環境を整備することのみでは実践されない。

CPLのパラダイムシフトは、それまでの教師（集団）の文化を脱構築し、教師（個別的実践主体）を協働と専門職的学びの参画主体に変容する教職文化の再構築を必要とする。現在、先進的な国や地域で、CPDの教師教育システムの抜本的な見直しが進む（例：ウェールズ）。そこでは、教師教育システムの多様なステークホルダーに教師を加え、全ての参画主体が協働的に専門職的学びをデザインし、その機会保障と質保証を担うCPLのパラダイムシフトを具体化し、それまでの教師文化に変容を求める教員政策改革や制度設計が進行している。

9．まとめに代えて：教師教育研究の再考

教師を教師教育の主体にする議論はこれまでにも多い。本稿で取り上げたCPLは、教師を専門職的学びの主体にすると同時に、協働的学びの参画主体にし、そして教師教育システム全体に参画する主体と捉える極めて重大なパラダイムシフトである。

本稿では、INSET→CPD→CPLの教師教育システムのパラダイムシフトと、それぞれが前提にする教師（個別的実践主体・集団）の継続的成長の責任主体と制度的質保証のあり方との関係性の変化を追跡した。そこからは、教員研修制度の対象が職業的集団としての教師から個別的実践主体としての教師に徐々に変移していることが示された。そのなかで教師教育システムは、教師（の見方）を《教育する対象》から《学びの参画主体》に変容し、教師は、制度的質保証の管理対象から協働的に質保証を担う責任主体に変容しつつある。

教師教育研究でもまた、《研究する対象》として教師を客体化する側面への新たな反省が始まっている。教師を対象として客体化する主客関係の課題へのセンシティビティは、国際的な教師教育研究の教育実践主体との関係性の脱構築を進め、教師を参画主体とする協働的なレトリックの実効化を図る新たな文化を生み出している。

こうしたセンシティビティは、教員免許更新制を発展的に解消した後に制度的質保証を担う手段として示される教員研修履歴の検討に必要な視点にもつながる。教員政策の成否の鍵は、教育現場の教師（個別的実践主体及び集団）が握っている。しかし、これまでの教師教育システムは《教育する対象》として、《政策の対象》として、そして《研究の対象》として、教師を少なからず客体化してきた。教員免許更新制の解消後に導入される制度的質保証メカニズムをめぐり、その管理的側面に警戒する一方で、教師を教師教育システムと質保証の参画主体にするために、これまでの教師教育研究の問いをめぐるレトリックを改めて精査し、再考の対象とすることが求められている。

参考文献

(1) Adamson, B., Walker, E., "Messy Collaboration: Learning from a Learning Study." *Teaching & Teacher Education*, Vol.27,No.1, 2011, p.29-36.

(2) ADB, *Teacher Professional Development Case Studies*, ADB, 2021.

(3) Admiraal, W. et al., "Affordances of Teacher Professional Learning in Secondary Schools." *Studies in Continuing Education*, Vol.38,No.3, 2016, p.281-298.

(4) Anderson, L., Olsen, B., "Investigating Early Career Urban Teachers' Perspectives on and Experiences in Professional Development." *Journal of Teacher Education*, Vol.57,No.4, 2006, p.359-377.

(5) Borko, H., Putnam, R., *Expanding Teachers' Knowledge Base*, Teachers College Press, 1995.

(6) Borko, H., "Professional Development & Teacher Learning." *Educational Researcher*, Vol.33,No.8, 2004, p.3-15.

(7) Boyle, B., Lamprianou, I., Boyle, T., "A Longitudinal Study of Teacher Change." *School Effectiveness & School Improvement,* Vol.16,No.1, 2005, p.1-27.

(8) Buchanan, R., "Teacher Identity & Agency in an Era of Accountability." *Teachers & Teaching*, Vol.21,No.5, 2015, p.700-714.

(9) Cochran-Smith, M., Lytle, S.L., "Beyond Certainty." Lieberman, A. & Miller, L., Eds., *Teachers Caught in the Action*, Teachers College Press, 2001, p.45-58.

(10) Cochran-Smith, M., Zeichner, M.K., *Studying Teacher Education: The Report of the AERA Panel on Research & Teacher Education.* AERA, 2005.

(11) Cordingley, P., "The Contribution of Research to Teachers' Professional Learning & Development." *Oxford Review of Education,* Vol.41,No.2, 2015, p.234-252.

(12) Darling-Hammond, L., "Teachers & Teaching: Testing Policy Hypothesis from a National Commission Report." *Educational Researcher*, Vol.27,No.1, 1998, p.5-15.

(13) Darling-Hammond, L. et al., *Professional Learning in the Learning Profession*, National Staff Development Council, 2009.

(14) Darling-Hammond, L., *Evaluating Teacher Effectiveness*, Bill & Melinda Gates Foundation,

2010.
⒂ Darling-Hammond, L., Hyler, M., Gardner, M., *Effective Teacher Professional Development*, Learning Policy Institute, 2017.
⒃ Delors, J. et al., *Learning: The Treasure within*, UNESCO, 1996.
⒄ EC, *Shaping Career-Long Perspectives on Teaching,* EC, 2015.
⒅ Faure, E. et al., *Learning to Be: The World of Education Today & Tomorrow*, UNESCO, 1972.
⒆ Garet, M. et al., "What Makes Professional Development Effective?" *American Educational Research Journal*, Vol.28,No.4, 2001, p.915-945.
⒇ Gravani, M., "Unveiling Professional Learning." *Teaching & Teacher Education*, Vol.23,No.5, 2007, p.688-704.
(21) Grimmett, P.P., Mackinnon, A.M., "Craft Knowledge & the Education of Teachers." *Review of Research in Education,* Vol.18,No.1, 1992, p.385-456.
(22) Hargreaves, A., *Changing Teachers, Changing Times,* Teachers College Press, 1994.
(23) Hargreaves, A., "Four Ages of Professionalism & Professional Learning." *Teachers & Teaching,* Vol.6,No.2, 2000, p.151-182.
(24) Hargreaves, A., "The Emotional Geographies of Teachers' Relations with Colleagues." *International Journal of Educational Research*, Vol.35,No.5, 2001, p.503-527.
(25) Harris, D.N., Sass, T.R., "Teacher Training, Teacher Quality, and Student Achievement." *Working Paper #3*, Calder Urban Institute, 2007.
(26) Hattie, J., *Visible Learning*, Routledge, 2013.
(27) Hur, J. et al., *A Study of Innovation Tasks of Teacher Policy according to Educational Environment* (*II*), Korean Educational Development Institute, 2018.
(28) Ingvarson, L., "Professional Development as the Pursuit of Professional Standards." *Teaching & Teacher Education*, Vol.14,No.1, 1998, p.127-140.
(29) Koellner, K., Jacobs, J., "Distinguishing Models of Professional Development." *Journal of Teacher Education*, Vol.66,No.1, 2014, p.51-67.
(30) Kyndt, E. et al., "Teachers' Everyday Professional Development." *Review of Educational Research,* Vol.86,No.4, 2016, p.1111-1150.
(31) Little, J., "The Persistence of Privacy." *Teachers College Record,* Vol.91,No.4, 1990, p.509-536.
(32) Lohman, M., Woolf, N., "Self-Initiated Learning Activities of Experienced Public School Teachers." *Teachers & Teaching*, Vol.7,No.1, 2001, p.59-74.
(33) Lortie, D., *Schoolteacher*, University of Chicago Press, 1977.
(34) Louws, M. et al., "Teachers' Self-Directed Learning & Teaching Experience." *Teaching & Teacher Education*, Vol.66, 2017, p.171-183.
(35) Mansfield, C., Beltman, S., "Teacher Motivation from a Goal Content Perspective." *International Journal of Educational Research*, Vol.65, 2014, p.54-64.
(36) O'Brien, J., Jones, K., "Professional Learning or Professional Development? Or Continuing Professional Learning & Development? Changing Terminology, Policy & Practice." *Professional Development in Education,* Vol.40,No.5, 2014, p.683-687.
(37) OECD, *Teachers Matter: Attracting, Developing & Retaining Effective Teachers*. OECD, 2005.
(38) OECD, *TALIS 2013*. OECD, 2014.
(39) OECD, "Do New Teachers Feel Prepared for Teaching?" *Teaching in Focus,* Vol.17, 2017.
(40) OECD, *A Flying Start*. OECD, 2019.
(41) OECD, *Policies to Support Teachers' Continuing Professional Learning*, OECD, 2020.
(42) Opfer, V., Pedder, D., "Conceptualizing Teacher Professional Learning." *Review of Educational Research,* Vol.81,No.3, 2011, p.376-407.
(43) Parsad, B., Lewis, L., Farris, E., *Teacher Preparation & Professional Development: 2000*, National Center for Education Statistics, 2001.
(44) Roberts-Hull, K., Jensen, B., Cooper, S., *A New Approach: Reforming Teacher Education*, Learning First, 2015.
(45) Salazar-Clemena, R.M., *Teachers as Lifelong*

Learners, UNESCO, 1997.
(46) Shaha, S.H., Ellsworth, H., "Predictors of Success for Professional Development." *Journal of Instructional Psychology*, Vol.40,No.1, 2013, p.19-25.
(47) Shapira-Lishchinsky, O., Rosenblatt, Z., "Organisational Ethics & Teachers' Intent to Leave." *Educational Administration Quarterly,* Vol.45,No.5, 2009, p.725-758.
(48) Shriki, A., Lavy, I., "Perceptions of Israeli Mathematics Teachers Regarding Their Professional Development Needs." *Professional Development in Education*, Vol.38,No.3, 2012, p.411-433.
(49) Stein, M., Smith, M., Silver, E., "The Development of Professional Developers." *Harvard Educational Review,* Vol.69,No.3, 1999, p.237-270.
(50) Stronge, J.J., Ward, T.J., Grant, L.W., "What Makes Good Teachers Good?" *Journal of Teacher Education,* Vol.62,No.4, 2011, p.339-355.
(51) Tang, Y.F.S. et al., "Supporting Student Teachers' Professional Learning with Standards-Referenced Assessment." *Asia-Pacific Journal of Teacher Education,* Vol.34,No.2, 2007, p.223-244.
(52) Tamim, R.M., et al., "High-Quality Teachers for High-Impact Learning." Michelli, N., et al., Eds., *Teacher Quality & Teacher Education Quality*, Routledge, 2017, p.3-18.
(53) Timperley, H., *Realizing the Power of Professional Learning,* Open University Press, 2011.
(54) Tour, E., "Teachers' Personal Learning Networks (PLNs)." *Literacy,* Vol.51,No.1, 2017, p.11-18.
(55) UNESCO, *Rethinking Education: Towards a Global Common Good?* UNESCO, 2015.
(56) van Veen, K., Zwart, R., Meirink, J., "What Makes Teacher Professional Development Effective?" Kooy, M., van Veen, K., Eds., *Teacher Learning that Matters,* Routledge, 2012, p.3-21.
(57) Webb, R., Vulliamy, G., "A Deluge of Directives: Conflict between Collegiality & Managerialism in the Post-ERA Primary School." *British Educational Research Journal*, Vol.22,No.4, 1996, p.441-458.
(58) Wilson, S., Berne, J., "Teacher Learning & the Acquisition of Professional Knowledge." *Review of Research in Education,* Vol.24,No.1, 1999, p.173-209.
(59)牛渡淳「文科省による『教職課程コアカリキュラム』作成の経緯とその課題」『日本教師教育学会年報』第26号、2017年、28-36頁。
(60)木村育恵他「教員育成指標は教員の働き方に何を及ぼすか」『北海道教育大学紀要・教育科学編』72巻1号、2021年、11-19頁。
(61)子安潤「教育委員会による教員指標の『スタンダード化』の問題」『日本教師教育学会年報』第26号、2017年、38-45頁。
(62)油布佐和子「教員養成の現場と社会学の貢献課題」北澤毅・間山広朗編『教師のメソドロジー』北樹出版、2018年、156-167頁。

注

本稿では、教育職員としての個人及び集団を指す意味で「教員」を用い、それ以外の専門職主体を指して「教師」を用いて使い分けている。

ABSTRACT

Changes in Approach to Teacher Education: Three Paradigms and Challenges

YURITA Makito
(National Institute for School Teachers and Staff Development)

This paper traces the paradigm shift in teacher education and its discourse over the past two decades, and identifies the changes in teacher education research necessary to respond to the latest paradigm shift. Through analysing the rhetoric used to demand and／or promote ways to ensure that teachers gain necessary knowledge and skills to meet expectations and changing needs in their practice, this study identified the paradigm shifts in teacher education: these shifts move from In-Service Teacher Education, Continuous Professional Development, and to Continuous Professional Learning. The shifts in paradigm can be characterised by changes in (1) the perception of teachers as an occupational body, changing to an autonomous practitioner; (2) the recognition of and moving away from uncritical objectification of teachers as objects to be monitored for quality; and (3) the approach to quality assurance from external monitoring, to more of an organisational practice with collaborative and ongoing reflections.

This paper then concludes with the important remark that teacher education research needs active engagement in adding another layer of reflection on its potential objectification, of teachers as "objects to be studied," both in their practice and discourse. Sensitivities to the subject-object relation are necessary in order to bring about a new culture intended to deconstruct the unexamined relationship that research community has with teachers and practitioners. This new culture would bring a whole new approach to invite practitioners as participating actors in knowledge creation in the field of teacher education. The key to the success and failure of teacher policy lies in the hands of teachers. However, teachers have long been objectified as instruments to implement pedagogy, much like the education research had long objectified learners as the object to be taught. It is thus necessary to reflect upon the rhetoric that surrounds the questions of teacher education research, in order to make teachers into participants in their own professional growth and in the system of quality assurance.

Keywords : **In-Service Teacher Education, Continuous Teacher Development, Continuous Teacher Learning, Lifelong Learning**

〈特集1〉教員研修制度改革の検討

教員研修に関する機関哲学の分析

―― 教員免許更新制を巡る検討を中心に ――

千々布　敏弥（国立教育政策研究所）

1．はじめに

今年5月に「教育公務員特例法及び教育職員免許法の一部を改正する法律」が成立し、2009年から実施されてきた教員免許更新制は廃止されることになった。本稿は免許更新制を含めた教員研修制度がどのような変遷を経てきたのか。その背後に存在する原理はどのようなものかを探るのが目的である。

本稿においては大きく二つの枠組みを使用することとする。一つは青木（2021）による「機関哲学」論[(1)]、一つはハーグリーブスとシャーレーによる教育改革4段階論[(2)]である。

ハーグリーブスとシャーレーは教育改革の流れを4段階に分けた。第1段階は公教育の量的拡大期。第2段階は新自由主義による教育改革期。第3段階はスタンダードによる公教育の水準上昇を目指した時期、第4段階が学校の主体性を尊重する時期である[(3)]。

第2段階の改革は基本的に学校や教員を不信の目で見ている。教員はともすると楽な方向に向かいがちで、子どものことよりも自分たちのことばかり考える傾向にある。そのような教員を変えるのに効果的なのは競争原理であり、競争原理が適切に機能すれば、より少ない資源で大きな成果を得ることができる、という考え方だ。今日の日本においても全国学力調査の学校別データを公表して競争を促そうとする発想は根強く存在している。第2段階の改革の発想は分かり易くて魅力的なのだが、これまでの教育改革の歴史は第2段階の改革で成功した地域も国もないことを示している。第2段階の改革の行き詰まりから、新たな改革の動きが出てくる。競争による変革から目標管理による変革だ。それが第3段階の改革になる。第3段階の改革の典型はブレア政権時代のイギリスになる。ブレア政権は新自由主義改革を推進したサッチャー政権を批判し、社会民主主義改革を推進した。量的条件整備だけでは第1段階の改革に対して批判された社会の非効率性を是正することが難しくなるため、ブレア政権はサッチャー政権時代に削減された教育費を増額し、同時にグローバル化への対応を前向きに支援することとした[(4)]。そこで目標設定のための学校運営や学習指導の方法を重視した施策が展開された[(5)]。今日においても第2段階の改革や第3段階の改革にとどまっている国や地域は多い。ハーグリーブスらは国際学力調査で高い成績を上げているフィンランドやシンガポール、カナダのオンタリオ州やアルバータ州の施策を分析した結果、教員の主体性を尊重していることが共通することに気づいた。ハーグリーブスらはこれらの特徴を第4段階の改革（第4の道）と名付けている[(6)]。

青木（2021）は、文部科学省の組織全体で共有している基本的な考え方を「機関哲学」と称し、それが変遷していると分析している。義務教育に関する伝統的な機関哲学は機会均等である。義務教育費国庫負担制度やへき地教育振興法がその代表例であり、「そのために文科省は地方自治体や学校をある程度コントロールすることも辞さなかったが、財政削減といった「外圧」を受け、(中略) 地方自治体が「自腹」を切ることに期待するようになるなど、このスタンスにやや変化がみられる。」[7]と記している。学習指導要領と教科書検定制度も機会均等を求める機関哲学の下で進められてきた。教育に関する社会の期待が増大すると、そのコントロールシステムを使って学校に大きな負担をかけるようになったが、そのシステムに無理が生じるようになると学習指導要領を事実上最高基準として運用してきたのを文言通りに最低基準性を説明するようになり、自治体や学校の創意工夫を求めるようになった。

青木の分析をハーグリーブスの枠組みにあてはめると、文部科学省は歴史的に第1段階の改革を推進してきたが、近年はスタンダードや目標設定による質保証を目指す第3段階の施策や学校や教員の自主的取り組みを期待する第4段階の施策が見られるようになっている。全国学力調査結果を使って学校や都道府県のランキングを作成することに反対するなど、第2段階の改革は機関哲学となるまでには至っていない。教員育成指標の策定や免許更新制廃止に伴う研修受講履歴の記録システムの構築は、第3段階の施策と解される。学習指導要領が求める学校の自主的、自律的カリキュラム・マネジメントは第4段階の施策と解される。

文部科学省としては第1段階の施策を基盤としながら、施策の分野に応じて第3段階や第4段階の施策を構築する機関哲学を持っていると考えられる。

教員養成及び研修に関する施策に関しては、まず第1段階の施策を遂行して第4段階の施策の構想が登場するも、第3段階の施策が中心になっているとみられる。その概要をレビューするのが次節である。次いで、そのような枠組みで理解することが困難な施策である免許更新制の変遷を振り返り、そこに内在する機関哲学を読み解くこととする。

2．第1段階改革としての教員養成及び研修制度

教師教育のための制度構築は、教員を供給する制度改革から現職教員の研修制度の充実に向けて進められてきた。戦後の教育養成及び研修制度を議論した教育職員養成審議会（以後教養審と略する）は、1962年と1965年、1966年、1972年、1983年に大学における教員養成課程及び教員免許制度に関する提言を行っている。

教員研修についての言及は1958年中央教育審議会（以後中教審と略する）答申[8]で「国、地方公共団体および大学の緊密な連係の下に充実した計画的現職教育を行うよう組織する必要」と提言していたにとどまっている。1971年中教審答申[9]では、「国および任命権者による教員の研修を体系的に整備」することが提言され、1972年教養審建議[10]、1978年中教審答申[11]、1983年教養審答申[12]、1987年教養審答申[13]でも同様の提言が行われている。

研修に関する国の制度を創設する提言が出されたのは、初任者研修制度について提言した1987年教養審答申からである。研修に関する法律上の規定と運用過程の検討は久保（2005）に詳しいが[14]、研修実施義務が教員の任命権者に求められているところから、国は研修に関する条件整備は基本的に都道府県に求められることと考えてきたと推察される。

初任者研修と10年経験者研修は法律で実施が義務付けられた研修であるが、それ以前は都道府県等が独自の判断で実施する研修条件整備に対して国が補助する形で対処していた。教職経験者研修の実施について国が行ってきた条件整備は、研修を提供する施設である教育センターの施設費補助と研修実施に対する補助が挙げられる。まず、都道府県等が実施する研修のための施設として教育センターが設立されているが、その嚆矢は1960年度からの理科教育センターの施設費補助である。1965年度からは、理科のみならず各教科を含めた教員研修活動一般を促進するため、研修を目的とする都道府県の教

育研究所や研修センターの設置に対して補助が行われるようになった[15]。その結果、1986年には全都道府県で教育センターが設置されるに至る[16]。国は施設に対する補助以外に、経験者研修に対する補助を1977年度から、新任教務主任研修に対する補助を1984年度から実施している[17]。

ここまでの教員研修の流れを前節で設定した本稿の枠組みに当てはめると、国はまず、教員の量的確保の観点から、大学における養成制度の整備を第一に取り組んだと考えられる。大学における養成制度が量的に確保できた段階から、研修に関する量的確保に乗り出す。研修に関する量的確保の第一は、研修の場としての教育センター設置についての補助であり、教育センターの量的確保ができたのちは各教育センターの研修事業に補助することで研修プログラムの充実を図り、その後、初任者研修制度、10年経験者研修と法定研修の枠を拡大した。日本の教員研修制度は基本的に量的整備を目指す第1段階の改革の枠組みの中で進められてきたと言える。量的整備がある程度達成できた段階で、教員の主体性を尊重する第4段階の改革に該当する施策が提言される。

1997年教養審答申は、「画一的な教員像を求めることは避け、生涯にわたり資質能力の向上を図るという前提に立って、全教員に共通に求められる基礎的・基本的な資質能力を確保するとともに、さらに積極的に各人の得意分野づくりや個性の伸長を図ることが大切」と提言した。1999年教養審答申は「教員の自主的・主体的研修活動を中心とした教員研修を展開していく」こと、「教職経験者研修については（中略）研修参加者のニーズや学校の課題等に応じて多様な選択ができるようにするなどの改善を図る」ことなどを提言した。2002年中教審答申は「教職経験10年を経過した教員に対し、勤務成績の評定結果や研修実績等に基づく教員のニーズ等に応じた研修を各任命権者が行う」ことを提言した。1997年以降の個に応じた研修機会の整備という文脈に10年経験者研修は位置付いている。教員研修に関する国の提言は、量的確保がある程度整った段階から教員の主体性を尊重した第4段階の施策に移行し、個々の教員に応じた研修の機会提供と校内研修を重視した方向に変容していったと解釈できる[18]。

日本の教員研修に関する施策は、まず養成制度を整備して教員の量的確保を目指した。教員の量的確保のめどが立った段階から教員研修の量的確保施策として教育センター設置と研修業務に対する補助金施策を展開し、さらに初任者研修を法律で規定することによりどの任命権者の元でも一定程度の研修が提供される体制を構築した。その延長線上には他の年次研修や職務に応じた研修の法制化も考えられたが、それはすでにほとんどの任命権者が実施しているところから[19]、教員の個々の特性や主体性に即した研修の提供を考えるようになった。法定化された10年経験者研修は、第1段階と第4段階の施策の特徴を併せ持ったものであった。法定研修である初任者研修と10年経験者研修について、教育公務員特例法は任命権者が研修を実施する義務を定めるものの、その実施内容は規定していない。国は通知の形で校外研修と校内研修の実施日数を示したが、教育センターで集合研修として実施される日数は減少傾向となっており、その代わり、校内研修に教育センター指導主事が講師として派遣される訪問研修や自主研修を支援するプログラムが増加しつつある[20]。

ところが、次節で検討する免許更新制の導入過程においては、ここまで研修の条件整備が量的確保から教員の主体性を尊重した個別プログラムの提供に変容しつつあった流れと異なる考えが影響している。

3．免許更新制の論理の変遷

⑴養成段階の延長としての免許更新制

免許更新制は、2007年に教育職員免許法改正で制度化され、2009年4月より実施されることとなった。

この制度は、2000年教育改革国民会議最終報告を受けて、2001年に中教審に諮問され2002年に答申された段階では、教員の適格性確保及び専門性向上の観点からも免許更新制は「導入には、なお慎重にならざるを得ないとの結論に至った」とされている[21]。その後2004年に再度諮問され、2006年答申では「教員免許制度は、このような免許状を有する者の資質能力を一定水準以上に確保することを目的とする制度であり、これらの点に鑑みれば、教員免許制度は、その本来的な在り方として、教員として必要な資質能力が更新されるものとして、制度設計が行われることが必要」とし、養成課程を教員として最小限必要な資質能力を確実に身につけさせるものに改革すること、教員免許状を教職生活の全体を通じて最小限必要な資質能力を確実に保証するものに改革することを原則として掲げ、その文脈上で教員免許状の取得後も「教員として最小限必要な資質能力が保持されるよう、定期的に必要な刷新（リニューアル）とその確認を行うことが必要」とし、免許更新制を導入することが必要と提言された[22]。

免許更新制は2009年より実施されていたが、その年夏の衆議院選挙で政権を獲得した民主党は、マニフェストにおいて教員免許制度の見直しを打ち出し、事業仕分けで免許更新制の廃止を示していた。政権交代に伴い、免許更新制が廃止されても不思議はなかった。

2010年１月に民主党政権下で初めて開催された教員養成部会[23]において、次のような発言が見られた。

「いろいろ議論をしたけれども、やっぱり非常に拙速だったんじゃないかなと思うんですね。特に僕は、実際に免許更新制が生きるのは10年後かと思ったんですね、最初は。なぜなら、まだ法律が通っていない。法律が通って、それから養成していくわけですから、そして、その大学を出て、その後10年後かと思ったんですが、現職に対してのみ更新制の施行が入ってきたわけですね。何となくそういう状況を見ますと、現職に対しての強制のような感じがする。」（渡久山委員）

このように免許更新制に否定的な意見が出る一方で、制度を頻繁に変更することへの懸念を示す意見も出ている。

「今、非常に困っていることは免許状の更新制の受講の問題でございます。やっと本格的にスタートしたにもかかわらず、本格実施した翌年に、どうも新聞報道だけを見ていくと、なしになりそうだぞと、そのため現場としては躊躇している、しかし、大学としては開講せざるを得ないというか、しなきゃいけないということがあって、ぜひ、せっかくいい制度構築をしたわけでございますので、この辺について、変更するにしても徐々にソフトランディングできるような方向だとか、あるいは、将来これがどういうふうになるのか。」（角田委員）

「子供に裏切られるのは私たち全然怖くありません。それが私たちの仕事だと思っています。ところが、文部科学省が、いきなりころっと変わっちゃうというのは何だったんだという思いを強くしておりますので、せっかくこれだけの皆さん方が慎重にやっていらっしゃるこういう会だと思いますので、ぜひぜひきちっとした議論を尽くしていただいて、特に現場のいろんなことを聞いていただいて、それで話し合った上での結論をぜひ出してほしい。」（岩瀬委員）

これらの意見を踏まえ、臨席した鈴木副大臣はすぐに免許更新制を廃止するわけではない趣旨の発言をしている。

「更新制等についてでございますけれども、これはもともと中教審では資質の向上のための制度であるというふうに確認をされ、国会でもそのことが確認され、そして導入された制度だというふうに思っております。」（鈴木副大臣）

続く2010年８月の教員養成部会[24]では、部会長より次のように発言されている。

「免許更新制はご存じのように、すぐやめるって、もうなくなりました。なくなったというとおかしいですね。これはエビデンスベースドで検討した上で、何年間かしたら、やめるかどうかということも含めて考えるということです。やめることを着地点にはしないということで、鈴木副大臣が少なくとも私にも何度もおっしゃっております。」（梶田部会長）

また、免許更新制に対するポジティブな意見も出ている。

「免許更新制に賛成とか反対とかいうことじゃなくて、じかに大学の先生方が新しい、本当に現在の最も進んだ学問的なものを現場の教員に講義するという場合に、非常に有意義だったということが出てきていますから、やっぱり研修のあり方も抜本的に考える必要があるんじゃないかということで、ぜひ検討いただきたいと思います。」（渡久山委員）

2012年8月に出された答申では「免許更新制については、10年経験者研修の法律上の実施義務の在り方との関係を含め、詳細な制度設計の際に更に検討を行うことが必要」と提言され、制度が維持されることとなる[25]。制度を頻繁に変更することに抵抗する文部科学省の機関哲学が外圧による機関哲学の変容にまさったと考えられる。

⑵10年経験者研修と免許更新制の整合性

免許更新制を提言した2006年答申では、免許制度の一環として更新講習受講が求められ、それは現職教育とは異なると位置づけられた。しかし、免許更新制と現職教育である10年経験者研修との関係は、制度構築当初から疑問視されてきた。まず、2007年の法改正段階で「現職研修と免許状更新講習との整合性の確保、特に十年経験者研修の在り方について検討すること」という附帯決議が衆参両院でなされている。2008年6月開催の教員養成部会[26]では初中局審議官より次の発言があった。

「免許状更新講習という形で10年に一度、概ね全ての教員が30時間の講習を受けるということになりますと、現職研修との関係をやはり考えなければならないだろうと考えております。」（前川審議官）

この発言を受けて、部会長も現職研修との関係を疑問視する見解を示している。

「現職研修の現状。今日も出ました10年研と免許更新講習との関係、これはすぐに我々、考え方を整理しておかないといけないだろうと思うんです。それから、そのほかの研修にしても、免許更新制が入ってきたということとのかかわりでどう考えるかと。」（梶田部会長）

制度の論理は養成段階の話であるから現職研修とは別次元であるとなっているものの、その論理に対する疑問は法改正当初から存在していた。

その後2013年に免許更新制と10年経験者研修との整合性を議論する協力者会議が発足して2014年3月に報告が出され[27]、「現職研修と免許状更新講習は、その受講により、教員としての専門性の向上が期待される点においては同じ機能を有している。また、現実として、同時期に両者を受講する現職教員には、教育活動や校務等との日程調整の難しさをはじめとする負担感が生じている」と改善の必要性を認めながら、10年経験者研修の実施時期を免許状更新講習の受講時期と重ならないよう求めるなどの提言にとどまっている。

2013年以降の免許更新制をめぐる議論は、10年経験者研修との整合性、負担軽減が話題に上り、更新講習の受講と10年経験者研修受講を相互に読み替えるなどの措置が報告されるようになる。そのことは、更新講習が事実上現職研修であることの認識を広めることにつながったのではないかと思われる。

2014年2月の教員養成部会[28]では担当室長が次のように説明している。

「現職研修は、現職教員のみを対象に、各教員の教職生活全体を通じて資質能力の向上を図ると。一方、免許状更新講習は、現職教員及び非現職教員を対象に、教員という職について時代の変遷の中でその時々に社会から求められる資質能力を確保するということで、制度的の趣旨・目的が異なるということを確認いたしております。(中略) それぞれ目的が違うんだけれども、実際の機能としては同じことがある。ただし、それは大学が行うようなものと教育委員会が行うようなものとでは、たとえ同じ名前の講習であっても提供できる内容は違うだろうという議論になりまして、お互いに情報交換もしながら、どのように各々の良さを発揮していくかということを考えていくことが必要だという趣旨の議論でございました。」

その説明を受けて委員からも同趣旨の発言があった。

「更新講習と十年研というのは、これは元々制度・目的が違うわけですから、そこで行われる内容についてはそれぞれの観点から必要とされる内容が設定される。したがって、そこに実質的な差異があるならば、恐らくそれぞれその制度の下で講習なり研修なりをやっていくということになるんだろうと思うんだけれども、実質的に見たときに、実情を見たときに、内容も含めてほとんど実態が変わらないような形になっているのであれば、そこは整理をしていく必要があるのではないかとは思っているんです。」(佐々木委員)

この段階で、審議会委員や事務局の間で更新講習と10年経験者研修は制度上の目的が異なるものの、実質的には同じものであるとの認識が共有されていたと考えられる。

教員養成部会の議論はその後、「チーム学校」と「教員育成指標」をめぐるものに変容し、免許更新制はいったん議論のテーマから外れた。2015年6月の教員養成部会[29]で「免許の更新制度をどうするかということが全く入ってない」(牛渡委員) と指摘を受け、中間まとめ[30]では「現行の十年経験者研修を例えば「中堅教員能力向上研修」とするなど、任命権者が定める年数に達した後に実施することが可能となる制度改正が望ましく、免許更新制の意義や位置付けを踏まえつつ、教育公務員特例法の規定の見直しを行うことが必要」と、免許更新制は維持しながら10年経験者研修の改善を提言する内容となり、2015年12月の答申[31]では「国は、免許更新制の意義や位置付けを踏まえつつ、10年経験者研修を10年が経過した時点で受講すべき研修から、学校内でミドルリーダーとなるべき人材を育成すべき研修に転換し、それぞれの地域の実情に応じ任命権者が定める年数に達した後に受講できるよう実施時期を弾力化する。」と提言している。

この段階では、事実上内容が重複していた免許更新制と10年経験者研修は、10年経験者研修の実施時期や内容を変えることで重複を解消することが意図され、2016年に教育公務員特例法改正により、10年経験者研修は中堅教諭等資質向上研修となった。その段階で免許更新制との整合性問題は解消していたはずであるが、2019年に中教審に諮問された段階で再び免許更新制が議論されることとなる。

⑶教員不足問題の登場

このたびの教育職員免許法改正による免許更新制廃止は、2019年4月の中教審諮問[32]が契機となっている。諮問において「免許更新講習と研修等の位置付けの在り方などを含めた免許更新制の実質化」が検討課題として挙げられた。2021年1月の答申[33]では「今般の新型コロナウイルス感染症の影響により、多くの現職教員が、免許状更新講習が数多く開講されている長期休業期間中も含め、子供たちの学びの保障に注力しなければならない状況が生じている。さらに、通常時とは異なる業務の発生も考慮した人的体制を迅速に構築することが求められている」と免許更新制が教員の人的配置の弊害になっているとの認識を示している。さらに、免許更新制に言及した節に次ぐ節は「教師の人材確保」と題している。

免許更新制と関連させて教員不足問題が教員養成部会で取り上げられたのは2016年11月である[34]。委員より「別件でも」との前置きで紹介されたのは、免許更新制によって講師が確保できなくなる懸念であった。

「最後は基本的には55歳ぐらいで免許更新を

して、そして、10年後となります。ところが、少子化の影響で学校が小さくなってきて、こうした環境下、特に中高あたりで、全ての教科にわたって教員が配置できないというふうな状況も生まれる中で、どうしても講師に頼らざるを得ないという、そういうことが多くなってきている。

そのときに、退職者、退職した教員の方々にお願いするんだけれども、65になると免許が切れます。そうすると、切れた方々に講師を頼むのに、更新講習を受けてこいということはなかなか難しい。そのために受けてこいということがなかなか。しかし、受けないと授業をもってもらえない。ここのジレンマで、特に少子化の中でその問題が実は起こっているということです。」（岸田委員）

2018年8月の教員養成部会[35]では、事務局より教育委員会調査のデータを引用しながら教員不足の実態が紹介された。その説明の中で臨時的任用教員の採用候補者が免許状の未更新により採用できなかったことを指摘する教育委員会の存在が紹介されている。委員からは次の発言があった。

「65歳を超えて、更にそれ以上活躍されるという方、特に免許状更新講習を受講してまで、現在使える免許を保有するような方が今もいらっしゃるだろうかというところを非常に心配しているところでございます。」（渡邊委員）

「非常勤講師になってほしい人たちが、この免許更新講習がネックになって、なかなか教壇に立てないということが起こらないように、この免許更新講習制度と、この教員不足、とりわけ年度途中で非常勤講師になってもらいたい人たちがスムーズに非常勤講師として教壇に立てるように、そうした点での免許更新講習制度の弾力的な扱いについて、そろそろ当初の現職教員だけというだけではなくて、少し考えていかないといけない時期にきているのではないかということを思っているところです。」（岸田委員）

「例えば、産休とか育休が突然出た場合に、うちなんかでも私立学校として、前、教員で務めていた先生に急遽、3か月でいいから戻ってくれないかなと言って戻ってもらおうとしても、結局10年経過してしまっているために、更新講習を受けていないから失効しちゃっている形になってしまう。そうすると、それが使えない。」（吉田委員）

これらの委員の指摘から、事務局においても免許更新制が教員不足と連動する問題として意識されるようになったのではないかと推察される。そこから2019年諮問、2021年答申における免許更新制が教員の人材確保の弊害になっているとの認識につながったと推察される。

2021年3月には新たに教員養成部会に諮問[36]が出される。そこにおいて免許更新制については「できるだけ早急に当該検証を完了し、必要な教員数の確保とその資質能力の確保が両立できるような抜本的な見直しの方向について先行して結論を得ていただきたいと思います。」と記しているように、ほぼ結論が見通せるような文言となっている。

免許更新制について議論された2021年4月の教員養成部会[37]では次のように制度が教員の負担になっていることが訴えられている。

「先生方の間に時間的ゆとりが本当になくなったということをつくづく感じており、いわゆる教師を支える環境の整備の重要性というものを実感するところでございます。」（安部委員）

「臨時的任用、それから非常勤講師、こういった人材が慢性的に不足しているというのが極めて深刻な状況であると。当然、これに、これまでもお伝えしてきたように、免許更新制というのが1つの原因になっているという状況がございます。」（三田村委員）

これらの認識は免許更新制を創設する段階から存在していたはずである。2007年の免許更新制等ワーキンググループ[38]では、校長会等から10年経験者研修と実施時期の重複による負担、長期休業期間中の受講による補習や部活動への影響、教職員の多忙化に拍車がかかること等を懸念する意見が寄せられていた。

それが、このように審議会の中で教員の多忙化がクローズアップされるようになった要因は、教員の量的確保という第１段階の機関哲学が危うくなったことに起因していると考えられる。

４．まとめ

免許更新制を巡る検討においては二つの変容が見られる。一つは免許更新制を養成過程の枠で考えていたのが、徐々に教員研修の枠で考えるようになったこと。もう一つは教員の量的確保問題と連動させて免許更新制を不要と考えるようになったことである。後者の変容は、教員の量的確保という第１段階の施策を機関哲学とする文部科学省にとって、優先順位の高い問題状況として認識されたものと考えられる。

なお、免許更新制の廃止に伴い、研修等に関する記録の作成が求められているが、これは多くの都道府県がすでに実施しているものであり、新たな負担を強いるものとは考えにくい。それよりも、この制度は2016年の教育公務員特例法改正による教員育成指標や教員研修計画の策定と同じ、スタンダード設定による質向上をめざす第３段階の施策の路線上にあると考えられる。第３段階の施策が拡大する一方で、第４段階の施策が不十分に見える。このたびの法改正における附帯決議では「教員の意欲・主体性と調和したものとする」[(39)]「教員が、探究心を持ちつつ自律的に学ぶこと、主体的に学びをマネジメントしていくこと」[(40)]などの文言が見られるのだが、それを実現していくための具体的な施策の検討はこれからとなる。そもそも、教員の主体性を尊重すべきとする文言はこれまでの中央教育審議会答申でも見られるのだが、第３段階の施策に関連させての言及となっているため、学校には主体的に意思決定することの重要性が伝わりにくい。第４段階の施策を推進するための戦略の検討は今後の課題だろう。

注・参考文献

⑴青木栄一『文部科学省』中央公論新社、2021年。
⑵Hargreaves, Andy and Shirley, Dennis, *The Global Fourth Way*, Corwin, 2012.
⑶ibid, pp.5-11.
⑷アンソニー・ギデンズ著、佐和隆光訳『第三の道』日本経済新聞社、1999年（Anthony Giddens, The Third Way, Polity Press, 1998）。
⑸藤田英典「教師・教職の現在と教師研究の課題」『日本教師教育学会年報24』、2015年、8-19ページ。
⑹Hargreaves & Shirley（2012）, pp 8-11
⑺青木、前掲書、56ページ。
⑻中央教育審議会「教員養成制度の改善方策について（答申）」1958年７月28日。
⑼中央教育審議会「今後における学校教育の総合的な拡充整備のための基本的施策について」1971年６月11日。
⑽教育職員養成審議会「教員養成の改善方策について（建議）」1972年７月３日。
⑾中央教育審議会「教員の資質能力の向上について（答申）」1978年６月16日。
⑿教育職員養成審議会「教員の養成及び免許制度の改善について（答申）」1983年11月22日。
⒀教育職員養成審議会「教員の資質能力向上方策等について（答申）」1987年12月18日。
⒁久保富三夫『戦後日本教員研修制度成立過程の研究』風間書房、2005年。
⒂文部省『学制百年史』帝国地方行政学会、1972年、847、936-937ページ。
⒃文部科学省『学制百二十年史』ぎょうせい、1992年、378ページ。
⒄千々布敏弥「都道府県指定都市における教職経験者研修の改編動向に関する考察」『国立教育政策研究所紀要141』、2012年、123-136ページ。
⒅千々布前掲論文。
⒆文部科学省「2002年度教職経験者研修の実施状況」。
⒇千々布敏弥「現職教員を対象とする行政研修プログラムの改革」木原俊行、寺嶋浩介、島田希編『教育工学的アプローチによる教師教育』ミネル

ヴァ書房、2016年、123-141ページ。
(21)中央教育審議会「今後の教員免許制度の在り方について（答申）」2002年２月21日。
(22)中央教育審議会「今後の教員養成・免許制度の在り方について（答申）」2006年７月11日。
(23)教員養成部会（第59回）議事録
https://warp.ndl.go.jp/info:ndljp/pid/11293659/www.mext.go.jp/b_menu/shingi/chukyo/chukyo３/002/gijiroku/1298545.htm
(24)教員養成部会（第60回）議事録
https://warp.ndl.go.jp/info:ndljp/pid/11293659/www.mext.go.jp/b_menu/shingi/chukyo/chukyo３/002/gijiroku/1298546.htm
(25)中央教育審議会「教職生活の全体を通じた教員の資質能力の総合的な向上方策について（答申）」2012年８月28日。
(26)教員養成部会（第54回）議事録
https://warp.ndl.go.jp/info:ndljp/pid/11293659/www.mext.go.jp/b_menu/shingi/chukyo/chukyo３/002/gijiroku/1217911.htm
(27)教員免許更新制度の改善に係る検討会議「教員免許更新制度の改善について（報告）」2014年３月18日。
(28)教員養成部会（第69回）議事録
https://warp.ndl.go.jp/info:ndljp/pid/11293659/www.mext.go.jp/b_menu/shingi/chukyo/chukyo３/002/gijiroku/1344983.htm
(29)教員養成部会（第85回）議事録
https://warp.ndl.go.jp/info:ndljp/pid/11293659/www.mext.go.jp/b_menu/shingi/chukyo/chukyo３/002/gijiroku/1360427.htm
(30)教員養成部会中間まとめ「これからの学校教育を担う教員の資質能力の向上について」2015年７月16日。
(31)中央教育審議会「これからの学校教育を担う教員の資質能力の向上について（答申）」2015年12月21日。
(32)中央教育審議会諮問「新しい時代の初等中等教育の在り方について」2019年４月17日。
(33)中央教育審議会「「令和の日本型学校教育」の構築を目指して（答申）」2021年１月26日。
(34)教員養成部会（第94回）議事録
https://warp.ndl.go.jp/info:ndljp/pid/11293659/www.mext.go.jp/b_menu/shingi/chukyo/chukyo３/002/gijiroku/1380790.htm
(35)教員養成部会（第101回）議事録
https://warp.ndl.go.jp/info:ndljp/pid/11293659/www.mext.go.jp/b_menu/shingi/chukyo/chukyo３/002/gijiroku/1410825.htm
(36)中央教育審議会諮問「「令和の日本型学校教育」を担う教師の養成・採用・研修等の在り方について」2021年３月12日。
(37)教員養成部会（第122回）議事録
https://www.mext.go.jp/b_menu/shingi/chukyo/chukyo３/002/gijiroku/1412213_00014.htm
(38)教員免許更新制等ワーキンググループ（第２回2007年11月20日）配付資料。
https://www.mext.go.jp/b_menu/shingi/chukyo/chukyo３/037/siryo/1263841.htm
(39)教育公務員特例法及び教育職員免許法の一部を改正する法律案に対する附帯決議（衆議院）。
(40)教育公務員特例法及び教育職員免許法の一部を改正する法律案に対する附帯決議（参議院）。

ABSTRACT

Institutional Philosophy on Teacher Training: Focusing on Debates on the Teacher License Renewal System

CHICHIBU Toshiya
(National Institute for Educational Policy Research)

This study analyzes Ministry of Education, Culture, Sports, Science and Technology (MEXT)'s ins titutional philosophy on teacher training. As proposed by Aoki (2021), institutional philosophy is a basic idea shared by the entire organization. Hargreaves and Shirley (2012) divided national education policy into four phases : the quantitative expansion phase, the second phase for improvement based on the principle of competition, the third phase for improvement by setting standards and goals, and the fourth phase that respects the autonomy of schools and teachers.

MEXT's institutional philosophy on teacher training and teacher development has focused primarily on supplying teachers quantitatively and providing training opportunities for teachers. Once quantitative assurance of teachers and training opportunities was achieved, the Ministry intended to promote training based on the independent judgment of boards of education, schools, and teachers, rather than reform based on the principle of competition as in other countries. In other words, MEXT has an institutional philosophy of reform in the first and third stages.

There was a time when the Central Council for Education sought to respect the autonomy of teachers, but in reality, measures related to the formulation of standards for teacher training are being developed. The teacher license renewal system was initiated as part of the measures seeking standards, but it was abolished when it began to impede the quantitative supply of teachers. This is believed to be due to MEXT's strong institutional philosophy, which aims to secure a quantitative supply of teachers. MEXT has not gone so far as to adopt an institutional philosophy of respecting the autonomy of schools and teachers.

Keywords : **Fourth way, Standard, Autonomy, Governance**

〈特集1〉教員研修制度改革の検討

教員研修制度の改革における大学の新たな役割

― 教職大学院と教育委員会の連携を例に ―

伏木　久始（信州大学）

1. はじめに

教員養成は大学等の高等教育機関が、採用及び研修は教育委員会がその役割を分担していたかたちから、「養成―採用―研修の一体的改革」を掲げる国の施策により、大学等の役割も変化してきている。これは教育現場が抱える課題が複雑化し、地域や家庭が多様化する中で、養成と研修の双方に向けられた批判に応える動向でもある。子どもの指導や保護者への対応においてトラブルを抱える教員が増えている実態に対して、大学の教員養成が現場に対応できていないという類の批判はかねてよりあったが、採用側の教育委員会が養成段階の学生を対象に希望者を選抜して教職トレーニングに踏み込む流れが、近年では多くの自治体に波及している。このさきがけを担った東京都教育委員会は、2022年度に東京教師養成塾第20期生を迎え入れるが、開塾当初の大学側の反発はトーンダウンし、今では近隣の43大学が連携大学[(1)]としてこれを支援する関係になっている。

一方、大学とりわけ教職大学院には現職教員の研修事業に関わる要請がいっそう強まっている。これは、教育委員会が主催する研修が前例踏襲型になりがちで、最新の学問的知見や自身の実践を客観視するような学びになり得ていないという批判に応えるものであり、様々な実務で激務の指導主事をサポートすることにも貢献している。この背景には、都道府県ごとに基本的に1箇所ずつ配置されていた国立大学法人の教員養成系学部の経営事情が関係している。すなわち、大学運営交付金が教職課程修了生の教員就職率や教職大学院の定員充足率の数値に左右されるため、地元の教育委員会との密接な関係を構築することが重要なミッションになっているのである。

こうした状況下で、免許更新講習の廃止に伴って導入されることになった教員研修履歴の記録・管理制度は、令和3年11月の中央教育審議会（以下「中教審」）―「令和の日本型学校教育」を担う教師の在り方特別部会審議まとめ―に盛り込まれ、教育公務員特例法及び教育職員免許法の一部を改正する法律（令和4年法律第40号）として第208回国会において成立した。

これは教員の任命権者である教育委員会が実施責任を担うが、養成―採用―研修の一体的な改革を進める当事者になっている大学側も、大きな影響を受けるという自覚を持たねばならない。本論で詳述するが、この新制度案には学校現場の実情には妥当でないと考えられる指示が書き込まれているからである。

本稿では、文部科学省（以下「文科省」）の「教員の養成―採用―研修の一体的改革推進事業」（以下「一体改革事業」）の概要を整理しつつ、地方自治体の教育委員会と教員養成系学部及び全国の教職大学院に求められている実情を明らかにするとともに、免許更新講習に代わって導入されることになった新たな研修履歴制度案の問題点を指摘する。その上で、今後大学・大学院が教員研修に果たすべき役割について提言を試みる。

２．養成―採用―研修の一体的改革推進事業

⑴本事業の概要

文科省は、2017年より総合教育政策局教育人材政策課を担当部署として一体改革事業を開始した。この事業は、教員の資質能力の向上を目的として、教育委員会や大学等との連携のもと、教員の養成・採用・研修における諸課題の解決に資する先進事例を創出し、その成果を共有し全国への普及を図るとともに、得られた成果やデータを政策立案の裏付けとして活用するものとされる。

具体的には、新たな教育課題に対応した教員養成改革の推進、初任・中堅等のそれぞれの段階に対応した特色ある研修の推進をはじめ、教員研修の単位化や民間教育事業者との連携による教員の資質能力向上等の取組を推進するものである。文科省が指定したテーマに沿った予算枠組みが設けられ、応募団体の中から選抜された大学や教育委員会及び民間教育事業者等へ委託を行うものである。各テーマに対して文科省が予算額と採択件数を見込んで研究プロジェクトを公募し、有識者からなる外部審査委員による審査選考により事業を採択している。テーマにもよるが、単年度契約で１件数百万円程度の事業費を配分して推進している。以下、これまでの公募テーマと採択団体数を列挙する[2]。

■2017年度

【テーマ１】「教員養成塾の普及・推進事業（「教師塾」など優秀な教員の確保に向けた取組の推進）」：２団体／【テーマ２】「研修の一体的改革推進事業」：16団体／【テーマ３】「教員の学びの継続による研修の単位化・専修免許状取得プログラムの開発事業」：４団体／【テーマ４】「民間教育事業者との連携による教員の資質能力向上事業」：８団体／【テーマ５】「新たな教育課題の必修化のための研究授業」：６団体／【テーマ６】「教職課程における質保証・向上に係る取組の調査研究事業」：３団体／【テーマ７】「教科教育モデルコアカリキュラムの策定事業」：２団体

■2018年度

【テーマ１】「円滑な入職のための取組の推進」：１団体／【テーマ２】「特色ある研修改革取組の推進」：12団体／【テーマ３】「研修の単位化・専修免許状取得プログラムの開発」：４団体／【テーマ４】「民間教育事業者との連携による教員の資質能力向上事業」：５団体／【テーマ５】「「教師の日」等の機を捉えた教職の魅力向上」：１団体／【テーマ６】「新たな教育課題に対応する科目を必修科目と位置づけ、効果的に実施する取組の推進」：２団体／【テーマ７】「教職課程における質保証・向上に係る取組の調査研究事業」：２団体／【テーマ８】「教科教育コアカリキュラムの研究」：２団体

■2019年度

【テーマ１】「効果的な入職の在り方に関する研究」：１団体／【テーマ２】「効果的な特別免許状を活用した採用に関する研究」：１団体／【テーマ３】「校長及び教員としての資質の向上に関する指標と研修の効果的な連動に関する研究」：５団体／【テーマ４】「研修の単位化・専修免許状取得プログラムの開発」：２団体／【テーマ５】「働き方改革推進のための研修の在り方に関する研究」：２団体／【テーマ６】「民間教育事業者との連携による教員の資質能力向上事業」：３団体／【テーマ７】「先導的な教職科目の在り方に関する研究」：３団体／【テーマ８】「教職課程の質の保証・向上に係る仕組みの構築」：２団体／【テーマ９】「教科教育コアカリキュラムの研究」：２団体

■2020年度

【テーマ１】「教職の魅力向上に関する取組」：４団体／【テーマ２】「効果的な入職の在り方に関する研究」：１団体／【テーマ３】「校長及び教員としての資質の向上に関する指標と研修の効果的な連動に関する研究」：３団体／【テーマ４】「研修の単位化・専修免許状取得プログラムの開発」：３団体／【テーマ５】「働き方改革推進のための研修の在り方に関する研究」：２団体／【テーマ６】「民間教育事業者との連携による教員の資質能力向上」：３団体／【テーマ

7】「先導的な教職科目の在り方に関する研究」：1団体／【テーマ8】「教職課程の質の保証・向上を図る仕組みの構築」：1団体／【テーマ9】「教科教育コアカリキュラムの研究」：1団体

■2021年度

【テーマ1】「society5.0時代に求められる資質・能力を有する教師の育成に資する先導的な教職科目の開発」：3団体／【テーマ2】「英語教師を目指す学生を対象とした海外留学を含む教員養成プログラムの開発」：1団体／【テーマ3】「教師の採用に関する近年の課題への対応」：1団体／【テーマ4】「障害のある教師等の教育関係職員の活躍促進」：2団体／【テーマ5】「教職の魅力向上に関する取組」：1団体／【テーマ6】「学校教育を取り巻く環境の変化に応じた効果的な育成・研修の実施」：2団体

■2022年度（本稿執筆段階では公募中）

【テーマ1】「新たな社会に求められる資質能力を有する教師の養成に資する先導的な教職科目の開発」／【テーマ2】「英語教師を目指す学生を対象とした海外留学を含む教員養成プログラムの開発」／【テーマ3】「多様な人材の活用や教員採用等に関する近年の課題への対応」／【テーマ4】「児童生徒性暴力等の防止等に関する理解を深めるための手法の開発に関する研究」／【テーマ5】「時代の変化等に応じて必要な教師の資質能力の育成に資する効果的な研修等に関する研究」

こうした公募スタイルは、岩田（2022）が指摘するように2005年度からのいわゆる「教員養成GP」及び「大学院GP」の発想の延長線上にあるもので、公募するテーマ・内容・応募資格等によって当局の施策を誘導する効果が期待されている。これに対して全国の教員養成学部と、各地の教育委員会と、民間の事業者が、設定されたテーマに合わせたプロジェクトを申請し、文科省が設定した審査基準に照らし合わせて外部の有識者で構成される審査委員の点数評価の結果により採択団体を決めているのがこの一体改革事業である。

⑵本事業の成果と問題点

この取組から得られた「成果」としては、大学とりわけ教職大学院と各地の教育委員会との連携が加速度的に進行したことが挙げられる。一部の地域の例外はあっても、従来は大学と教育委員会の関係は必ずしも良好とは言えなかったが、この事業の公募にあたって連携協定を結んだり、両者の連絡会・協議会を重ねたりする中で、連携を深められたという声が関係者の間で共有されている。その中でも、一体改革事業を最も有効に取り込んで成果をあげていると考えられる兵庫教育大学[3]の事例を簡潔に紹介してみたい。

研修事業に大きく係わる兵庫教育大学教職大学院は、2022年度の入学定員が東京学芸大学（210名）、上越教育大学（170名）に次ぐ三番目（155名）の規模の大きな専門職課程であり、一体改革事業への応募は教職大学院が中核となり、初年度から毎年の採択が続いている。2017年度は①「新しい時代に対応する学校管理職マネジメント研修」と②「資質・能力ベースによる教職課程の質保証に関する包括的調査」の2本、2018年度は「新しい時代に対応する学校管理職等研修の施行」、2019年度は「新しい時代に対応する学校管理職等研修の試行に係る研究」、2020年度は「新しい時代に対応する学校管理職・教員研修の開発・施行」、2021年度は「多機関連携・協働による学習観・授業観の転換をねらう教師の育成に対応した先導的教職科目の開発研究」が採択テーマである。兵庫教育大学はこうした取組を着実に進めながら配分資金を有効活用して学校管理職等の養成を充実させてきた（兵庫教育大学：2021）。なお、同大学は2004年度から兵庫県教育委員会と共催で新任の教頭・指導主事等を対象とした「学校管理職・教育行政職特別研修」を実施しており、その知見を生かして、都道府県教育委員会や各地の教育センター等と共催して学校管理職マネジメント研修を精力的に実施している。兵庫教育大学に限らず、この一体改革事業に応募する大学の多くは、それぞれの地域の実情やニーズに応じて、地元の教育委員会との連携を深めて教員研修の質的改善を担っている。筆者が所属する信州大学のケースも一例として紹介する。

信州大学教職大学院の場合、マンパワーの現実的な条件から在学生の研究指導以外の業務に割くエフォートは大きくないが、長野県教育委員会及び長野県総合教育センターとの良好な関係を生かして、一体改革事業に応募し、過去3回の採択プロジェクトを展開した。2017年度には「教員研修の内容・方法に関するニーズ調査を踏まえた教員研修講座の刷新と教職大学院のカリキュラム改善」、2020年度は「教育委員会の研修講座と教職大学院のカリキュラムを連携させた履修プログラムの開発」、2021年度には「教育臨床活動を軸とした実践的なICT活用指導力を育成するための教職カリキュラム」としたプロジェクトである。具体的には、長野県教育委員会との共催事業として、県内各学校郡から2名ずつ計30名のミドルリーダーを集めて、1年コースの「中核教員養成研修」を協働するほか、50代以上のベテラン層教員を対象とした「マイスター教員養成研修」(4)を恒例事業としている。また、県総合教育センターとの連携講座として、教職大学院の授業科目である「教師の教育観と授業」、「学級づくり・学校づくり」、「へき地・小規模校における教育実践」の3科目について、県内の現職教員がその一部を受講できるよう、1日4コマの集中授業日を設定し、その日のみ院生以外の県内教員が合流参加できる研修講座を継続開催している(信州大学:2021)。

こうした大学とりわけ教職大学院が地元の教育委員会と連携した取組を構想するのは、それぞれの地域の古くからの連携が踏襲されている部分もあるが、近年の国立大学法人の運営交付金配分方式と一体改革事業とが、「教員の質保証」という教育委員会との共通の目的の中で、それぞれ財政的な事情も加わって文科省の政策誘導のレールに乗らざるを得ない事情があると言えよう。

しかし、この一体改革事業には改善されるべき点が多い。まず、年度ごとに設定されるテーマにおける一貫性が弱いため、前年度の事業成果を翌年度以降の事業に反映させるような手立てが取りにくく、申請プロジェクトを採択された団体側が予算消化型の一過性の研究になりやすいことである。さらに、テーマ自体の問題もある。例えば、初年度(2017)に設定されたテーマの1つである「研修の一体的改革推進事業」の場合、他の6テーマを包含する関係に位置付いてしまうテーマ名であって、公募テーマを並列する際のタイトルが適切とは言えない。また、2年目(2018)に公募された「“教師の日”等の機を捉えた教職の魅力向上」というテーマが登場して翌年度以降は抹消されているが、こうしたものが一体改革事業の主旨で公募されるべきものなのかどうか疑問が残る。

最大の問題点は、この事業の公募開始時期が通常国会終了後の6月か7月になり、応募団体の審査結果が8月頃に出て、採択された団体は報告書を3月に提出する単年度会計型のため、実質的にこの事業は半年間の短期間で結果を出すことになるという点である。この事業に採択された応募団体は4月から実施していた独自の取組のいずれかと重ねたプロジェクトになることを想定して実績を出せる準備をすることになる。また、半年の短期間で実施できる程度の視野の企画に限定することにもなりかねない。また、それぞれの団体の単年度事業に関する実績は公開されているものの、その事業評価がないため、慢性的な予算不足に悩む国立大学法人や地方自治体の教育委員会では、予算獲得の手段として本事業に応募するという側面もあることは否定できない。

既存の枠組みを越えて一体改革事業を推進するというねらいは妥当であったとしても、それを実現していくためには、場当たり的なテーマ設定を改め、複数年継続する一貫したテーマを設けた上で、それぞれにおいて次に生かせる建設的な事業評価を行いながら、大学機関と教育委員会等の行政機関の意味ある連携を支援・促進させていく必要がある。

⑶本事業から発展した新たな研修体制

文科省が始めた一体改革事業は、前述の通り多くの問題点を抱えているものの、この事業を契機に、地方の国立大学と地元の教育委員会との連携が大きく進展し、教員研修事業に大学が深く関与することになった2つの事例を取り上げて概要を紹介したい。

①九州地区教員養成・研修研究協議会の取組

一体改革事業がスタートする前年度、文科省は福岡教育大学教育総合研究所に対して「総合的な教師力向上のための調査研究事業」を委託（2016年5月）し、九州広域での教員育成指標モデルの開発を求めた。この機に九州地区教員育成指標研究協議会（以下「九州協議会」）が設置され、2016年8月4日には佐賀県・熊本県・鹿児島県の教育委員会が福岡に集まって第1回の九州協議会が開催された。それ以後、第2回（同年10月17日）には福岡県内の私立大学関係者も参加し、第3回（2017年1月23日）には九州地区8県の教育行政及び教育センター関係者が参加する協議会に発展している。これにより「教員育成指標モデル」が示され、各県の教育委員会はこれを参照してそれぞれの教員育成指標を策定することとした。各県では必ずしも雛形通りの指標がつくられたわけではないが、その作成プロセスには県内の大学と教育委員会との協議を経ることが義務づけられていたため、いずれの県もこの九州地区協議会で確認された教員育成指標モデルがたたき台となり、教員育成指標が策定されている。

この経験を経た福岡教育大学は翌年に一体改革事業に採択[(5)]され（2017年7月）、九州協議会は「九州地区教員養成・研修研究協議会」と名称変更して九州全域の教育委員会や教職課程を持つ大学に広げて参加団体を増やした。湯田・坂元（2020）によれば、2019年度からは「オール九州」としての教員育成指標を活用して、九州全域の教育委員会と大学・教職大学院との連携事業を推進する九州地区ネットワーク機関が発足し機能しているという。

このように一体改革事業は、都道府県単位という枠組みを越えて、九州地区の大学と教育委員会の連携を深め、教員育成指標づくりの共有化と研修事業のネットワーク化を推進したのである。

②四国地域教職アライアンスの取組

鳴門教育大学は、文科省の一体改革事業の採択と独立行政法人教職員支援機構（以下「NITS」）の地域センター[(6)]を設置したことで、教職大学院と教育委員会の協働を授業単位レベルで実質化した典型的な大学でもある。2017年度の一体改革事業では、「教職大学院と教育委員会の協働による科目等履修制度を活用した専修免許状取得プログラムの開発」が採択され、翌2018年度は「教職大学院と教育委員会の協働による研修の単位化を活用した専修免許状取得プログラムの開発」が採択されている。

これと並行して、鳴門教育大学は香川大学、愛媛大学の教職大学院同士の連携を早くから進めており、NITSの地域センターの設置に際しても、3大学が連携・協働して担う「四国地域教職アライアンス」を設置していた。この協働組織の目的は、広域連携型の「四国地区次世代リーダー育成プログラム」を構築することにあったため、各県の教育委員会も参画して、鳴門教育大学に事務局を置いて教員研修ネットワークを運営することになった。一体改革事業の採択はこの流れを加速させたと言える。特に、鳴門教育大学は徳島県教育委員会との間に「徳島県教員研修コンソーシアム」を設置し、従来は教育委員会が企画運営していた教員研修事業に対して、大学が深く内容・方法に関与するかたちで研修の高度化を図った。なお、この連携は新たな管理職の登用システムを生み出している。徳島県教育委員会が行う主幹教諭任用審査を通過した教員を対象に、NITS鳴門教育大学センターが「管理職養成プログラム（2年間）」を実施し、この受講修了書をもって教頭任用審査の1次審査が免除されるようになった。同様に教頭格として教育機関等での勤務経験のある教員を対象に、鳴門教育大学教職大学院の学校づくりマネジメントコースに進学させ、その修了をもって校長任用審査1次試験を免除するインセンティブを与えたのである（前田・竹内・谷：2021）。

さらに、教員研修を大学院の単位に認定する取組の一環として、年間12回にわたる研修を設定し、年度末に大学教員と県教育委員会担当者の両者が面接試験による評価を行うことで、ラーニングポイント制を導入して教職大学院への進学を保証する枠組みを構築している。鳴門教育大学は「研修機関としての大学という新しい役割」（前田ら：2021）を担うに至っている。NITS四国アライアンス鳴門教育大学センターがそれを推進する機動力となって、一体改革事業を支えたと言えよう。

3．文科省が公表した「教師の資質向上に関する指針・ガイドライン」の問題点

⑴教員免許更新講習廃止後の研修制度

2022年6月末で失効した教員免許更新講習制度に代わって導入されることになった新たな研修制度は、研修履歴の記録方法や管理の在り方について現在議論が進行中である。

文科省から出された「教師の資質向上に関する指針・ガイドライン」は、具体的には、令和4年6月30日付けで、①公立の小学校等の校長及び教員としての資質の向上に関する指標の策定に関する指針改正（以下「指針」）、②研修履歴を活用した対話に基づく受講奨励に関するガイドライン（以下「ガイドライン」）の二つの文書にまとめられた。

この指針（文科省：2022a）及びガイドライン（文科省：2022b）は、文科大臣が2021年3月12日の中教審にて「令和の日本型学校教育」を担う教師の養成・採用・研修等の在り方について」を諮問したことに始まる。それに対して、中教審「令和の日本型学校教育」を担う教師の在り方特別部会が「『令和の日本型学校教育』を担う新たな教師の学びの実現に向けて　審議まとめ」（以下「審議まとめ」）をとりまとめている（2021年11月15日）。その50ページあまりの審議まとめの文章の中には、「新たな時代に求められる教師の資質能力」や「履修履歴の記録」という免許更新講習に代わるものとしての質保証に関わる内容は明記されているものの、個々の教師が自ら学ぶ意欲を持って主体的に選択できる研修のイメージには表現されていない。

前述の①「指針」と②「ガイドライン」はこの審議のまとめに基づいて作成されているが、令和5年4月より制度化される新たな研修制度にむけて、現在（2022年7月）パブリック・コメントを求めている段階である。長野県内の3人の教頭にこれを読んだ感想を依頼したところ、「教師を信頼していないと感じた」という共通の回答が返ってきた。

以下、この2つの文書を批判的に検討する。

⑵「指針」における懸念

①校長の指標

この研修制度導入において校長の果たす役割はきわめて大きい。指針では、校長の基本的な役割を「学校経営方針の提示」「組織づくり」「学校外とのコミュニケーション」の3つに整理し、これまでの資質能力やマネジメント力に加えて、様々なデータ・情報を収集・整理・分析・共有することや学校外の教育力を最大化していくことを新たに求めた。この校長の指標の策定にあたっては、任命権者（教育委員会）が教職大学院との密接な連携・協働に留意することが重要であると示された。ある意味では妥当な方針であるが、日本の学校管理職の人材登用システムの現実からすると、要求水準が高すぎて管理職の働き方改革に逆行する。まずは、教員配置を是正して各学校の人的ゆとりを生み出し、管理職候補者がマネジメントやアセスメントやファシリテーションを十分に学ぶ機会を創出する環境づくりが先行しなければ、この路線は破綻しかねない。そもそも同じ学校で勤務する教育のプロ同士でも、学校マネジメントを担う専門性と、教育実践の専門性とは職種が異なるという認識を持つべきである。

②教員の指標

教員に求める資質能力を「教職に必要な素

養」、「学習指導」、「生活指導」、「特別な配慮や支援を必要とする子供への対応」、「ICTや情報・教育データの利活用」の5項目に再整理し、成長段階ごとに更に向上させる観点を踏まえて指標の内容を定めるとしている。問題なのは、研修は「誇りをもって主体的に」打ち込むものとしながら、「教員等一人一人の置かれた状況に照らして、適切な現状把握と目標設定の下で」「指導助言者と教員等が研修等に関する記録を活用」して、指導助言等を受け、「対話を重ねる中で、今後能力を伸ばす必要がある分野の研修受講」の助言を受けるという点である(下線は筆者)。

喫緊の課題は、教員が自分の状況を客観視して日頃の教育実践を省察するゆとりを持てる時間を生み出すことであり、そのことから主体的に研修目標や伸張したい能力を自己決定する環境づくりをすることである。多忙な日常に助言者との対話を重ねる時間を割き、他者から勧められた目標や研修内容を助言されても、前向きに学び続ける姿勢を高めることにはなり得ない。

③研修成果の確認方法

「体系的かつ計画的に行われる研修については、成果の確認方法をあらかじめ明確化した上で実施することが極めて重要である」とし、「テストの実施やレポート・実践報告書の作成等により」確認できるエビデンスが必要だという指摘は、自民党文部科学部会の「教師の研修向上実行」プロジェクトチーム(7)が文科省に提言した中身が反映されたものだと思われるが、これでは教員や教育委員会の負担を増やすことになり、他の配慮事項の記述と矛盾し適切とは思えない。

⑶「ガイドライン」における懸念

①「考え方」と記録の方法等とのズレ

ガイドラインでは、研修履歴の基本的な考え方として「主体的・自律的な目標設定やこれに基づくキャリア形成につながる」としていながら、「今後どの分野の学びを深めるべきか、学校で果たすべき役割に応じてどのような学びが必要か、等について学校管理職による効果的な指導助言等が可能となる」ように研修履歴を活用するのだと表明している。校長等の助言無しに自ら選んだ研修は履歴として認められない可能性を感じさせる。また、「研修の効果的・効率的な実施から離れて、記録すること自体が目的化することがあってはならない」としながら、教育委員会が研修履歴の記録の「内容」や「方法」や「時期」の説明箇所を参照すると、記載することへの負担を感じるものになる懸念がある。

②研修履歴の閲覧・利用目的の懸念

研修履歴の記録は、「個人情報の保護に関する法律」の適用を受けるため、利用目的は教員本人の了解を必要とするが、「人事管理その他の目的のために当該記録を活用することを妨げるものではない」とガイドラインに明記されているため、教育委員会や校長が個人の研修履歴を閲覧利用することが前提にされていると考えられる。これが人事上のトラブルにならないような良識が関係者に問われる。

③「課題のある」教員等の扱いに関する懸念

教員免許更新講習の当初のねらいは、いわゆる「不適格教員」の排除の手段とするものだったと言われているが現実的には機能しなかった。今回の研修制度においても「研修受講に課題のある」もしくは「指導に課題のある」教員に対する対応がガイドラインに明記されている。しかし、研修はその内容に意義はあっても、本人の意思に反して「させられるもの」になると効果は望めない。自ら希望して参加する研修でなければ教員の多忙感を増すだけのものに劣化してしまう。新たに導入する研修制度と「不適格教員」の対処は分けるべきであってこれを1つの制度の中で法律に従って処理しようとすることは問題である。

4．大学・大学院の新たな役割

⑴教員育成指標づくりへの参画

2016年11月に改正された教育公務員特例法により、教員の任命権者である教育委員会は、関係大学等とで構成する「協議会」を組織して教員育成指標を策定することが義務化された。このことは、実践現場特有の論理や徒弟的に暗黙知が伝授される要素が多い教員文化に対して、外部から異なる目で教員の学びを意味づけていく作業に踏み込むことにもなる。多忙で前例踏襲型に陥りやすい研修事業に際しても、ダウトをかけて個々の教員の求めに即したものに換えていくためには、学校現場から少し距離を置いた立ち位置から、客観的な目線で助言できるアカデミックなメンバーが欲しい。特に、教育学の学問的知見が育成指標の改善には欠かせない。大学研究者の貢献が今後も期待される。

⑵地域の実情を知る教員研修への参画

日本の教員は法定研修の初任者研修と中堅教員等資質能力向上研修の他にも、管轄する教育委員会ごとの独自研修を受講している。さらに、地域独特の研修システムも存在している。例えば、長野県の場合、毎年度県教育委員会が主催する「教育課程研究協議会」という名称での研究授業が実施される。地域の学校群単位で小学校・中学校の各教科・領域ごとにそれぞれ会場校が輪番で割り当てられ、秋の公開授業に向けて定期的に校内研修会の時間を設定し、授業研究と学習指導案の検討を繰り返す。協議会研究授業当日は、半日授業日として児童・生徒を昼前に下校させ、参観する教職員は午後から自分の担当教科等の会場に出張して授業参観と研究協議会に参加し、翌日以降に勤務校の同僚に情報をフィードバックする。

また、教育委員会とは別に公益社団法人「信濃教育会」（明治19年創立：令和２年度現在の会員8,700名）という教員加入率の極めて高い組織があり、本部が企画する研修事業の他に、各学校群の教科・領域ごとの研究会が同好会的に運営されている。同じ信州教育でも地域性があって、それぞれに不易と流行の議論を闘わせながら教員の職能形成を支援している。筆者はこれまで、毎年度のべ30件ほど各地の校内研修（小・中・高）の指導に出向いているが、授業研究やテーマを設けた校内研修の講師を引き受けながら、現場の教職員のリアルな実情に接してきた。そのことが大学や大学院での教員養成に有益な情報になるし、希望する学生を同行させることで、教育実習とは別の貴重な学びを学生に提供できる。研究分野によっては研究者が現場に入るメリットがないということもあるが、自分たちの大学の教職課程の授業を受けた卒業生が苦労している学校で、教員をめぐる実態を調査するつもりで教員研修に参画することも、教職課程を担当する大学教員の発想にあってよい。

⑶研修情報のオンラインサービス

未だに多くの教育委員会では、管轄する全ての学校の教職員の研修実績について、毎年各学校の管理職と共に手作業によるチェックを通して法定研修の該当者に連絡している。その膨大な手間と時間を考えると、これこそオンラインでの履歴システムへ移行すべき業務であると考えてきた。しかし、教員データベースが給与システムに連動している自治体では個人情報の壁にオンライン化の調整が難航している。一方、国の責任で研修履歴管理システムを構築してNITSに管理させるという案も提出されているが、教職員が研修の受講手続き等を行うとともにその受講履歴等が蓄積され、研修履歴を管理する情報システムを導入している教育委員会は、近年徐々に増えており（表１）、二重登録は避けたいという声も挙がっている。そもそも、国が教職員個人の研修情報を一元管理するという発想自体に違和感をぬぐえない。

そこで、大学等が主体となった外部機関が管

表１　研修履歴管理システムの導入状況

	都道府県	指定都市	中核市	総計
2017	15／47 (31.9%)	2／20 (10.0%)	3／47 (6.4%)	21／115 (18.3%)
2019	19／47 (40.4%)	5／20 (25.0%)	9／57 (15.8%)	33／125 (26.4%)

（出所：文科省「研修実施状況調査結果　平成29年度・令和元年度」）

理するデータベースを創設し、利用する教職員には様々な研修講座情報を提供するとともに、各自の研修履歴を自分の判断で入力して自身のキャリア形成に役立ててもらうというサービスを展開することも、教員研修において大学が貢献できる選択肢であると考える。

5．おわりに

本稿では、文科省の一体改革事業の概要を紹介しつつ教員養成系学部が地元の教育委員会と連携を深めて教員研修に乗り出している実情を明らかにすることから、教員研修履歴問題が大学関係者にとっても他人事ではないことに言及した。また、この一体改革事業には課題もあるものの、これを契機に都道府県の枠組みを越えた広域エリアでの大学及び教育委員会のネットワークが構築された事例も紹介した。また、教員の資質能力の共通性は国（文科省）が決めた枠組みを前提とせず、地域の緩やかな連合体に大学の知見を反映させて協議しながら策定していくという先行事例を生んだことの意義は大きい。このことは、教員採用試験の国家化、教員育成指標の全国共通版、研修履歴の一元管理という話題が出ている中で、大学が参画して教員研修を教員のニーズにより合わせる改革に貢献する可能性を示唆している。

文科省が6月30日付けで公表した「教師の資質向上に関する指針・ガイドライン」には、教員研修は個別最適で協働的な学びであるべきで、主体的に学び続ける教員を支援するというスタンスで書かれているが、具体的に研修履歴の記録の内容・方法・時期等の指示に従って記録を制度化していくと、誰のための何のための履修履歴なのか疑問が湧く。教員の負担は明らかに増えることになり、再考すべき部分が少なくない素案である。

この原稿を書いている現在、筆者はフィンランド国立教育研究所の研究員として在外研究中であるが、フィンランドの学校を訪問して教員と対話を重ねる中で共通に聞かれた言葉が「TRUST（信頼）」である。すなわち、中央政府が地方自治体を信頼し、地方自治体が校長を信頼し、校長が教員を信頼する。だから先生たちは子ども一人ひとりの個性を尊重し、その子なりの育ちを信頼できるんだと思えた。信頼されていると実感している人は自己肯定感を高め、信頼に応えようとする。それが失敗であっても時間をかけてチャレンジすれば良いという合意が形成されている。本稿で取り上げた教員研修も、教員を信頼するところからスタートさせられないだろうか。

教員の個別最適な学び、協働的な学びの充実を通じた「主体的・対話的で深い学び」の実現は、児童生徒等の学びのロールモデルとなると、指針にもガイドラインにも明記されている。自らの専門職性を高めていくために誇りを持って主体的に打ち込めるような教員の学びの環境整備を優先すべきである。

注

⑴第20期東京教師養成塾募集要項を参照。

⑵文部科学省ホーページリンクより収集。

⑶同大学の加治佐哲也学長は日本教職大学院協会の会長を兼ね、第11期中教審委員も務める中で、今回の研修履歴の審議に係わる「令和の日本型学校教育」を担う教師の在り方特別部会・教員免許更新制小委員会の主査を務めている。

⑷青木一（2018）「学校運営にかかわる『ベテラン教師』の貢献力向上：キャリアⅣ 研修講座の実践と課題」信州大学教育学部附属次世代型学び研究開発センター紀要（教育実践研究）17：79-88を参照。

⑸福岡教育大学は、2017年度の一体改革事業において、①「『校長及び教員としての資質の向上に関する指標』に基づく中堅教諭等資質向上研修の開発に関する調査研究」と、②「教員養成の広域拠点の大学での4年間を通した確実な実践力の育成及び地域の教育の理解の仕上げとして、各地域の教職生活への円滑な接続を図る学校インターンシップの調査研究」の同時採択。2018年度は「オンラインによる研修を効果的に活用した中堅教員資質向上研修モデルの開発に関する調査研

究」、2019年度は①「教職大学院スクールリーダー教育の効果性に関する調査研究事業ー育成指標の具現化に向けたプログラム開発の在り方について」と②「若手教員支援に係る主幹教諭及び指導教諭の役割モデルの構築による働き方改革への寄与に関する研究」の同時採択。

⑹独立行政法人教職員支援機構が地方の教職大学院に対して委嘱した「地域センター」は、つくばのNITS本部が担ってきた教職員研修の一部を地域ごとの特色を生かして企画運営することをねらって設けられた。

①岡山大学センター、②常葉大学センター、③四国地域教職アライアンスセンター（鳴門教育大学センター、香川大学センター）、④立命館大学センター、⑤福井大学センター、⑥玉川大学センター、⑦信州大学センター、⑧山口大学センターの８箇所に置かれている。

⑺教育新聞（2022年６月14日付）によれば、自民党文科部会は同日、教員研修の在り方を集中的に審議するプロジェクトチームの９回に及ぶ会合をもとに10項目にわたる提言書をまとめ、末松文科相に渡した。提言では、不適格教員のみならず教員免許状が失効または休眠状態になっている教員免許保持者を教壇に立たせる場合も「任命権者が総合的な教育力のチェックを行うなど厳格に選考を行い、その能力・適性等を見極め、その前後に必要な研修を実施すること」なども要求し、客観的なデータに基づいた資質能力の評価モデルを確立することなどを指摘しており、それが多少ガイドラインにも影響がうかがえる。

参考文献

⑴岩田康之（2022）『大学における教員養成の日本的構造―「教育学部」をめぐる布置関係の展開―』学文社

⑵信州大学（2021）「教育委員会の研修講座と教職大学院のカリキュラムを連携させた履修プログラムの開発」令和２年度教員の養成・採用・研修の一体的改革推進事業報告書

⑶兵庫教育大学（2021）「新しい時代に対応する学校管理職・教員研修の開発・試行」令和２年度文部科学省：教員の養成／採用／研修の一体的改革推進事業報告書（文科省HPリンク）

⑷前田洋一・竹内敏・谷陽子（2021）「NITS四国アライアンス鳴門教育大学センターを基盤とした県教育委員会と連携による管理職養成研修」鳴門教育大学学校教育研究紀要、35巻、pp.1-8

⑸文部科学省（2022a）「公立の小学校等の校長及び教員としての資質の向上に関する指標の策定に関する指針改正」（文科省HPリンク）

⑹文部科学省（2022b）「研修履歴を活用した対話に基づく受講奨励に関するガイドライン」（文科省HPリンク）

⑺文部科学省（2021）中央教育審議会「令和の日本型学校教育」を担う教師の在り方特別部会（第５回）初等中等教育分科会教員養成部会（第126回）合同会議＜当日配布資料＞

⑻湯田拓史・坂元厳（2020）「教員育成指標を通じた教育委員会と教職大学院との関係の変容」宮崎大学教育学部附属教育協働開発センター研究紀要、28号、pp.1-7

ABSTRACT

The new role of universities in the reform of the in-service teacher training system— A focus on the cooperation between graduate schools for education and boards of education

FUSEGI Hisashi
(Shinshu University)

The purpose of this study is to clarify the problems in the ongoing draft proposal for the reform of the training system for in-service teachers and to propose the possible future roles of university faculty members involved in teacher education and in-service training. Specifically, this study provides an overview of the recent collaboration between professional graduate schools for teaching and local boards of education under the project launched by the Ministry of Education, Culture, Sports, Science and Technology in FY2017, which aims to promote the integrated reform of teachers' education, recruitment, and in-service training. In addition, this study proposes the following three roles that universities should play to address the problematic nature of the recent guidelines for recording and managing the training course portfolios under the new training system, which are currently open for public comment.

First, using their academic expertise, universities should contribute to the design of teacher development indicators by boards of education. Second, they should participate in local teacher training programs to understand the reality of in-service teacher training. Finally, they should run a website where teachers can effectively build their own training course portfolio online and acquire in-service training information.

Overall, prior to discussing the kinds of training that should be recorded and their corresponding formats, a training environment in which teachers can take pride and initiative in enhancing their own professionalism should first be created. If teachers who continue to learn were to serve as models for children, they must first have the leeway to learn.

Keywords : **In-service training, Training course portfolio, Graduate school for teaching, Board of education**

日本教師教育学会年報
第31号

2

〈特集2〉
幼児教育・初等教育教師の養成と研修
――現状と課題――

認定こども園制度の創設（2006年）、「幼児教育・保育無償化」（2019年）に象徴されるように、幼児教育をめぐる状況は構造的に変化してきています。また幼児教育と初等教育（小学校教育）との接続のあり方をめぐる議論も活発化しています。このような状況のもとで、幼児教育およびそれに接続する小学校教育に携わる教員の養成と研修は、今日どのような課題を持っているのでしょうか。

またこの間、「子ども学部・学科」に代表されるように、幼稚園教諭、保育士および小学校教諭の養成を一体的に行う教育課程を持つ大学が増加しています。ここではどのような養成教育が行われており、伝統的な教育大学・学部における養成と比較してどのような特徴と課題を抱えているのでしょうか。

この特集では、これらの諸課題に対して基本的な論点を提示することをめざします。

保育者養成課程の21世紀初頭の変化と課題

―― グローバル化の影響と養成教員の責務 ――

内田　千春（東洋大学）

1．はじめに

幼稚園や保育所、認定こども園などの就学前の教育・保育施設は、社会状況や生活の変化や様々な研究の進展の影響を受けてきた。乳幼児期の子どもとその家庭に関わる政策は、文部科学省・厚生労働省を軸として展開されてきたこと、設置者が様々である等の特徴もあり、小学校以上の学校教育とは異なる歴史をたどってきた。日本保育学会（2016）[(1)]が編纂した保育学講座第4巻「保育者を生きる：専門性と養成」が詳しい。

現在就学前の教育は、義務教育以上の学校種と異なり、幼稚園、保育所、幼保連携型認定こども園等それぞれ文部科学省、厚生労働省、内閣府が管轄する機関が並列している。

教師教育の中で、就学前の養成・研修の位置づけは周辺的である。その理由は、福元(2017)[(2)]が概観しているように、厚労省管轄の保育所と文部科学省管轄の幼稚園との二元的な制度のもとで定められている養成教育カリキュラムも二元的であること、保育士資格は0～18歳の児童福祉施設職員としての資格であることがある。さらに、義務教育以上の教育に比較して、乳幼児期の教育も同程度に重要であると社会的に認知されるのが遅れたことなどがある（内田2016）[(3)]。

本稿では、秋田（2020）[(4)]が保育学研究に示した「グローバル社会に向けた日本の保育のこれから」と、福元（2017）[(5)]が教師教育学ハンドブックで整理した保育の状況を踏まえて、①その後の再課程認定前後の動向や②養成課程の課題を整理する。その際海外の養成教育の動向と比較し、日本の保育者養成の強みと課題、また③現職研修の近年の動向と養成教員の果たす役割について私見を論じる。

なお、本研究では保育士、幼稚園教諭、保育教諭を総称して、保育者と記述する。保育者養成とは教員・保育士・その他子どもの育ちを支える専門職を養成するプログラムを指す。保育者養成教員は、上記のプログラムで養成教育に携わる者とする。

2．保育者養成課程の再課程認定時の動向

2015年12月中央教育審議会答申「これからの学校教育を担う教員の資質能力の向上について」を経て、2016（平成28）年に教育職員免許法の一部改正があり、2017（平成29）年度に教職課程が改定され教職課程コアカリキュラムが策定され、再課程認定の手引きが配布された。その後全養成校の再課程認定を経て、2019（平成31）年度から新しい養成課程が開始されたことはまだ記憶に新しい。

この時の改定を取り巻く動きには、少なくとも3つの特徴がある。第1に、教科に関する科目が幼稚園教育要領、保育所保育指針、幼保連携型認定こども園教育・保育要領（以下、要領・指針）に定められた五領域にそった名称、目標、内容に変更された。幼稚園教育要領の平成元年改定から30年ほど経ち、総合的に環境を通して行う保育者を養成するためには、領域に関する科目として学ばなければ専門性が十分に

育めないとされた。これに伴い、養成校の教員の幼児期の教育に関する専門性がより明確に求められるようになった。

第2に、養成課程の改定にあたって省庁間の調整が必要である。幼児期の教育[6]は小学校以上と異なり、幼稚園教諭免許と、保育士資格について同時期に検討作業が行われた。厚生労働省の「保育士養成課程検討会」が構成され、2017（平成29）年の保育所保育指針改定の趣旨に沿って教科目とその目標・教授内容を検討し2017（平成29）年12月4日付で報告書[7]を出している。これを受けて2018（平成30）年4月27日付で関係告示、省令、通知が改正になり、保育士養成課程と保育士試験の内容が大きく改定された[8]。

この作業に際して、保育士養成課程の保育所保育に関する部分と幼稚園教諭養成課程の目標と内容について整合性を高め保育教諭養成が可能になるよう調整が行われた。保育士資格は教員免許と異なり1種・2種等の区分がないことにも配慮された。

第3に、研究者や実践者と協力して養成教育の質の担保を図ろうとした点である。文部科学省は「幼稚園教諭養成課程のモデルカリキュラム」研究を一般社団法人保育教諭養成課程研究会[9]に委託、その研究チームは、全国の養成校から多数のシラバスを収集分析した上で「領域に関する専門的事項」と「保育内容の指導法（情報機器及び教材の活用を含む）」「幼児理解の理論及び方法」のモデルカリキュラムを作成した[10]。

並行して、保育士養成協議会から学会として分離組織された保育者養成教育学会[11]と保育教諭養成課程研究会は連名で「幼稚園教諭養成課程と保育士養成課程を併設する際の担当者及びシラバス作成について」[12]を報告している。

上記のモデルカリキュラム等に関して、無藤（2018）[13]は、幼稚園教諭養成と保育士養成の両方をクリアする条件を整理するとともに、今後の課題が提示されていると評している。さらに、教科専門から領域の専門に変えた部分について、授業実践として積み重ね、どのような専門的内容が含まれるべきなのか、それが指導法とどのように有機的につながるのか検討を進める必要を述べ、その際、保育者養成を行う教員自身の専門性も問われるとしている[14]。

加えて、2019（令和元）年10月1日より「幼児教育・保育の無償化」が始まったことで、保育の質についての関心がこれまで以上に高くなった。どの園にいる子どももどの地域に住む子どもにも一定以上の質の幼児教育を受ける権利がある。無償化に先立つように、幼稚園教育要領前文（文部科学省2017）の理念の中で、「幼稚園教育要領が果たす役割の一つは、公の性質を有する幼稚園における教育水準を全国的に確保することである。」[15]と述べられている。このための手段の一つが、保育者養成や研修であり、その質や水準もこれまで以上に問われている。

3．保育制度の変化とグローバルな影響

(1)日本にも共通するグローバルな課題

幼稚園教育要領「前文」には、幼児期の教育についての国や地方公共団体の責任について述べた後次のような記載がある。「これからの幼稚園には、学校教育のはじまりとして（中略）一人一人の幼児が、将来、自分のよさや可能性を認識するとともに、あらゆる他者を価値のある存在として尊重し、多様な人々と協働しながら様々な社会的変化を乗り越え、豊かな人生を切り開き、持続可能な社会の作り手となることができるようにするための基礎を培うことが求められる。」[16]とされる。

この記述は、グローバルに共有されているVUCA WORLD　すなわち不安定（Volatility）で不確実（Uncertainty）で複雑（Complexity）で曖昧（Ambiguity）な世界を前提としており、2015年にOECD　Future of Education and Skills 2030 projectで提案された学びの羅針盤（Learning Compass）を踏まえている[17]。知識や技能の育成だけではなく、他者と協働して新たな方法を作りだしていく力、現在のあり方を変えていく主体となっていく。そのゴールは一人一人とコ

ミュニティのメンバー、社会がしあわせになっていくことであるという理念は、グローバルな文脈の中に埋め込まれているのである。

国内の政策や実践がグローバルな影響を明確に受けるようになったのは2000年前後からだろう。OECD（2001）がStarting Strongシリーズを初めて出版したころでもある。このシリーズでは、OECD諸国の卓越した実践や政策の紹介や、社会に貢献する人材育成や生涯の健康やウェルビーイングと就学前教育が関係するというエビデンスが紹介され、現在までOECD諸国の乳幼児教育政策に影響を与えてきている。また、『卓越した幼児教育とはどのようなものか』『保育の質quality』を語る国際的なディスコースをつくりだしている。

シリーズでは、2006年には調査研究と政策を中心に、2011年には質の定義と質の向上のための評価ツールについて、さらに2015年には質のモニタリングをテーマに国際比較研究のレビューがまとめられている。2017年には接続期をテーマにした5冊目とデータ集が、2018年には質研究から実践へつなげる特集が組まれている。保育の質の議論も進展してきており、様々な要因の関連性について分析が重ねられてきている。その結果、プロセスの質と言われる保育者と子どもの関わり、子ども同士の関わり、加えて子どもと周りの環境の関わり、保育者が働く環境としての園組織も注目されるようになった。また、多くの国の共通の課題として、幼児期の遊びの意義が理解されにくく、学校化schoolification、すなわち伝統的学校観や学習観の幼児教育への安易な適用に対抗する必要性が指摘されている。

そもそも多くの西側諸国では、資格と研修の機会に課題があり、21世紀になってようやく労働条件の改善や資格の基準の改善、保育者育成とメンタリングといった研修システムの改革が進んできた。保育の提供において社会的、経済的、心理教育的側面にも配慮したより包括的なアプローチが作り出されてきている[18]。

調査参加諸国では、管轄局の一元化を進めたり、保育者に必要な資格の水準を上昇させたりしている例が報告されている。例えば、スウェーデン、フランス、アイスランド、イタリアは修士レベルの資格に引き上げている。また専門性向上のための研修にも関心がもたれている。しかし、他方で経験豊かな保育者が長く勤務するための条件が整っていない国もあり、社会認知、勤務条件の悪さ、研修機会が限定的であるなどの条件が負の影響を与えるとされている。こうした条件が、就学前教育・保育に参加する子どもの増加と共に、保育者不足に影響していると考えられている（OECD2019）[19]。

また、資格の高度化に成功した国で働くすべての保育者が修士レベルをもって働いているわけではない。日本と異なり複数担任が海外では一般的である。少なくとも1名が専門性の高い免許資格を持ち、副担任やアシスタントの中には入門的資格で働く場合もある[20]。

⑵21世紀始めの日本の保育制度の変化

それでは日本はこの間どのような変化を遂げてきたのだろうか。1999年に保母資格が保育士と名称が変更されたのち、2001年の児童福祉法改正を経て、2003（平成11）年保育士資格が国家資格として法定化された。その後、保育所保育指針が通達から告示に格上げされたのは2008年のことである。

前後する2006年に教育基本法が改正された際、第10条に家庭教育、第11条に幼児期の教育が示された。この頃から就学前教育の一元化の議論が進み、2006年には認定こども園法が制定され、保育所と幼稚園の両方の機能を持つ園を設置することができるようになったが、保育所型、幼稚園型といったどちらかの特色を残した運営が可能だった。

2015年「就学前の子供に関する教育、保育等の総合的な提供の推進に関する法律」施行の下で、幼保連携型認定こども園で勤務する「保育教諭」という職種が規定された。「幼保連携型認定こども園教育・保育要領」も定められたが、すべての園が幼保連携型になるのではなく、現在3つの制度、カリキュラムガイドライン（要領・指針）が共存している。一元化が進んだ諸外国と比較して、異なる道を辿っているようにも見える。

神長 (2015)[21]は、保育教諭が誕生した時、幼稚園教諭や保育士の専門性への議論が深まること、「保育教諭」という専門職像はいかなるものであるべきかを議論するべきだと期待を述べたが、その後「保育教諭」そのものについての議論は必ずしも進んでこなかった。

それにはいくつかの要因が考えられる。保育士及び幼稚園教諭の都市部での不足により、政策上人材確保が優先されてきたため、専門性の高さよりも資格取得が優先されてきた。片方の資格・免許しか持たない現職者・養成校既卒者がもう一つの資格・免許を取りやすくするための特例が、当初の5年を超えて継続されている。また、多様な役割を担う保育士資格の保育所保育の部分だけを取り出して制度を検討するのは現段階では難しい。

このような条件の中でも現職研修に関しては、幼稚園、保育所、こども園すべてで新たな仕組みづくりが進んできた。次章で研修について整理・検討する。

4．現職研修の近年の発展と課題

⑴国際幼児教育・保育従事者調査2018

海外の動向との比較は日本の特徴や隠れた課題を見える化すると共に、新たな可能性や方向性のヒントが得られる（内田2017）[22]。国際比較研究は、共通の知見や論題を知のグローバルコモンズ（国際的共有財産）として導き出し、日本にとって有用な視点を得ることができる(秋田2020)[23]。

OECD国際幼児教育・保育従事者調査2018[24][25]は、保育従事者に関わる初めての国際調査であり、幼稚園教諭と保育士の両方を対象とした調査ができたことは日本にとって画期的だった。この調査から得られる知見として、秋田 (2020) は次の3点を指摘している。

第1点として、子どもの権利への意識がある。「公営民営を問わず子どもたちがどのような社会・家庭環境下にあろうとも保育を受ける公平性を保障する意識がある」（p.139）[26]からこそ、変化し続ける社会の中で、今後どのように実践にその理念を実現していくかが問われるとしている。

第2点として、園の組織体制の特徴と課題である。課題には働きやすさと社会的評価も含まれる。保育者の技量や力量形成の議論に加えて、「保育者として生涯生きるためのwell-beingや情動的実践を支えるレジリエンスなどのあり方」（p.139）[27]を考えるべきだとしている。

第3点は、日本の保育実践に埋め込まれた本質的特徴が出ているという点である。日本の保育者は、情緒的な絆を結びながら個に応じた実践を重視していた。子ども、保護者、保育者間の信頼関係を大切にし、共感的なかかわりを重視していることが調査にも表れていたのである。一方で、科学的概念やICTを活用した実践、リテラシーや数的スキルといった面は諸外国程には重視していないという結果が出ていた。

他にも文化的多様性への意識の度合いや研修等の機会が少なく、異文化理解教育に関する実践に取り組んでいる割合も少ないといった特徴があった。

⑵保育者に関わる研修制度と研修内容

研修の法的根拠についても、二元的制度の枠組みの中で発展してきている。学校教育施設である幼稚園と幼保連携型認定こども園（学校教育施設＋児童福祉施設）は、教育基本法第9条に基づき、法定研修である初任者研修や中堅教諭等資質向上研修が実施されている。

一方保育士には自己研鑽に努める義務がある(保育所保育指針第5章）が、その研修を保障する仕組みはなく、また勤務時間中に子どもと接しないで業務を行うノン・コンタクトタイムが少ない、研修に出るための代替職員がいないまたは配置が難しい、全員での研修を実施しにくいといった条件の中で研修を実施している。

公立・民間立の間にも研修機会に差がある。

同じ自治体内で公立園と民間園、幼稚園と保育所の連絡組織は異なっている。さらに認可保育施設と認可施設で勤務する保育者もいる。園の規模は様々であり、正規職員以外に、様々な立場で勤務する非常勤の保育者がいる。全国どの園にどういう立場で勤務していても、格差なく必要な研修にアクセスできる体制にしていくにはどうしたらよいか。この点でも、小学校以上の体制とは異なる挑戦がある。

そのような中で、どのような研修を行っていくべきかのガイドラインがいくつか作成・活用されている。例えば、全日本私立幼稚園幼児教育研究機構は、「新版研修ハンドブック（平成30年）」と、「保育者としての資質向上研修俯瞰図」を示し、若手、中堅、ベテラン別に研修で学ぶべき事項について細かく整理している。またハンドブックで各項目の研修をいつ受けたかを記録していき、個人で管理できるよう工夫されている(28)。

保育所については、2017年に、厚生労働省雇用均等・児童家庭局保育課長名で、多様な課題への対応や若手保育士の指導に当たれる人材の育成ができるリーダー的職員等に対する研修内容や研修の実施方法等について「保育士等キャリアアップ研修ガイドライン」(29)が通知された。キャリアアップ研修を重ねることで、職務分野別リーダー、副主任保育士・専門リーダー、主任保育士、園長といったキャリアラダーを明確にし、スキルや経験に応じて処遇改善を行うことが目指されている。職務分野には、①乳児保育、②幼児教育、③障害児保育、④食育・アレルギー対応、⑤保健衛生・安全対策、⑥保護者支援・子育て支援がある。

「保育士等キャリアアップ研修ガイドライン」と「研修俯瞰図」のどちらについても継続的な研修によって、保育者の専門性と実践のプロセスの質を向上させようとしている。これはグローバルな動向と連動しており、中堅保育者やリーダーとなる保育者の研修を制度化することで、待遇向上にも結び付けようとしている。研修の内容については、要領・指針に基づきながら、国内で積み上げてきた知見が研修項目に含められている。

では、国際幼児教育・保育従事者調査2018で指摘された、日本の保育者の意識があまり高くないリテラシーや数的スキル、科学的概念といった項目は、含めたほうがよいのだろうか。項目として入れることで、幼児期の教育の特性に反した学校化に流れてしまうという懸念もある。

遊びを中心とした総合的な指導や、環境を通した保育を理念とする日本のこれまでの保育実践の良さを生かして、新たな要素を組み入れるにはどうしたらよいか。こうした検討が、接続期の考え方にもつながるのではないだろうか。

日本の幼児教育、保育は子どもの気持ちや意図を読み取ること、子どもの権利を大事にしようとしてきた伝統がある。しかし、グローバル化の中で、保育者とは異なる文化背景を持つ子どもたちが増加しているのも確かである。家族の多様化にどう対応していくのか。これまでと同じ考え方で、文化的背景が異なる子どもの気持ちを汲み取ったかかわりができるのか。多言語環境で育つ子どもたちのリテラシーの発達をどのように支えていくのか。コロナ禍により身近になったICTに、乳幼児期の子どもたちはどのように出会いかかわっていくべきか。研修を担当する養成校教員にも、こうした視座を持つ必要がある。

⑶研修のための環境整備：幼児教育センターと幼児教育アドバイザー

幼児教育を行う施設は多様であり、公立が多く全国的に研修組織が存在する小学校以上と異なる。これまで各保育団体、幼稚園団体、自治体、都道府県、大学等がそれぞれ研修を提供してきた。また前節でも述べたように、様々な要因により保育者の研修へのアクセスの可能性が大きく異なっている。

2018（平成30）年度の文部科学省幼児教育の推進体制構築事業（次頁下図参照）では、都道府県による私立幼稚園や保育所等を含めた研修機会のあり方を検討している。都道府県や政令指定都市等に『幼児教育センター』設置し、市町村に『幼児教育アドバイザー』を配置し、幼稚園・保育所・認定こども園等の職員に向けた集合研修の実施や、園内研修や指導体制の相談にのるシステムを構築するためのモデル事業を実施した。

東京大学のCEDEPが、全国の都道府県及び市区町村を対象とした幼児教育センターに関する調査を実施するとともに、自治体の実践事例をまとめて報告している(31)。調査の結果、幼児教育センターや幼児教育アドバイザーを置いている自治体で、公開保育や幼保小連携、調査の実施や会議の開催が増加する傾向があり、幼児教育の質の向上につながる可能性が示唆されている。

幼児教育アドバイザーは、各園での園内研修や地域の公開保育・研究保育の実施サポートという役割が期待される。しかし、アドバイザーが園に行ける回数は年1回程度の自治体もあれば、数回可能な場合もある。園内研修の主体は、各園の研修担当者や園長等のリーダーでなければならない。また費用の確保のための工夫も必要だろう。園内研修を計画できる人材の育成は、キャリアアップ研修等で他園の保育者との交流や他園の園内研修の見学などを通して行っている自治体もある(32)。

2022年度現在も幼児教育アドバイザー育成や幼児教育推進体制を活用していく自治体への支援は継続して行われている(33)。各自治体の先進事例が他の地域に広がっていくかどうかはこれからである。

おわりに

2000年前後から、幼児教育・保育の世界でもグローバル化の波が押し寄せ、様々な影響があった。日本では、海外の知見を少しずつ要領や指針に反映させ、少しずつ堅実に改革が進められてきた。海外諸国と比較すると、その変革はゆっくりと進行している。その間、待機児童問題や過疎化・少子化、社会や家族の在り方の変化によっても、制度のあり方や保育者の職務内容や責任が変化してきた。保育の無償化によって、幼稚園・保育所・幼保連携型認定こども園等に幼児教育機関としての公的な責任を、公営・民営に関わらずより強く求められるようになった。保育者養成教育も同様であるはずだが、こうした社会の変化や実践現場の進化に対応しているだろうか。日本の保育者養成教育の質や専門性が問われている。

保育者養成・教師教育は養成校を卒業して終わりではない。現場に出た後も保育者としてのキャリアを重ね成長していく。卒業後のプロセスも含めて保育者養成を捉えていく時代になっている。

筆者も含めて養成校の教員は、外部講師とし

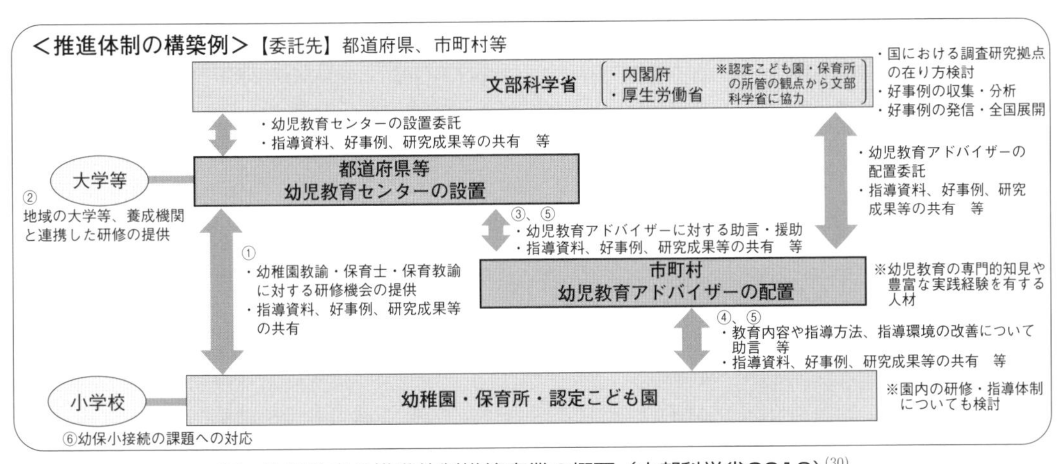

図　幼児教育の推進体制構築事業の概要（文部科学省2018）(30)

て園内研究のアドバイスをしたり、幼児教育アドバイザーの研修やキャリアアップ研修の講師をしたりすることで、養成校卒業後も保育者の専門性発達に関わることになる。学び続ける保育者を養成するためには、養成教員自身も多様な現場について知り、自分の専門領域の外であっても保育・幼児教育に関する最新の知見を学び続ける必要がある。そのための、条件整備については今回議論できなかった。

最後に、幼稚園教育要領前文の子どもたちへの願いを述べた言葉を借りれば、これからの保育者は、将来、自分のよさや可能性を認識するとともに、子どもたちや保護者、同僚、地域の人たちを価値のある存在として尊重し、多様性を大切にしながら協働して保育実践に携わっていく力を培う必要がある。その時、園をとりまく様々な社会的変化を乗り越え、豊かな保育をつくりだし、持続して働き続けられるような幸せな園環境をつくりだす存在となってほしい。その基礎を培うのが養成教育であり、継続的に支えるのが現職研修や保育者同士の同僚性と学び合いの機会だろう。そのために、保育者養成教育の実践はどうあるべきか、養成カリキュラムはどうあるべきか、養成教員が学び合う場をどのようにつくっていくべきか。小学校以上の教員養成教育との違いと共通点を踏まえて議論する学問的な場として、教師教育学会でも議論が進むことを期待したい。

引用・注

(1)日本保育学会（編著）「保育学講座４保育者を生きる：専門性と養成」東京大学出版会、2016年。

(2)福元真由美「保育者養成のカリキュラム（就学前教育）」教師教育学ハンドブック　学文社、pp.190-193、2017年。

(3)内田千春「今、幼児教育の担い手に求められるもの：転換期に考える保育者の専門性と養成教育」教師教育学会年報、2016年。

(4)秋田喜代美「グローバル社会に向けた日本の保育のこれから」保育学研究、58(1)、pp.135-141、2020年。

(5)前掲(2)。

(6)文部科学省の法令等では、「幼児期の教育」を就学前の全ての年齢を念頭に記述されている。幼稚園教育の対象年齢については「幼児教育」と区別されている。

(7)厚生労働省（2017）保育士養成課程等の見直しについて（検討の整理）［報告書］https://www.mhlw.go.jp/stf/shingi2/0000189068.html（2022年４月30日参照）。

(8)厚生労働省　平成30年４月27日付け子発0427第３号子ども家庭局長通知により一部改正後の「指定保育士養成施設の指定及び運営の基準について」2018年。

(9)一般社団法人保育教諭養成課程については、http://youseikatei.com/（2022年４月30日参照）。

(10)日本保育者養成教育学会　http://www.h-yousei-edu.jp/（2022年４月30日参照）。

(11)幼稚園教諭の養成の在り方に関する調査研究　一般社団法人保育教諭養成課程「平成28年度幼稚園教諭の養成課程のモデルカリキュラムの開発に向けた調査研究―幼稚園教諭の資質能力の視点から養成課程の質保証を考える―」2017年。https://www.mext.go.jp/a_menu/shotou/youchien/1385790.htm（2022年５月31日参照）

(12)保育教諭養成課程研究会・日本保育者養成教育学会「幼稚園教諭養成課程と保育士養成課程を併設する際の担当者及びシラバス作成について」2018年５月18日。https://www.hoyokyo.or.jp/http:/www.hoyokyo.or.jp/nursing_hyk/reference/30-1s4.pdf（2022年４月30日参照）

(13)無藤隆「保育者養成課程をどう構築するか」保育教諭養成課程研究第４号、pp.41-49、2018年。

(14)2018年９月30日の日本教師教育学会第28回大会公開シンポジウムで、無藤は幼稚園教員や保育士の養成に関わる教員たちの研修が不充分であることと、保育・幼児教育の分野で修士号・博士号を持つ人材が不足していることを指摘している。
https://www.jstage.jst.go.jp/article/jsste/28/0/28_142/_pdf（2022年５月31日参照）

⒂文部科学省告示第六十二号「幼稚園教育要領」2017年。
⒃前掲⒂と同じ。
⒄OECD　Future of Education and skills 2030 https://www.oecd.org/education/2030-project/（2022年５月31日参照）
⒅Urban, M., Vandenbroeck, M., Van Laere, K., Lazzari, A. & Peeters, J. "Towards Competent Systems in Early Childhood Education and Care. Implications for Policy and Practice" *European Journal of Education* 47⑷, 508-526.2012年
DOI:10.2307/23357031
⒆OECD（2019）, Good Practice for Good Jobs in Early Childhood Education and Care, OECD Publishing, Paris, https://doi.org/10.1787/64562be6-en.
⒇上掲⒅と同じ。
㉑神長美津子「専門職としての保育者」保育学研究、53⑴、pp.94-103、2015年。
㉒内田 千春「ミクロとマクロの視点から国際比較・文化比較研究を考える」保育学研究 57⑶、pp.425-428、2019年。
㉓上掲⑷と同じ。
㉔国立教育政策研究所「幼児教育・保育の国際比較：OECD国際幼児教育・保育従事者調査2018報告書―質の高い幼児教育・保育に向けて」明石書店、2020年。
㉕国立教育政策研究所（編）「OECD国際幼児教育・保育従事者調査2018報告書［第２巻］：働く魅力と専門性の向上に向けて」明石書店、2021年。
㉖上掲⑷㉓と同じ。
㉗上掲⑷㉓㉖と同じ。
㉘全日本私立幼稚園幼児教育研究機構「新版研修ハンドブック」「保育者としての資質向上研修俯瞰図」 https://youchien.com/research/training/（2022年５月31日参照）。
㉙厚生労働省雇用均等・児童家庭局保育課長通知（平成29年４月１日）「保育士等キャリアアップ研修の実施について」2017年 https://www.mhlw.go.jp/content/000525827.pdf（2022年５月31日参照）。
㉚文部科学省「幼児教育の推進体制構築事業」に、幼児教育センターや幼児教育アドバイザーの定義と、事業の概要が示されている。
㉛㉚の委託研究の一つ。東京大学大学院教育学研究科附属発達保育実践政策学センター（CEDEP）「平成30年度『幼児教育の推進体制構築事業の成果に係る調査分析』成果報告書」 https://www.mext.go.jp/a_menu/shotou/youchien/__icsFiles/afieldfile/2019/07/23/1414283_1.pdf（2022年５月31日参照）。
㉜上掲㉚のモデル地域として採択された地方公共団体の報告書が一覧でHPに整理されている。https://www.mext.go.jp/a_menu/shotou/youchien/1385617.htm（2022年５月31日参照）。
㉝文部科学省「幼児教育推進体制の充実・活用強化事業」 https://www.mext.go.jp/a_menu/shotou/youchien/1405041.htm（2022年５月31日参照）。

ABSTRACT

Changes and Challenges for Japanese Early Childhood Teacher Education In the Early 21st Century: The Effects of Globalization and Renewed Responsibilities for Early Childhood Teacher Educators

UCHIDA Chiharu
(Toyo University)

Teacher education and professional development for early childhood education and care (ECEC) teachers are marginalized in Japan. One reason is its dual system between the certificate to work at child welfare facilities, such as childcare centers under the Ministry of Health, Labor and Welfare (MHLW), and the kindergarten teacher licensure regulated by the Ministry of Culture, Sports, Science and Technology (MEXT). Other reasons are that the pedagogical approach in ECEC fundamentally differs from compulsory education and that the critical importance of the early years has not yet been recognized in the society.

As in other countries, global common knowledge among the countries participating Organisation for Economic Co-operation and Development (OECD) and Japanese local knowledge from research and practice influenced recent reform of teacher education programs. First, MHLW, MEXT, and ECEC research communities cooperated to propose a model curriculum to manage the dual system program, which required ECEC-specific five subject areas. This change requires teacher educators to have ECEC-specific expert knowledge rather than that of traditional academic subject areas. Second, "Talis Starting Strong Survey 2018" revealed strengths and potential challenges in the Japanese ECEC pedagogy and teacher education. Some results reflected curriculum guidelines' philosophy and represented characteristics of Japanese ECEC pedagogy. However, other factors, such as considerations for cultural and linguistic diversity and different family backgrounds, needed renewed attention. Third, for a better professional development system, there is an ongoing project for the MEXT to establish ECEC professional development centers and ECEC advisers in municipalities to provide equal opportunities for quality professional development across different circumstances between public or private, nursery or kindergarten, and rural or urban areas. In this vision, teacher educators are critical in actualizing access-equality for quality programs.

Keywords : **professional development, qualification of teacher educators in early childhood education and care (ECEC), early childhood teacher education, ECEC professional development centers, global influences**

〈特集2〉幼児教育・初等教育教師の養成と研修―現状と課題―

幼児教育の政策動向と教員養成（保育者養成）の課題

坂田　哲人（大妻女子大学）

1．背景―幼児教育の政策動向

幼児教育（近年では「幼児教育・保育」という記述が一般的だが、本稿では同様の意味で「幼児教育」と統一する）政策への関心が世界的に高まり、日本もその渦中にある。

例えば、Starting Strong（OECD, 2001）[1]を発端とする議論が代表的だろう。同タイトルの報告はStarting Strong VI[2]（2021）まで続いており、幼児教育の必要性、重要性あるいは、幼児教育・保育の実践のあり方について積極的な言及がなされている。

OECDは主として経済的な話題を取り扱う国際的な団体として認知されているが、なぜこのような団体が幼児教育に注目するかの背景には、幼少期の教育への投資が、経済的価値に大きなインパクトをもたらすということが次第に明らかになってきたからである。

就業率の増加による生産力の向上のためには、「子どもを保育施設へ預ける必要性（保育の必要性という）」[3]が生じることになる。そこで、経済と幼児教育が結びつくこととなる。

少子化の現在にあっても、保育の必要性がある子どもの数が増加していることにより、保育所をはじめとする幼児教育施設は引き続き増加傾向にある。

これらのことは、世界的に「保育へのアクセス」の充実・確保として語られてきたが、Starting Strongをはじめ、世界的に内容の質、実践の質へ関心が次第にシフトしている。

それは、幼児教育への投資が将来の経済的価値に影響をもたらすという将来価値についても明らかになってきたからである。その中心となった議論の1つはHeckman（2015）による『幼児教育の経済学』[4]である。

Heckman（2015）においては「幼児教育へのアクセス」という量の問題に加えて、どのような資質を育成することが幼児期に望まれているかという側面での言及がなされ、この内容がさらに広く幼児教育への関心をもたらした。

日本においても、当初は待機児童の問題などが取りざたされ、保育所等を中心として急速に保育施設が増加した。しかし、この傾向もいずれは需給が均衡し、その後供給過多になることが想定されている。地方部を中心に、すでに人口減少地域にある自治体では定員割れを起こす保育所が増え[5]、保育所を統廃合する動きが出てきているほか、都市部でも年齢によっては定員を満たさない保育施設も目立つようになってきている。厚生労働省は需要が2025（令和7）年にピークを迎え、しばらく横ばいが続いたのちに減少に転じる予測を示している[6]。幼児教育に関する政策は量の確保に一辺倒であったと指摘されてきていたが[7]、先に示した「量の問題はいずれ収束する」という見込みと、2020年に行われた答申によって政策の中心は内容の質への転換が明確になりつつある[8]。

2．幼児教育を担う保育施設の国内動向

我が国において、就学前段階の幼児教育を行う施設は、主として3種類に分かれており、それぞれ「幼稚園」「保育所」「認定こども園」で

ある。うち「認定こども園」については、幼保連携型、幼稚園型、保育所型、地方裁量型の4種に分かれる。平成24年の子ども子育て支援法により、以前とは異なる新たな「幼保連携型認定こども園」が設置され現在に至っている。本稿の議論の趣旨を踏まえ、認定こども園については「学校かつ児童福祉施設」の性質を持つ新制度以降の「幼保連携型認定こども園」(以下認こ園)を取り上げ、他の2種との比較に用いる[(9)]。

3種施設のうち、保育所ならびに認こ園は、0~2歳児を引き受けることができるだけでなく、開所時間が長いことも特徴である。通常保育として11時間(例えば7時～18時)さらに延長保育として1時間や2時間程度開所し、合計12時間～13時間の開所時間となっていることが通常である。

これらの施設は保育の必要性の受け皿として需要が増加する一方、幼稚園ではそのような機能を持ちあわせない。幼稚園でも預かり保育と称する教育課程外の保育を提供し、保育の必要性を覆うように工夫しているが、それでも全体的には設置園数が減少の途にある[(10)]。

それぞれの施設数は、幼稚園9,418か所、在園児1,008,815名(令和3年度)[(11)]、幼保連携型認定こども園6,269園(令和3年度)、保育所が令和2年度の段階で29,474か所、収容定員が2,624,335名である。かつてを見ると、幼稚園は昭和23年の統計開始時に1,529園、収容定員が198,946名であったものが、昭和60年の段階で園数として最大の15,220園、収容定員が2,067,951名にまで達していた。

■幼保一元化の動き

平成13年から16年に設置された総合規制改革会議への答申「規制改革のためのアクションプラン」において、幼保一元化[(12)]が具体的に答申されている。その内容は「施設設備、職員資格、職員配置、幼児受入などに関する基準(の一元化)」であった。その後は「就学前の教育・保育を一体として捉えた一貫した総合施設」が検討され、認定こども園の設置へとつながっていった。

しかしながら、幼稚園・保育所の機能を廃止し、一元化された機能への代替とまでは至らず、幼稚園と保育所を所管する文部科学省と厚生労働省が相互に連携しながら幼児教育施策を司るという方向性で今日まで至っている。2018(平成30)年に発出された「幼稚園教育要領」「保育所保育指針」「認定こども園教育・保育要領」(以下、3要領・指針という)については、3歳から5歳までの内容が基本的に統一され、保育内容の面では一元化がなされた状況にはある。

2021(令和3)年に可決された法案に基づく「子ども庁設置」の際にも、幼保一元化の動き(所管事務の統一化)が検討されていた。結果、厚生労働省から保育所に関する事務が移管され、また内閣府から幼保連携型認定こども園に関する事務が子ども庁へ移管されることにより、この2つについては一元化がなされた[(13)]。その一方で、幼稚園の所管事務は移されることなく文部科学省に残ることになった。これをもって幼保一元化はさらに当面見送られたと評されている。

また、先の「規制改革のためのアクションプラン」においては、幼保一元化の構想の中で、幼児教育に携わる資格についても一元化を図ろうとされていた。その結果が認こ園における「保育教諭」(委略後述)の配置であったが、今回の子ども庁設置に関する議論を経ても、対応する資格制度の設置は見送られ、幼稚園教諭免許と保育士資格の保有で保育教諭と見做す制度に変更は加えられなかった。

■幼児教育に従事する専門職の動向

国際的な議論は、保育施設へのアクセス(量の確保)から、幼児教育の内容の質へと焦点が移ってきている。その「保育の質」をめぐる議論は、実にさまざまな視座から行われているが、本特集の趣意を考え、「構造の質(制度)」および「実践者の質(専門性)」という2つの視点からとらえていきたい。

保育施設の動向と実践者の質とが合わさって議論の対象となる理由の1つは、保育施設における有資格者の配置が問題となるからである。冒頭より諸外国における保育政策の動向について検討をしてきたが、諸外国における保育施設においては、有資格者の配置の割合が低いことが課題として浮上してきている。多くの国々で保育施設に対しては政府からの補助金が配されており、それは日本でも同様である。しかし、保育施設の定義が日本のそれよりも広い概念で存在しており[14]、これらの施設も就園率に貢献している。

したがって、諸外国における保育の質の議論において主要な議題の1つは、施設における有資格者の配置割合を高めることである。そのために資格取得を促すような政策や、あるいは有資格者の配置率が高い園に対してより補助金が配分されるような政策を行い、その数値を高める工夫を行っている[15]。

一方、国内においては、従前より各法制によって子どもの人数に比しての配置基準が定められ[16]、有資格者の配置の割合が高く維持されてきた。それでも、子ども子育て支援法による新制度（平成24年）以降は、相対的に配置基準が少ない施設の設置が進み、以前に比して有資格者の配置割合は減少したといえる。加えて、施設数の増加スピードに対して、有資格者数が不足し、いわゆる「保育士不足」が慢性化する事態を迎えている。

3.「保育者養成」の現状と課題

保育者養成の状況と課題については、以前本学会年報第25号において、それまでの経緯と論点を内田（2016）[17]が詳細に論じている。本稿は、この議論を受けて、主にその後の動向を補完しつつ、今後の求められる議論について提示を試みるものである。最初に内田の議論を以下に再掲する。

内田が指摘した保育者養成教育の課題は以下の4点である。

・二元的な養成制度
・養成教育研究の蓄積と養成教員の課題
・実習に関する課題
・現職研修

これに対する内田の提案は以下の5点である。

・保育者の専門性研究の蓄積
・保育者のキャリア・ラダーの開発
・園の研修と養成校との接続性
・実習の再編成
・専門職として高度化する

上記のポイントを踏まえつつ、その後の動向を加えて、保育者養成における現状と課題について再度議論を喚起する。

■現行の免許・資格制度

日本国内においては、現行において幼児教育施設において「有資格者」と見做されるのは、幼稚園教諭免許または保育士資格、あるいはこの両方を有することである[18]。これらの免許・資格の要件を確認しておく。

幼稚園教諭免許は、他の学校種と同様に教育職員免許法に定められる資格である。専修免許状、普通一種免許状、普通二種免許状の3種類があることは、小学校、中学校ならびに特別支援学校教諭免許と同様のものである。免許の認定を受けるために取得が必要とされる単位数は、教科または教職に関する科目を、それぞれ75単位（専修）、51単位（一種）、31単位（二種）取得する必要がある。

保育士資格は、名称独占資格とされ、指定保育士養成施設[19]において所定の単位数（68単位以上）を取得した者、あるいは指定の保育士試験に合格したものに与えられる[20]。

また、認こ園においては保育教諭が配置されることとなっている[21]。しかしながら、令和4年現在において保育教諭は呼称のみとなっており、対応する免許・資格は存在しない。その代替として、幼稚園教諭免許並びに保育士資格の両方を保持することを求めており、さらには2015（平成27）年に関係法令が整備されて以降、

2022（令和４）年現在は経過措置としていずれか片方の資格または免許を保持することによって保育教諭としての勤務が可能な状況となっている[22]。

加えて、幼稚園教諭免許保持者で一定の業務従事経験がある者、あるいは保育士資格保持者で一定の業務経験がある者について、もう片方の資格・免許の取得を奨励する特例措置が実施されているところである[23]。

■「保育者養成」という枠組み

これらのことを背景として、幼稚園あるいは保育所に従事する者という区別をせず、一般的に幼児教育段階に携わる有資格者を「保育者」と称するようになってきている。また、小学校等の学校教員を養成する「教員養成」に対応する用語として「保育者養成」という用語を用いつつある。「保育者」という語の初出については定かではないが[24]、2022年現在において「保育者養成」を謳う学術団体が２つ存在している。

１つは、「日本保育者養成教育学会」と称する団体で、2016（平成28）年３月に設立されている[25]。この団体は一般社団法人保育士養成協議会を出自とするものである。もう１つは、「日本乳幼児教育・保育者養成学会」と称する団体で、2020年４月に設立されたものである[26]。この団体は一般社団法人保育教諭養成課程研究会[27]を出自とするものである。保育者（幼稚園教諭）の養成や専門性については、本学会でもこれまでに議論が行われてきているところであるが、上述した２団体が加わることで保育者養成並びに保育者の専門性に着目した議論の裾野は広がってきている。

2019（平成31）年４月施行の教育職員免許法及び同法施行規則の改正において、すべての教職課程において審査が行われた（いわゆる再課程認定）[28]。課程認定を受けた課程数は幼稚園課程で709課程、小学校では506課程となっている。同時期に保育士資格課程においても厚生労働省通知「指定保育士養成施設の指定及び運営の基準について」が改定され養成課程の見直しが行われた。

先に内田が指摘した二元的な養成の課題については、二元的な養成制度は両者が連携しつつも、当面そのまま維持されることが見込まれ、この問題は完全には解消されていない。ただし、先に紹介した保育士養成協議会と保育教諭養成課程研究会は、この幼稚園教諭の課程と保育士資格課程が円滑に運営できるように[29]、両者を併設する学校におけるシラバスの基準を公開した。これは、幼稚園教諭課程と保育士資格課程に設置する科目を相互に読み替えることができるような工夫の提案がなされたことである。このことにより、従来よりも少ない科目数で２課程が設置でき、養成校における負担が軽減した。

この動きと相まって、養成校においては、認定を受ける免許・資格の組み合わせの再編の動きがみられる。筆者が所属する養成機関においても、以前は同一学科内で「幼小の課程」と「幼保の課程」を有する２つの専攻が設置されていたが、2019年を契機に「小中の課程」と「幼保の課程」とに改組された。これは、もちろん課程設置に際しての方針に基づくものではあるが、幼稚園教諭の課程においては領域科目が必置となるなど、「幼小の課程」を併設する際の科目数の増加や必要教員数の増加が見込まれることもあり、併設を断念したという事情も含まれる。

内田（2016）[30]の報告によれば、2014（平成26）年現在で、４年制大学259校、短期大学27校、専修学校２校において小学校課程を設置している。同じく幼稚園課程については、４年制大学が308校、短期大学224校、その他専修学校30校の562校と報告されている。

かつての資料を見ると、小学校課程は平成14年で大学97校、短期大学35校、平成18年で大学117校、短期大学33校という内訳である。

直近のデータに関しては、文部科学省、厚生労働省から公開されている一覧表を手元にて集計したところ、2020（令和２）年現在では、小学校課程を有する学校249校、短期大学21校と、ともに微減である。

幼稚園課程を有する学校は合計477校であり大学276校、短期大学201校である。

指定保育士養成施設は2018（平成30）年現在で688施設、大学278校、短期大学238校、専修学校162校、その他10校の内訳である。

指定保育士養成施設数についての過去の数値は、長津（2021）[31]にまとめられており、平成14年段階では合計386施設、大学75校、短期大学227校、専修学校75校、その他７校の内訳である。短期大学の数については、2008年に最大値を迎え、そこから減少に転じている。数値上では、保育者養成課程は４年制大学へとシフトし、養成の高度化が実現しつつあるように見ることもできるが[32]、両角・長島（2019）によれば、４年課程になることによる直接的な効果はないという分析結果も提示されている[33]。

短期大学においては２年で幼稚園教諭二種免許のために31単位（実習含む）、保育士資格課程は４年制大学と同一で68単位を履修し、両方の資格免許を取得するカリキュラムが編成されるが、４年制大学となると、幼稚園教諭免許が一種となり、20単位が上乗せされることになる。2019（平成31）年の改定の際に保育士養成課程を４年制基準としようという検討もなされたが、結果としてそのまま据え置かれた。その結果保育者養成４年制課程は、小学校教員養成課程以上の状況と比較すると、２年間のカリキュラムを「４年分に引き伸ばしている」という面は否めず、このことが、上述両角・長島の指摘の背景にあることだろう。

４．保育者の資質向上の議論と養成教育

Uchida（2021）[34]は、保育者養成ならびに現職者教育が捗々しくない理由について、免許資格の二元化の状況が続いていることを再度指摘している。現職教育においても、幼稚園免許（幼稚園教諭）と、保育士資格との間で異なる教育体系が敷かれており、これが養成教育や現職教育において一貫して実施することの妨げになっていると述べている。加えて、幼児教育に携わる学歴が短期大学卒レベル（ISCED 5）と見做されていることも、専門性や養成の高度化の観点からは不十分ではないことも併せて指摘している。

海外における幼児教育従事者の学歴として例を挙げると、ISCED 7（修士レベル）：アイスランド、ISCED 6（学士レベル）：トルコ・ノルウェー・デンマーク・チリ・フィンランド・ドイツなど、ISCED 5（短期大学卒レベル）：韓国・日本・イスラエルなどであるが、おおむね世界のスタンダードはISCED 6 レベルになりつつある[35]。ただし、先に述べたように海外においては保育施設における有資格者の配置割合が問題になっていることが多い。したがって、有資格者の学歴の長さだけでは、保育施設としての保育者の専門性を必ずしも担保できない場合があることには留意が必要である。

Uchida（2021）[36]は、先に挙げたような養成教育上の課題を指摘しながらも、近年の幼児教育をめぐる変化を受けて、より良い方向に転じていく可能性を展望している。

その変化とは、本稿ですでに触れた、2018年の３要領・指針の改定、2018年の（2019年４月施行の）新しい養成課程（再課程認定）、加えて2019年10月１日に発効となった「幼児教育の無償化」の制度である[37]。これらの動きは、免許資格課程が二元化されていたとしても、実質的に（内容的に）統一され、一貫した養成教育を実施できる可能性を示唆している。

５．これからの保育者養成における議論の視点とその課題

国内の動向を改めて整理すると、これまでは「保育へのアクセス」の確保に向けた政策と保育の必要性としてのニーズがマッチした時期がしばらく続いていたが、政策はこの方向から転じようとしている段階にある。

しかし、昨今の保育に対するニーズは、園での教育・保育内容だけではなく、保育が提供される時間帯などの側面に左右されることが依然として強い。そうなると、保育時間が相対的に

短い幼稚園に対するニーズが減少することを意味しており、実際の数値としても幼稚園の設置数は減少の一途を辿っている。

これまでも、幼稚園は教育施設、保育所は児童福祉施設という暗黙裡の認識があり（認こ園はその前身となる保育所や幼稚園の性質を受け継ぐ傾向にある)、したがって、明示的な声として聞かれることはないものの、幼稚園数が減少することは、幼児教育・保育における「教育的機能が損なわれるのではないか」という懸念を感じている関係者が多いのではないかと推察する。

3要領・指針においては、3歳から5歳の内容が統一され、保育所においても「養護と教育の一体化」の方針が示されていることから、建前としては、このような動きにあっても教育的機能が損なわれることはないし、Uchida (2021)は、近年の資格取得者は、幼稚園教諭免許と保育士資格の両方を取得する者が増えてきている(し、両方を出す養成機関も充実してきている)ことから、保育者の意識としても（幼稚園か保育所かといった見方から）変わってくるのではないかという期待を寄せている。

さらに筆者の視点を加えるならば、実際の課題は幼稚園か保育所か、はたまた認定こども園かという議論ではなく、3歳から5歳までの教育をどのようにすることが望ましいかという視点に基づく議論が依然として乏しいと考えている。ただしここで述べる「教育」とは、従前より幼稚園で行われてきたような教育を維持するという意味ではなく次に示す内容を展望している。

冒頭より述べてきている通り、この年齢で行われる教育あるいは保育については、その位置づけ、意味やねらいも世界的に変容してきている最中である。一方、直近の3要領・指針の改定においては、相互性が担保されたという意味において進歩はあったものの、世界的な議論に見られるような幼児教育のあり方を見直すという点においては、それほど変化することはなかったとも言える。

3要領・指針の改定後、幾ばくもない期間において厚生労働省が量の確保から質の向上への方針転換を打ち出したこと[38]、続いて文部科学省から「幼保小の架け橋プログラム」(以下、架け橋プログラム)[39]が打ち出されたことなど、相次いで現状から変化をもたらす方針が出てきており、それぞれの保育施設において、これをどのように実現し、さらにはそれを担う保育者をどのように養成・育成すべきかと考えるのかが、保育施設の位置付けの確認や差別化を図ることよりも重要なことである。

■幼保小の架け橋プログラム[40]が保育者養成に与える課題

「保育者」と「保育者養成」という枠組みを整えていく過程において、それを強調すればするほど、おのずと小学校課程以上との距離感が生じる。3要領・指針は、幼児期の終わりから小学校課程の始まりのつながりを意識した記述がみられる[41]が、「保育者」の枠組みで物事を意識しすぎることで、5歳までと6歳からの育ちの議論がより分断されつつある。諸外国においては[42]、小学校の開始年齢を早くしたり、あるいは幼児教育と小学校教育との間に、中間的な位置づけを設置するようになっている国もある[43]。では、この期間の教育を誰がどうのように担うのかという点は重要な検討課題である。これらに取り組む国々の多くは小学校内に施設を設け、教育活動も小学校の教員が担っているが、この場合は小学校課程の開始が1、2年早まったという性格が強くなり、それは日本においては幼児教育に携わる関係者が懸念を示してきたことである[44]。しかし、幼児教育の立場からどのように考えるのかについての議論もほとんど行われてきていない。今回の幼保小の架け橋プログラムの検討がその受け皿の1つになったといえるが、これで議論が熟したとは言えないだろう。架け橋プログラムで提案されている中には、準備教育の期間を設けることまでは言及されていないが、5歳児の段階での教育カリキュラムをある程度統一的に定めようという動きは、上述の就学準備教育を意識したものと受けとめることができる。

このプログラムが実際に動かされることになった場合（現在は一部の自治体で試行段階にある）、そのカリキュラム内容のみならず小学校教育と幼児教育段階を接続した指導を行うことができる実践者（保育者）の育成、あるいは求められる専門性についても併せて議論しなければならない。

同様に架け橋プログラムの答申においては、交流人事であったり、相互の現場の視察を通じた理解などの工夫、そして「コーディネータ」と称する役割を配置することによって果たそうとする事例を多く見受ける。例えば、杉田・松井（2021）は[45]小学校と幼稚園教諭の両方を経験した教員に取材し、相互に理解を進めることの必要性をまとめているが、コーディネータの配置の必要性と同様の趣意であるといえるだろう。

それによって、「相互の接続性」はある程度保障されるであろうが、3歳から5歳の時期に本来的に求められる経験が何で、それをどのような方法で具体的に展開していかなければならないかという視点での議論への発展が求められるところである。しかし、この議論を行うための現状の課題は、幼児教育段階における教育実践がどのように積み重ねられ、それがどのような意味や意図を持っているかということが表現され、それを伝える役割を担う教員が少ないことである。このことが生じる背景は、保育施設の「層の薄さ」が一因として考えられる。保育施設においては園長や副園長、あるいは主任といった管理職層以外には長い勤続年数を前提とした組織体制を整えてこなかったが故、中堅的な役割を果たす職員の位置づけが不明瞭で、ゆえに「経験の長い職員」以上に「中堅リーダー」としての役割を担う機会が少なかったことがその理由となる。

このことは、内田（2016）やUchida（2021）が保育者のキャリア・ラダーのあり方の課題として指摘してきたことにも通底する。実際に、「幼稚園・保育所等の経営実態調査」によると、幼稚園や保育所における勤続年数とそれに伴う平均年齢は、私立幼稚園常勤の教諭で平均7.2年、公立幼稚園で13.8年であり、小学校以上の学校種の数値には及ばない[46]。保育所にあっては私立保育園で9.9年、公立で11.8年である。

保育所の平均勤続年数は延びる基調にあり、加えて平成29年度以降、保育士に対しては、保育士確保政策の一環として中堅職員の処遇を改善するための手当が新設されたことにより[47]、今後さらに延びると見込まれる。

これを受けて、架け橋プログラムにおけるコーディネータに当たる役割あるいは園組織内の中堅教員といった経験者にとって必要な教育や研修は何か、あるいは長期のキャリアを前提とした養成課程のあり方などが今後の現職教員教育の上で主要な課題の1つとなるだろう。

■終わりに

これまで、幼児教育における政策の動向から、近年の保育者養成の課題に迫ってきた。保育者養成の議論は、まだ立ち上がったばかりの段階であるといえ、本学会では内田（2016）以降、議論が提起されてきているところである。本稿では内田（2016）の議論を引き受け、またその後の最新動向を踏まえつつ、新たな保育者養成の課題を提示したが、最後に期待として繰り返し述べておきたいことは、本学会における広い議論の蓄積である。文中に保育者養成を謳う学会が近年になって設立されたということに触れたが、一方でこれらの学会は「保育者あるいは幼児教育」というテーマからの議論が多くなるだろう。しかし、世界的にその位置づけや枠組みが見直される中で、文中でたびたび触れたように、幼児教育や保育者の課題は、その現場や当事者のみでの議論では覆いきれない部分があることも確かである。学校教育や学校教員に関する議論の蓄積がある本学会で、幼児教育や保育者養成の議論を進めることは、両者を包括的に俯瞰する視点を持つという意味で意義があることだと考える。幼児期から小学校課程、ひいてはその後の課程のあり方と一緒に、専門職の養成・教育に関する議論がますます広がっていくことを期待したい。

注

(1)OECD (2001)、Starting Strong：Early Childhood Education and Care, Starting Strong, OECD Publishing, Paris, https://doi.org/10.1787/9789264192829-en.

(2)OECD (2021)、Starting Strong VI：Supporting Meaningful Interactions in Early Childhood Education and Care, Starting Strong, OECD Publishing, Paris, https://doi.org/10.1787/f47a06ae-en.

(3)内閣府「保育の必要性の認定について」子ども子育て会議第11回資料 1 - 1　https://www8.cao.go.jp/shoushi/shinseido/meeting/kodomo_kosodate/k_11/pdf/s1-1.pdf

(4)J.J.Heckman（2015）『幼児教育の経済学』東洋経済新聞社

(5)厚生労働省「保育を取り巻く状況について」地域における保育所・保育士等の在り方に関する検討会　資料 3 p.18　https://www.mhlw.go.jp/content/ 11907000/000784219.pdf

(6)同上 p.21

(7)池本美香・立岡健二郎（2017）「保育ニーズと将来展望と対応のあり方」JRIレビュー 2017 Vol.3 No.42、日本総合研究所　https://www.jri.co.jp/file/report/jrireview/pdf/9720.pdf

(8)厚生労働省（2020）「議論のとりまとめ」保育所等における保育の質の確保・向上に関する検討会　https://www.mhlw.go.jp/content/000647604.pdf

(9)内閣府（2020）「認定こども園」内閣府子ども子育て支援新制度の概要　https://www8.cao.go.jp/shoushi/shinseido/outline/

幼稚園型認定こども園は、幼稚園（学校）に保育所機能が備わったもの、保育所型認定こども園は保育所（児童福祉施設）に幼稚園の機能が備わったもの、地方裁量型認定こども園は幼稚園・保育所の機能を備えたものである。

(10)前掲　池本他（2017)、p.38

(11)学校基本調査令和 3 年、文部科学省、2022

(12)内閣府　総合規制改革会議公表資料　https://www8.cao.go.jp/kisei/siryo/index.html

(13)内閣官房「こども政策の推進（こども家庭庁の設置等）　https://www.cas.go.jp/jp/seisaku/kodomo_seisaku_suishin/index.html

(14)例えば、ニュージーランドでは保護者が主体となり、保育を営む施設なども認可された保育施設として認められている。松井由佳・瓜生淑子（2010）ニュージーランドにおける乳幼児保育精度—幼保一元化のもとでの現状とそこからの示唆—　奈良教育大学紀要第59巻第 1 号 p.58

(15)例えばニュージーランドの場合（New Zealand Government）https://assets.education.govt.nz/public/Documents/Early-Childhood/Early-Childhood-Education-Funding-Handbook/Appendix- 1 -Funding-Rates-May-2022.pdf

有資格者100%の場合、教育バウチャー 1 時間当たりの単価は13.19ドル、25%未満の場合9.08ドル。その間25～49%、50～79%、80～99%の幅で変動する。

(16)幼稚園にあっては、幼稚園設置基準（文部科学省令第三条、第五条）に、保育所にあっては、児童福祉施設の設備及び運営に関する基準（厚生労働省令第三十三条）に、幼保連携型認定こども園にあっては、幼保連携型認定こども園の学級の編制、職員、設備及び運営に関する基準（内閣府・文部科学省・厚生労働省令第五条）においてそれぞれ定められている。認可保育所以外の保育施設については、例えば、認可外保育所にあっては三分の一以上、東京都認証保育所においては常勤職員の六割以上、企業主導型保育所においては最低五割以上などと定められている。

(17)内田千春（2016）今、幼児教育の担い手に求められるもの—転換期に考える保育者の専門性と養成教育—、日本教師教育学会年報第25号 pp.48-55

(18)ただし、保育所等にあっては、看護師、栄養士等の資格も有資格者として一定数カウントすることができる。

(19)指定保育士養成施設は都道府県の所管となる。

(20)平成30年の資格取得者数は指定養成施設卒業者39,909名、保育士試験の合格者19,483名の合計である（幼稚園教諭免許保持者などに認められる試験免除者5,983名を含む）。保育士登録者は平成27年時点で130万人余り、令和2年時点で165万人余りである。
厚生労働省　保育関係ページ内
https://www.mhlw.go.jp/stf/seisakunitsuite/bunya/kodomo/kodomo_kosodate/hoiku/index.html「保育士登録者等」
保育の現場・職業の魅力向上検討会（第5回）資料「保育士の現状と主な取組」
(21)就学前の子どもに関する教育、保育等の総合的な提供の推進に関する法律第十四条では、園長及び保育教諭の配置が義務付けられている。この条項が「保育教諭」と称する役職の根拠法として用いられている。
(22)平成27年から10年間の経過措置となり現在に至っている。
(23)教育職員免許法附則第19項、児童福祉法施行規則第6条の11の2第1項の規定に基づき厚生労働大臣が定める基準
(24)厚生労働省告示「児童福祉法施行規則第六条の二第一項第三号の指定保育士養成施設の修業教科目及び単位数並びに履修方法」において、保育士資格課程の必修科目として「保育者論」を設置することを求めている。この科目は、遅くとも平成15年発出の通知において、同名を確認することができる。
(25)日本保育者養成教育学会　http://www.h-yousei-edu.jp/　同学会設立趣旨　http://www.h-yousei-edu.jp/gaiyou/
(26)日本乳幼児教育・保育者養成学会　http://ecectet.jp/　同学会設立のご挨拶　http://ecectet.jp/report_focus.cfm?report_ID=781
(27)「保育教諭」を団体名に冠すのは、保育教諭の資格（免許）と養成課程の設置を見据えてのことであるが、同団体は、幼稚園教諭養成課程に関する調査研究の団体として開始した経緯がある。
http://youseikatei.com/report_focus.cfm?report_ID=691「幼稚園教諭養成の今後」
(28)文部科学省　平成31年度から新しい教職課程が始まります
https://www.mext.go.jp/a_menu/shotou/kyoin/1414533.htm
(29)保育士養成協議会、保育教諭養成課程研究会（2019）「幼稚園教諭養成課程と保育士養成課程を併設する際の担当者及びシラバス作成について」
https://www.hoyokyo.or.jp/nursing_hyk/reference/
(30)前出　内田（2016）p.51
(31)長津詩織（2021）「保育士養成施設の構造変容とその背景に関する検討」名寄市立大学保健福祉学部社会保育学科社会保育実践研究第5巻pp.9-17
(32)保育士養成協議会資料「年度別指定保育士養成施設の入学定員の推移」
(33)両角亜希子・長島万里子（2019）保育者養成校の教育内容に関する実証的研究―四大化は質の高度化につながっているのか―東京大学大学院教育学研究科大学経営政策研究 第9号pp.1-18
(34)Uchida, C.（2021）. Current Trends and Challenges for Early Childhood Teacher Education in Japan. In：Boyd, W., Garvis, S.（eds）International Perspectives on Early Childhood Teacher Education in the 21st Century. Springer, Singapore. https://doi.org/10.1007/978-981-16-5739-9_8
(35)これらの国別の資格取得の条件については、以下のWebサイトからの情報を抜粋し集約したものである。
・European Education and Culture Executive Agency, Eurydice, Key data on early childhood education and care in Europe, 2019, Publications Office, 2019, https://data.europa.eu/doi/10.2797/958988
・European Education and Culture Executive Agency, Eurydice, Delhaxhe, A., Borodankova, O., Motiejunaite, A., et al., Early childhood education and care 2014, Publications Office, 2017, https://data.europa.eu/doi/10.2797/53047
(36)前出　Uchida, C.（2021）
(37)内閣府「幼児教育・保育の無償化概要」
https://www8.cao.go.jp/shoushi/shinseido/musyouka/gaiyou.html#nintei

⒅前出　厚生労働省　保育所等における保育の質の確保・向上に関する検討会
⒆文部科学省「幼保小の架け橋プログラム」https://www.mext.go.jp/a_menu/shotou/youchien/1258019_00002.htm
⒇同上
(41)例えば「幼児期の終わりまでに育ってほしい姿（通称10の姿）」など
(42)OECD Starting Strong V（2017）の副題は「幼児教育から小学校教育への移行」であり、幼小接続は世界的な関心事項の1つになっている。
(43)例えば、オランダは4歳の誕生日から小学校へ通う（5歳から義務教育）、ニュージーランドでは5歳の誕生日から就学可能となっている。フィンランドは6歳クラスを就学前教育（Preprimary Education）と称しており、幼児教育・保育（Early Childhood Education and Care）と区別している。
(44)例えば、白神・周東・吉澤・角谷の調べによれば、小学校教員と保育者とで幼児期に求める教育内容に乖離があるのは、英会話の練習、平仮名の練習、歌を歌う機会や衣類の着脱等であり、特に平仮名の練習については小学校教員からの期待が大きかったとしている。「幼児期に求められる指導内容についての保育者と小学校教員の考えの相違」上越教育大学研究紀要第37巻1号pp.49-55
(45)杉田かおり・松井千鶴子（2021）「小学校と幼稚園の勤務経験がある教員の意識に関する事例的研究」上越教育大学教職大学院研究紀要第8巻pp.121-130
(46)文部科学省・厚生労働省「幼稚園・保育所等の経営実態調査」
(47)厚生労働省　技能・経験に応じた保育士等の処遇改善等加算　https://www.mhlw.go.jp/stf/seisakunitsuite/bunya/kodomo/kodomo_kosodate/hoiku/

ABSTRACT

Current Issues on Policy Management, Professional Development of Teachers, and its Relationships in Early Childhood Education and Care

SAKATA Tetsuhito
（Otsuma Women's University）

This study discusses trends in early childhood education (preschool education), particularly from ages 3 to 5, and the Early Childhood Education and Care (ECEC) teachers who are responsible for it. The field of ECEC is being actively approached not only from pedagogy and ECEC studies but also from economics and other fields that recognize the value of investments in the field.

In the past, there was a strong interest in improving access to early childhood education (ensuring quantity), but as the prospects for securing this situation have become more promising, the international trend has shifted from ensuring quantity to quality, and various measures, such as the establishment of preschools, are now being proposed.

Meanwhile, to follow this trend, Japan also faced a major shift from quantity to quality around 2020. This discussion is having a direct impact on the nature and trends of childcare facilities, such as kindergartens, daycare centers, and ECEC centers, as well as on the roles and training of childcare personnel (qualified kindergarten teachers and nursery teachers) who work in these facilities. The contents of the National Curriculum for Kindergarten Education, the Guidelines for Nursery School Education and Care, and the National Standards for ECEC center have become interlinked, and a new qualification system for ECEC teachers has also been considered. On the other hand, the current situation is one of dualization in many areas, and each site is under pressure to make a difficult decision.Uchida (2016) has already raised these trends and issues in JSSTE Annual Report No. 25. This paper examines Uchida's discussion and examines the latest trends and issues considering subsequent trends and changes.

Keywords **: ECEC Teacher, Professional Development of ECEC Teachers, Early Childhood Education and Care, Issues on Policy Management in ECEC, Global Trends in ECEC**

幼児教育と小学校教育の連携・接続を担う教師の養成

浅野　信彦（文教大学）

1. はじめに

本論文は、幼児教育と小学校教育の連携と接続をめぐる1980年代から現在に至る動向を概観するとともに、その担い手を育成する教師養成の課題について論考することを目的とする。なお、本稿では、幼児教育と小学校教育の連携・接続を「幼小連携・接続」と略記するが、この場合の「幼」は、幼稚園だけではなく、保育所や認定こども園等を含む幼児教育施設における教育全体をさす。また、「連携」とは、子どもの豊かな発達と学びを促すために、幼児教育施設と小学校の教師[1]が連絡を取り合ったり、相談し合ったり、人的に交流したりする営みをさす。「接続」とは、連携を前提としつつ、双方の教育内容・方法を見直して改善することによって、幼児期と児童期の学びを連続したものとしてつなげようとする営みをさす。

2006年に改正された教育基本法の第11条は、幼児教育について、「幼児期の教育は、生涯にわたる人格形成の基礎を培う重要なものであることにかんがみ、国及び地方公共団体は、幼児の健やかな成長に資する良好な環境の整備その他適当な方法によって、その振興に努めなければならない」と規定している。これは、全ての子どもに質の高い幼児教育を提供することが国および地方公共団体の責務であることを明確にしたものである。翌2007年の学校教育法の改正によって、幼稚園教育の目的が「義務教育及びその後の教育の基礎を培う」ものと規定された。これらの法改正をへて、全ての子どもの教育機会の保障にかかわる問題として幼児教育と小学校教育との発達や学びの連続性を確保することが議論されるようになった。

一方、これまでの教育改革の流れをさかのぼると、1989（平成元）年の小学校学習指導要領および幼稚園教育要領の改訂を端緒として、2017（平成29）年の同要領等の改訂・改正[2]までの「平成の教育改革」の中で、一定の方向性をもって幼小連携・接続の推進にかかわる施策が打ち出されてきた。小学校では、低学年における「生活科」の新設や「スタートカリキュラム」の提唱をへて、現行学習指導要領で低学年の教科等において「幼児期の終わりまでに育ってほしい姿」を考慮することが求められるようになっている。同時期に、幼児教育においても保育内容が6領域から5領域に再編された。加えて幼児と児童の交流の機会を設けることや小学校の教師との意見交換、合同研究会、授業参観などが推奨され、現行の要領等では「幼児期の終わりまでに育ってほしい姿」を小学校と共有しながら連携を図ることなどが求められている。

このように、平成期を通して、幼児教育から小学校教育までの子どもの発達や学びの連続性を確保することが求められ、幼小連携・接続が推進されてきた。その背景には、社会的公正を確保する観点から就学前の子どもの教育機会を保障することが重視されてきたことがある。

しかし、こうした連携・接続を学校や園の現場で担う教師の養成はどうあるべきかという議論はほぼ置き去りにされてきた。今回、日本教師教育学会年報の特集テーマに「幼児教育・初等教育教師の養成と研修」が掲げられたのは画期的である。「幼児教育」と「初等教育」を併置して「・」でつなぐ表記となっているが、この「・」が示す幼小の「連携・接続」の在り方は、幼児教育関係者と小学校教育関係者のみならず、大学の教職課程担当者や教育学研究者が、所属する学校段階・施設等の種別や研究者・実践者の区別にかかわらず、立場をこえて議論すべきテーマである。教師教育に関心を寄せる多様な会員が集う本学会でこそ、それが可能なはずである。

本特集における筆者の役割は、我が国の教師教育研究において、幼小連携・接続を担う教師の育成というテーマをどのように位置づけて今後の議論や研究をすすめるべきか、その展望を示すことであろう。

以下では、まず1980年代から現在にいたるまで、幼小連携・接続がどのように推進されてきたかを整理する。その経緯において、幼・小の現場に混乱や相互不信が生まれたこともあった。この点に注意を払いつつ、幼小連携・接続に関して教師教育研究が着目すべき論点を抽出したい。本学会では「大学における教員養成」を通して教師にどのような資質や能力を育成すべきかが活発に議論されている。その中に幼小連携・接続にかかわる論点をどのように位置づけるべきか。この問いに迫ることで、本学会における今後の議論の見通しを得たい。

2.「生活科」新設と保育内容5領域への再編

先述したように、1989年の小学校学習指導要領改訂により「生活科」が新設され、同年の幼稚園教育要領改訂により従来の保育内容6領域が5領域に再編された。ここで注目すべきは、生活科が単なる理科と社会科を統合した教科とは考えられていなかった点である。この改訂に先行して出された1987年の教育課程審議会答申によると、生活科は、低学年の発達の特性を考慮し、「低学年の教育全体の充実を図る」観点から、「具体的な活動や体験を通して、自分と身近な社会や自然とのかかわりに関心をもち、自分自身や自分の生活について考えさせるとともに、その過程において生活上必要な習慣や技能を身に付けさせ、自立への基礎を養うことをねらいとして構想」[(3)]されたものであった。

実は、これより20年ほど前から、小学校低学年の発達が幼児と近い特性をもつとする議論が中教審で行われていた。1971年には、「4、5歳児から小学校の低学年の児童までを同じ教育機関で一貫した教育を行う」という基本構想のもと、「低学年おいては(中略)これまでの教科の区分にとらわれず、児童の発達段階に即した教育課程の構成のしかたについて再検討する必要がある」とする答申が出されていた[(4)]。幼児と低学年児童の一貫教育の構想は抜本的な制度改革を要するため実現しなかったが、低学年の教育課程の構成については「教科の総合化」や「総合的な指導」に向けた議論が続いた[(5)]。こうした議論の積み重ねが生活科成立に結実したわけである。

同時期に、幼稚園教育要領においても、保育内容6領域(健康、社会、自然、言語、音楽リズム、絵画制作)から5領域(健康、人間関係、環境、言葉、表現)への再編が行われた。戦後の幼児教育は「(子どもの)生長発達に適した環境をつくる」[(6)]ことを原則としてきた。そのため1964年改訂の幼稚園教育要領に示された6領域は、幼児の具体的・総合的な活動から抽出した「ねらい」を整理したものとされていた[(7)]。しかし実際の幼児教育の現場では、各領域の名称から小学校の教科を連想し、小学校の教科内容につながる指導を行い、知識や技能の習得をめざす指導が増えていた。一部の幼稚園では文字や数字の一斉指導が行われ、小学校の時間割のように領域ごとに時間を設定して教師主導の指導が行われていると指摘されていた。こうした実態について、中教審は「幼稚園教育についての共通理解が十分に形成されていない」と述べ、「幼稚園教育の内容・方法の改善」が必要であるとしていた[(8)]。こうした中で1989年の幼稚園教育要領改訂により新たに設定された保育内容5領域は、幼児の発達特性を踏まえた適切な幼児教育の成果を小学校低学年の生活科に引き渡し、幼・小間の教育課程における円滑な接続を推進する意図を含んでいた。具体的には、発達の側面から幼児期に育つと考えられる「ねらい」が、健康に関する領域の「健康」、人との関わりに関する領域の「人間関係」、自然との触れ合いや身近な環境との関わりに関する領域の「環境」、言語に関する領域の「言葉」、音楽・造形・劇等の表現に関する領域の「表現」の5つに整理し直された。これと同様の趣旨が保育所保育指針や幼保連携型認定こども園教育・保育要領にも記載され、幼児教育施設の種別にかかわらず保育内容のねらいは同一とされた。これにより、保育所は法律上の「学校」とは位置づけられていないものの、保育所保育指針のうち教育的側面については幼稚園教育要領との整合性が図られて現在に至っている。

3．スタートカリキュラムと合科的指導

前に述べたとおり、生活科成立以前、小学校低学年の発達段階は幼児期に近い特性をもつものとみられていた。幼児期や低学年児童の特性を生かすことができるように幼・小の双方の教育内容・方法の改善を図ることの必要性が論じられていた。多くの研究者や実践者が低学年の特性に即した指導法のモデルを大正期の奈良女子高等師範学校附属小学校における「合科学習」などに求めていた。こうした経緯から、1989年改訂の小学校学習指導要領の総則には低学年で「合科的指導」を行うことが明記された。新設された生活科には、その中核として低学年の教育全体を改善する役割が期待されていた。

ところが2000年前後に「小1プロブレム」が社会問題となりはじめた。マスコミは小学校入学後の一部の児童の行動を「甘え」や「自制心がない」などの見出しをつけて報じた[(9)]。小1プロブレムを高学年の学級崩壊と結びつけ、その前兆であるかのように捉える風潮が社会全体に広がった。一方、この頃すでに生活科は一定の成果をあげていたため、生活科の授業で児童が幼児と交流するようすや、一部の小学校と幼稚園や保育所との間で連携が進んでいることも人々の注目を集めた[(10)]。当時のマスコミは「幼児期を引きずった1年生」などと低学年児童の行動特性を否定的イメージで大雑把に報道する傾向があったが、ともあれ、「小1プロブレム対策」という側面から幼・小が連携することの重要性が広く認知される結果となった。

こうした社会状況を受け、2008年に出された中央教育審議会答申の中で、「幼児教育と小学校教育の接続」について次のように述べられた。すなわち、幼児教育では「規範意識の確立などに向けた集団との関わりに関する内容や小学校低学年の教科等の学習や生活の基盤となるような体験の充実が必要である」とされた。小学校低学年では「幼児教育の成果を踏まえ、体験を重視しつつ、小学校生活への適応、基本的な生活習慣等の確立、教科等の学習への円滑な移行などが重要であり、いわゆる小1プロブレムが指摘される中、各教科等の内容や指導における配慮のみならず、生活面での指導や家庭との十分な連携・協力が必要である」とされた[(11)]。

この答申にもとづいて同年に改訂された幼稚園教育要領では、「幼稚園教育が、小学校以降の生活や学習の基礎の育成につながることを配慮し、幼児期にふさわしい生活を通して、創造的な思考や主体的な学習態度の基礎を培うようにすること」[(12)]と示された。同時に小学校学習指導要領の改訂も行われ、その各教科の章の中で「特に、第1学年入学当初においては、生活科を中心とした合科的な指導を行うなどの工夫をする」[(13)]こととされた。これについて、『小学校学習指導要領解説生活編』の中で、「幼児教育との接続の観点から、幼児とふれ合うなどの交流活動や他教科等との関連を図る指導は引き続き重要であり、特に学校生活への適応が図られるよう、第1学年入学当初のカリキュラムをスタートカリキュラムとして改善する」と示された。スタートカリキュラムの例として、「4月最初の単元では、学校を探検する生活科の学習活動

を中核として、国語科、音楽科、図画工作科などの内容を合科的に扱い大きな単元を構成することが考えられる」、「大単元から徐々に各教科に分化していくスタートカリキュラムも効果的である」などと記されていた[14]。

生活科成立期には、大正期の「合科学習」などが参照されたことは既に述べた。当時の研究者や実践者は、これを単なる手法とは捉えず、その背景にある思想や子ども観から学ぼうとしたであろう。一方、2008年の改訂では、小１プロブレムが注目を集める中でスタートカリキュラムが提唱され、その具体的な手法として「合科的指導」が提案されているような印象を受ける。そのため、小学校の現場には、スタートカリキュラムや「合科的指導」を低学年児童の学校生活への適応を促す側面のみから受け止めた教師が少なからずいたであろう。加えて、この改訂では『小学校学習指導要領解説生活編』でスタートカリキュラムが提案されたため、現に低学年を担任している教師以外は当事者意識をもちにくかったと思われる。この時点では、幼小連携・接続を小学校教育全体で育成すべき資質や能力との関連で捉える視点はまだ乏しく、むしろ、低学年担任教師が直面していた日々の学級経営の困難さへの対応という側面に偏った見方が広がっていたとみることは的外れではないだろう。

４．発達や学びの連続性

2009年11月、東京都教育庁は「東京都公立小・中学校における第１学年の児童・生徒の学校生活への適応状況にかかわる実態調査」の結果[15]を公表した。このうち「公立小学校第１学年の児童の実態調査」の結果によると、「第１学年の学級において、入学後の落ちつかない状態がいつまでも解消されず、教師の話を聞かない、指示通りに行動しない、勝手に授業中の教室の中を立ち歩いたり教室から出て行ったりするなど、授業規律が成立しない状態へと拡大し、こうした状態が数ヶ月にわたって継続する状態」を前年度中に経験したと回答したのは、校長23.9％、教諭19.3％であった。その考えられる要因として「児童に耐性が身に付いていなかったこと」（校長66.9％、教諭71.1％）や「児童に基本的な生活習慣が身に付いていなかったこと」（校長65.9％、教諭65.6％）が高い割合で挙げられていた。小１プロブレムが注目される中、こうした調査結果に代表されるような小学校側の認識がプレッシャーになり、幼児教育の現場では「園で座って話が聞けるように」、「文字や数のドリル的な練習もすべきでは」などという会話が交わされていたという[16]。

筆者自身、この頃、教育委員会に保育所が移管されて間もない某自治体の保育現場を訪問した際、次のような話を聞いた。すなわち、教育委員会から指導主事が保育所に派遣されてきて、絵本の読み聞かせをする際は、幼児を正しい姿勢で椅子に座らせて、個々の幼児が何分間集中して話を聞けたかを記録しておき、徐々に集中できる時間を延ばしていくようにと指示されたという。

このエピソードに限らず、一部の自治体では教育委員会主導で幼小連携・接続が推進されはじめた。しかし、その中には、幼児に小学校の生活ルールを疑似体験させたり、小学校入学までにひらがなの読み書きや１桁の足し算・引き算をできるようにすることを目標としたり、年長児の小学校１日体験日に教室で正しい姿勢で着席させて教師の話を聞かせたり45分間の活動を行わせるようなメニューもみられた。こうした試みは、幼・小の連携を加速した一方で、双方の現場に混乱や相互不信をもたらした面もあった。

2010年、文部科学省の「幼児期の教育と小学校教育の円滑な接続のための調査研究協力者会議」の報告書[17]が発表された。本報告書では、冒頭で、幼小連携・接続が「子どもの発達や学びの連続性を保障する」ためのものであることが明記されていた。いわゆる小１プロブレムについては、幼児教育施設と小学校のどちらか一方に責を帰することはできず、「両者が課題を共有」して「共に手を携えて解決のための取組を進めていかなければならない」と指摘された。幼児期の終わりから児童期（低学年）までの時期は、発達の段階を踏まえて「学びの芽生え」から「自覚的な学び」への円滑な移行を促す時期であるとされ、この時期に次の「3つの自立」を養うことが課題であると述べられていた。すなわち、

「学びの自立」…自分にとって興味・関心があり、価値があると感じられる活動を自ら進んで行うとともに、人の話などをよく聞いて、それを参考にして自分の考えを深め、自分の思いや考えなどを適切な方法で表現すること。
「生活上の自立」…生活上必要な習慣や技能を身に付けて、身近な人々、社会及び自然と適切にかかわり、自らよりよい生活を創り出していくこと。
「精神的な自立」…自分のよさや可能性に気付き、意欲や自信をもつことによって、現在及び将来における自分自身の在り方や夢や希望をもち、前向きに生活していくこと。

の3つであり、これらが児童期及びそれ以降に育むべき学力の3つの要素（「基礎的な知識・技能」、「課題解決のために必要な思考力、判断力、表現力等」、「主体的に学びに取り組む態度」）の基盤になると示された[18]。

実は、スタートカリキュラムが提案される前の2005年に、幼児教育の質的充実に関する中教審答申[19]の中で、「発達や学びの連続性」を確保する観点から小学校との連携・接続を図ることの重要性がすでに指摘されていた。この答申では、幼児教育（主に年長児）の教育内容の改善策として、「幼児どうしが、教師の援助の下で、共通の目的・挑戦的な課題など、一つの目標を作り出し、協力工夫して解決していく活動を『協同的な学び』として位置付け」て、その取組を推奨していた。この直後に国立教育政策研究所から出版された『幼児期から児童期への教育』においても、幼児期の終わりは「一緒に物事にかかわり活動する中で幼児同士の人間関係が深まり、互いに学び合い、大きな目標に向かって協力していくことが可能となる時期」と捉えられ、そこに「小学校以降の生活や学習における芽生えが含まれている」と強調されていた[20]。幼児教育においては幼児にふさわしい遊びや活動を通して協同性を育んでいくことが重要であり、そのことが小学校での学級を中心とする各教科の授業の基盤になると考えられていたのである。

これらの議論は2008年のスタートカリキュラムの提唱時にも前提とされていたはずであり、上述したような幼児教育の改善によって幼児期の終わりに「学びの芽生え」を育むことができれば、それを小学校が引き取って、低学年で生活科を中心とする合科的指導を展開することで、児童に「自覚的な学び」への移行を促すことができると想定されていたと考えられる。しかし、その普及期には、小1プロブレム対策を求める社会的風潮に押される形で、幼児に45分授業への「耐性」や「集中力」を身に付けさせるような不自然な取組が目立つようになった。2010年の調査研究者会議の報告書に示された「3つの自立」は、こうした状況を軌道修正しようとしたものであると推察できる。

幼児期の終わりは、家族や友だち関係などの小さな社会の中で自らが生活していることに気づき始める時期である。友だちと目標を共有し、相談したり、互いの考えに折り合いを付けたりしながら、クラスやグループのみんなで達成感をもって何かをやり遂げる「協同的な学び」が成立してくる。そうした豊かな遊びや活動を通して、思考力や言語力なども高まり、身近な人やものへの興味や関心も育つ。こうした時期は小学校低学年まで続く。小学校入学後は生活科を中心に合科的に学ぶ中で協同性を発揮することにより、幼児期に育まれたものが総合的に高められ、学級や授業の中で自己を発揮したり抑制したりする意識的な調整力が育ってくる。これが各教科の学びの基盤となる。幼児期

から児童期にかけて、こうした過程をたどって発達する子どもの姿を整理したものが「3つの自立」にまとめられているのであり、これを育成するという「課題」を幼・小が「共有」し、「共に手を携え」て、双方の教育内容・方法を改善することが重要であると明記されたわけである。

5．社会につながる幼小接続期の学び

お茶の水女子大学を退官後、幼児から12、3歳までが通う私立養護学校で保育実践の場に身を投じた津守真（1926-2018）は次のように書き残している[21]。

> 子どもが自分の意志で自由に選択し、自分から発動して何かをなしえたとき、その子どもは堂々として自信があり、幼くとも一人前の成熟した人間の風格がある。それぞれの時期に小さな世界に、それなりの成熟があり、将来に開いていく小さな核がある。大人の世界ならば、自由、勇気、忍耐などという語で表現するような、人間の内部のものでありながら、社会をつくるのに大切な価値である。
>
> 社会は、身近なところでいえば学校であり、保育の場である。個人の自我が育てられ、子どもたちが自分で遊べるようになるとき、その社会は力動的に展開する。その力動的な保育の場が、また、個人の内部を強め育てる。保育の場の小さな世界のできごとは、大きな社会につながっている。

この言葉に照らして、幼小接続期に養うべき「自立」とは何かを考えてみたい。

この時期の子どもにとって「自立」とは、彼ら自身が「自由に選択する」ことができる環境で「自分から発動」して何かをなそうとする意志であろう。何かをなしえた「自信」をもとに、さらに身近な人や自然や物事にかかわり続けようとする中で、自らの「小さな世界」を育んでいくことであろう。そこに、学校や保育の場で小さな社会とつながろうとする自我の芽生えがあり、それこそが、将来より大きな社会とつながり、また社会をつくっていくための「核」となるのだろう。

2017年に改訂された小学校学習指導要領と幼稚園教育要領はともに「社会に開かれた教育課程」の実現をめざしている。そのために「よりよい学校教育を通じてよりよい社会を創る」という目標を学校と社会が共有し、各学校の教育課程を通して育成をめざす資質・能力を明確化して、社会との連携・協働によりその実現を図っていくことが求められている[22]。しかし、子どもたちは日々の生活の中で自発的に遊んだり活動したりすることを通して、どのように社会とつながろうとしているのだろうか。より大きな社会とつながる未来に向けての「核」が一人ひとりの内面にどのように育っているのだろうか。こうしたことに教師が注意を払わず、目の前の子どもの姿の中に潜在する価値を見逃し続けていれば、「社会に開かれた教育課程」は単なるスローガン以上のものにはなり得ないだろう。

「社会に開かれた教育課程」は、子ども一人ひとりが社会につながることのできる豊かな経験を保障するものでなければならない。そのために、小学校での学びの中で幼児期に培った資質や能力が十分に発揮されるようにしなければならない。しかし、多くの小学校の教師にとって、幼児教育の中で保育者が子どもの具体的な姿から捉えてきた資質や能力を意識するための手がかりが乏しく、それをメージすることすら難しい。その結果、入学当初の児童を「何も知らない、できない」存在とみなし、幼小接続期を通して「3つの自立」を養うという課題に向けた取組が手薄になりがちである。一方、幼児教育の現場では、保育者は常に注意深く子どもの姿を観察し記録を取り、一人ひとりに応じたかかわりを重ねているものの、その子どもたちが小学校以後にどのように自己を発揮して自覚的に学んでいくのかを見通すことは容易ではなかった。こうした状況を改善するため、幼・小の連携によって人的交流や相互理解を進めなければ

ならないことは言うまでもない。さらに、幼・小が互いの視点から学び合い、それを取り入れながら自校や園の教育内容・方法を見直す段階にステップアップすることで、幼小接続が可能になる。その際、今次の幼稚園教育要領等に示された「幼児期の終わりまでに育ってほしい姿」は、小学校の教師には幼児期の終わりに子どもたちに育まれた資質や能力を捉えるための手がかりを提供する。保育者にとっては、これを使うことで自分たちが捉えてきた子どもの姿を小学校に伝えやすくなり、連携や接続を進める中で共通の子ども理解や視点を醸成するために役立つだろう。

2022年３月、中教審初等中等教育分科会「幼児教育と小学校教育の架け橋特別委員会」が審議経過報告を発表した。同報告では、「遊びを通じて学ぶという幼児期の特性」は「普遍的に重視すべき視点」であると強調されている。０歳から18歳までの学びの連続性に配慮して「持続可能な社会の創り手」を育成することが求められている現代において、小学校以上の教育でも子ども主体の「学習環境のデザイン」が重要であるとされる。その一方で、これまでの幼小接続では「小学校側の取組が、教育方法の改善に踏み込まず学校探検等にとどまるケースが多い」ことが課題であると指摘され、「小学校側の意識を向上させる」ためにも「幼児期の特性を再確認し情報発信する」ことの必要性が述べられている。幼児期の「遊びや生活の中での気づきから探究へのプロセス」を小学校の学びに連続させる観点から、小学校教育の質を向上させることが課題であるされる[(23)]。さらに、小学校関係者はもとより家庭をはじめ幅広い関係者と各地域の教育の質の向上について認識を共有するため、自治体がリーダーシップを発揮することや、国の枠組の下、モデル地域で「架け橋期のカリキュラム」を開発しその結果を検証することなどが提案されている[(24)]。

６．幼小連携・接続を担う教師養成の課題

幼小連携・接続は、「小１プロブレム対策」を目的とするものではない。子ども本来の在り方や人間としての自然な学びの道筋を大切にし、その学びを学校教育を通して求められる資質や能力にまで高め、未来の社会形成につなげようとする思想である。これに立脚する教育実践を創造することが幼小連携・接続のめざすところであり、そうした意欲と実践的視点をもつ教師を育成することが課題である。教師教育研究は養成と研修の両方を見通す必要があるが、これに関する研修の課題は過去の答申や各種調査等[(25)]で繰り返し指摘されている。そこで本稿では、筆者を含む本学会員の多くが当事者である養成の課題に絞って論点を示したい。

まず確認しておかなければならないことは、幼小連携・接続にかかわる教師の仕事は、固定的な教育・保育技術の適用やマニュアル的な業務化で対応できるような単純なものではないということである。これを実践することは教師の知性を発動することである。

小学校や幼児教育施設の教師が子どもの遊びや活動を通して生起する学びの意味や価値を捉えるには、発達心理学などの一般理論と照らし合わせて検討することも有益であろう。しかしそれ以上に、一般的な大人の見方をいったん留保して、教師が具体的場面で捉えた子どもの言動を内省的に捉え直していくような知の働きが重要な役割を果たす。子どもの言動をその子の別の時や場面での言動と関連づけてみることで、その子なりに興味や関心が連続して発展していくさまを見出すことができるだろう。個々の子どもの日頃のこだわりや傾向性からある場面での行為の意味を類推し、それ以後の展開を予想することができるかもしれない。あるいは、教師とのかかわりや友だちとの関係性の変化を視点として、その子が抱いている願いを推測し、遊びの意味を捉え直すこともできるだろう。その場での教師自身の子どもへの応答や意図を事後に省察することで、その場では気づかなかったその子の本当の思いが見えてくることもあるだろう。このような知の働きを通して、子どもの行為を内的世界の表現として捉える地

平が開かれる。津守は「一つひとつの具体的場面で、子どもの行動を、慣習的な大人の目で見ることを意識的に止めて、子ども自身の表現として見る」ことを課題とする実践こそが「子どもが主体として生活する場」を創造できると主張し、実践における「表現と理解」の役割を強調している[26]。それは「相手に衝動的に反応する人間の本能的傾向を知性によって引きとどめ、どこまでも子どもの側に立って考えようとする自我の力」による「高度な精神作業」であるという[27]。

こうした教師の知は状況依存的な暗黙知に支えられているため、これを客観的に把握し体系化することには限界がある。しかし、ここに幼小連携・接続の担い手となる教師に付与すべき専門性の核心があると考えられる。そうした専門性につながる素地を養成段階でどのように養うのかという、困難だが避けられない論点が浮かび上がる。

この素地を培うために、養成段階で学生に早くから幼・小の現場を体験させ、その振り返りを促すプログラムを充実させることが考えられる。それが有意義であることを疑う余地はない。しかし、幼小連携・接続を担う教師に求められる高度な知性は、今そこにある現実に順応したり、目の前の問題状況にとりあえず対処したりするものではない。学生の体験や振り返りがこうした方向に流されやすいことを考えると、彼らの知的水準を引き上げるような学問的な基盤を提供することが不可欠であろう。ここに2つ目の論点が見出される。つまり、幼小連携・接続の専門性につながる教育学的素養の形成と、それを支える教育学研究の在り方の問題である。教師自身が人間や社会の在り方を深く問い、日々の教育実践の中でその問いに向き合い探究する姿勢をもっているからこそ、実践の中で子どもの学びを捉え直す知が働くのだと筆者は考える。こうした問いや探究が幼小連携・接続という主題に焦点化されていくような教育学の学びを養成段階で提供することが必要ではないだろうか。このことは、文部科学省が定める「教職課程コアカリキュラム」の範囲外で各大学が幼小連携・接続に関する専門的な科目[28]を開発するという課題に具現化される。

最後に、幼小連携・接続の担い手を養成するために、大学の教職課程において、小学校教諭免許状と幼稚園教諭免許状または保育士資格（その両方もありうる）の複数免許・資格を取得させることの意味に言及しておきたい。ここまで述べてきたような知の働きは、結局のところ、幼小連携・接続を担う教師だけに限定的に求められるものではない。個々の教師の知的判断力や省察が尊重されるべきことは、各学校や園で個々の教師が単独で教育実践を展開する場合も同じである。とはいえ、教師が子どもの学びの捉え直しを知的に深めることができるか否かは、その個人の素養や経験だけの問題に還元できない。その発動を支え促進するような実践的コミュニティの存在を無視することはできない。各学校や園での「校内研修」によって同僚教師集団がこうした実践的コミュニティに変容していくことが近年の研究で報告されている。一方で、幼小連携・接続の実情をみると、多くの場合、小学校や幼児教育施設の教師たちがときどき顔を合わせて交流したり、双方の計画をすり合わせたり、子どもの情報を共有したりすることなどが中心になっている。いわば「打合せ」の段階で停滞していると思われる事例がほとんどである。小学校や幼児教育施設の教師がその知性を発動し、子どもの学びを幼・小を越えて連続的に捉え直すことができるようになるために、学校や園ごとに分断しがちな実践的コミュニティが混ざり合い、あるいは融合して、拡大した実践コミュニティへと発展していくことが不可欠であろう[29]。幼小連携・接続にかかわる教師の仕事を単純業務化させず、彼らが子どもの豊かな学びのイメージを共有し、幼・小の枠を越えて新たな実践を創造できるようにすること。そのためには、個々の教師がより大きなコミュニティに支えられているという実感をもてるようにすることが重要である。

各学校や園の実践的コミュニティの橋渡し役

となり、拡大コミュニティの形成をリードできる人材として、大学の教職課程で小学校教諭免許状と幼稚園教諭免許状または保育士資格（その両方もありうる）の免許・資格を取得した教師が有力な候補となる。幼児教育と小学校教育の両方を理解している利点を生かし、幼・小間での子どもの学びの連続性を具体的場面で捉え、それを他の教師に伝えるモデル的な役割を果たすことも期待できる。ただし、複数の免許・資格を所持しているというだけで専門性が担保されるわけではないことを大学関係者は肝に銘じなければならない。幼小連携・接続を担う教師の専門性の核心には高度な知性の働きがあり、それにつながる素地や素養を育成する点に養成の課題があることを再度強調しておきたい。

注

⑴本来、小学校・幼稚園教諭は教師だが保育所保育士は教師ではない。しかし、日本教師教育学会は「社会教育や社会福祉事業に従事する人々をも含めた広い意味での教師」の教育を一体化して研究課題としている（設立趣旨）ことを踏まえ、本論文では「教師」を用いる。ただし、文脈上必要な場合は「保育者」を用いる。

⑵「要領等」とは、幼稚園教育要領、保育所保育指針、幼保連携型認定こども園教育・保育要領の３つをさす。なお、保育所保育指針の内容が改められる際は「改訂」ではなく「改正」という。そのため、ここでは要領等の「改訂・改正」と表記している。

⑶教育課程審議会『幼稚園、小学校、中学校及び高等学校の教育課程の基準の改善について（答申）』1987年。

⑷中央教育審議会『今後における学校教育の総合的な拡充整備のための基本的施策について』1971年。

⑸臨時教育審議会『教育改革に関する第二次答申』1986年。

⑹水原克敏『現代日本の教育課程改革』風間書房、1992年、678-689ページ。

⑺森元眞紀子・川上道子「保育内容に関する研究（I）―平成元年版幼稚園教育要領改訂に焦点を当てて―」『中村学園大学紀要』第７号、2008年、110-111ページ。

⑻同上書、111ページ。

⑼「小１プロブレム⑴甘えと勝手、授業難しく増える自制心ない子」『読売新聞』大阪朝刊、2000年６月19日、27面。

⑽「小１プロブレム⑶小学校と幼稚園が連携探る」『読売新聞』大阪朝刊、2000年７月17日、25面。

⑾中央教育審議会『幼稚園、小学校、中学校、高等学校及び特別支援学校の学習指導要領等の改善について（答申）』2008年。

⑿文部科学省『幼稚園教育要領』2008年。

⒀文部科学省『小学校学習指導要領』2008年。

⒁文部科学省『小学校学習指導要領解説生活編』2009年、52-53ページ。

⒂東京都教育庁「東京都公立小・中学校における第１学年の児童・生徒の学校生活への適応状況にかかわる実態調査について」2009年。

⒃「保育は深く面白い『一生懸命生きる』子どもと共に」『日本教育新聞』2021年10月11日、６面。

⒄幼児期の教育と小学校教育の円滑な接続の在り方に関する調査研究協力者会議『幼児期の教育と小学校教育の円滑な接続の在り方について（報告）』2010年。

⒅同上書、15-16ページ。

⒆中央教育審議会『子どもを取り巻く環境の変化を踏まえた今後の幼児教育の在り方について（答申）』2005年。

⒇国立教育政策研究所教育課程研究センター『幼児期から児童期への教育』ひかりのくに、2005年、４-５ページ。

(21)津守真『保育者の地平―私的体験から普遍に向けて―』ミネルヴァ書房、1997年、121-122ページ。

(22)文部科学省『幼稚園教育要領』『小学校学習指導要領』2017年、前文。

(23)中央教育審議会初等中等教育分科会『幼児教育と小学校教育の架け橋特別委員会―審議経過報

告―』2022年、７-10ページ

(24)同上書別添１「幼保小の架け橋プログラムの実施に向けての手引き（初版）」2022年。

(25)例えば、国立教育政策研究所のプロジェクト研究「幼小接続期の育ち・学びと幼児教育の質に関する研究」（2015-2016年）などがある。

(26)津守真、前掲書、220ページ。

(27)同上書、288-289ページ。

(28)筆者が勤務する文教大学教育学部では2020年度に「初等連携教育専修」を設置し、幼小連携・接続を担う教師を養成することをめざしている。この専修独自の「初等連携カリキュラム論」という科目を新設し、「ラーニングストーリー」の作成と「ビデオカンファレンス」の演習を取り入れた授業を実施している。その概要については、日本ペスタロッチー・フレーベル学会第38回大会（2021年９月、文教大学）シンポジウム「幼小連携の教育を考える」の「提案３」で紹介した。

(29)その事例として、品川区立第一日野小学校、第一日野すこやか園等による「育ちあうコミュニティづくりの挑戦」が挙げられる。秋田喜代美・第一日野グループ編著『保幼小連携―育ちあうコミュニティづくりの挑戦―』ぎょうせい、2013年。

参考文献

・浅野信彦「幼小接続カリキュラムにおける『学びをつなぐ』視点」『文教大学教育学部紀要』第52集、2018年、63-75ページ。

・吉冨芳正・田村学『新教科誕生の軌跡―生活科の形成過程に関する研究―』東洋館出版社、2014年。

・国立教育政策研究所教育課程研究センター編『発達や学びをつなぐスタートカリキュラム―スタートカリキュラム導入・実践の手引き―』学事出版、2018年。

・日本生活科・総合的学習教育学会編『生活科・総合的学習事典』渓水社、2020年。

ABSTRACT

Teacher Education to Nurture Leaders for the Collaboration and Connection between Early Childhood and Elementary School Education

ASANO Nobuhiko
(Bunkyo University)

This study provides an overview of trends in the collaboration and connection between early childhood and elementary school education and discusses the challenges of teacher education to nurture leaders in this field.

In 1989, with the revision of the elementary school course of study the "Living Environment Studies" was newly established. With the revision of the kindergarten course of education in the same year, the "six areas" of childcare content were reorganized into "five areas."

Around the year 2000, the "Elementary 1 Problem" began to become a social problem. The results revealed that the importance of collaboration and connection between early childhood and elementary school education was widely recognized from the perspective of "to solve the Elementary 1 Problem."

In 2010, a report from the "Conference of Research Collaborators for the Smooth Connection between Early Childhood and Elementary School Education" was published. It became clear that the collaboration and connection between early childhood and elementary school education are intended to guarantee the continuity of children's development and learning.

Both the Elementary School Course of Study and the Kindergarten Course of Education, which were revised in 2017, aim to realize making the "curriculum open to society."

The collaboration and connection between early childhood and elementary school education is a philosophy that values the natural way of learning of children and human beings, enhances that learning to competencies through school education, and aims to lead to the formation of a future society. The aim is to create educational practices based on this. To this end, it is important to activate the teacher's intellect and to perceive the child's actions as an expression of their inner world.

Keywords : **teacher education, early childhood education, elementary school education, collaboration and connection, children's development and learning**

〈特集2〉幼児教育・初等教育教師の養成と研修—現状と課題—

幼稚園教育における教師の専門性

── 環境を通して行う教育を行う存在として ──

村井　尚子（京都女子大学）

はじめに

幼稚園は、学校教育法において学校として位置づけられているが、小学校以降の学校教育とはそのあり方が異なっており、教師の専門性も小学校以降のそれとは異なった部分がみられる。本稿では、幼稚園における教師の専門性のあり方を、「環境を通して行う教育」という幼児教育に独特の定義について、戦後の保育要領から幼稚園教育要領の変遷の歴史を辿ることでその意味の分析を行う。

「環境を通して行う教育」は幼児教育の方法においては鍵となる概念であり、その用語に触れている研究は数多く存在するが、「環境を通して行う教育」そのものを探究した先行研究はそれほど多くない。酒井は、幼児教育の教育方法に関する中心的概念が「環境」であることを指摘したうえで、小学校教育と幼稚園教育の違いについて分析を行っている(1)。また大山は、倉橋惣三の「環境」概念を分析し、そこから環境を通して行う教育の意味を検討している(2)。戦後の『保育要領』の制定から「幼稚園教育要領」の変遷に関しては、それぞれの時期について研究が行われている。たとえば鳥居・戸田は、1989年の「幼稚園教育要領」改訂にあたって、高杉自子が「環境を通して行う教育」をどのように捉えていたかを丹念に分析している(3)。ただし、「環境を通して行う教育」に焦点を当てて、通史的にその流れを扱ったものは管見の限り見られない。そこで、本稿では、1947年制定の学校教育法以降、「環境を通して行う教育」がどのように語られ、その位置づけがどのように変遷していったかを辿り、幼稚園教育における教師の専門性のあり方について批判的に検討する。

なお、文中「幼児」「子ども」といった呼称が混在するが、それぞれの文献史料の用い方をそのまま用いることとする。また、基本的に元号を避け、西暦で統一することとする。

1．幼稚園教育の目的

学校教育法における幼稚園教育の目的

幼稚園は戦後の教育制度の改革を受けて制定された学校教育法第1条において「学校」の一種であるという規定がなされ、正規の教育機関の最初の段階としての位置が確立された。

そして、第77条において「幼稚園は、義務教育及びその後の教育の基礎を培うものとして、幼児を保育し、幼児の健やかな成長のために適当な環境を与えて、その心身の発達を助長することを目的とする」と規定された(4)。『幼児教育百年史』においては、1926年に制定された幼稚園令(5)との違いが以下のように述べられている。

学校教育法と幼稚園令第1条とを比べると、その趣旨については実質的には大差はないが、特に二点において違いがある。その一つとして、幼稚園令においては「其ノ心身ヲシテ健全ニ発達セシメ善良ナル性情ヲ涵養シ」とあって、教育者が直接に「発達セシメ」「涵養シ」と働きかける表現をとっているのに対して、学校教育法では、幼児の心身の発達を助けるのに適切な、人的物的な環境を整えることによってその目的を果たそうとしていると。この点について『幼児教育百年史』においては、「ここに、近代的な幼児教育観の反映をうかがうことができる」と評価されている。もう一点は、「家庭教育ヲ補フ」という文言が削除された点である。これは、「家庭教育と幼稚園教育とが、相補うものであることは自明」であるために削除された面と、「家庭教育の内容を助けるだけにとどまって、幼稚園に独自な役割があることを無視するおそれがある」と考えられたことが要因であるとされている(6)。

幼稚園教育の目標

そして、続く第78条において、前述の幼稚園の目的を実現するために、次のような目標の達成に努めなければならないと規定された。

一　健康、安全で幸福な生活のために必要な日常の習慣を養い、身体諸機能の調和的発達を図ること。

二　園内において、集団生活を経験させ、喜んでこれに参加する態度と協同、自主及び自律の精神の芽生えを養うこと。

三　身辺の社会生活及び事象に対する正しい理解と態度の芽生えを養うこと。

四　言語の使い方を正しく導き、童話、絵本に対する興味を養うこと。

五　音楽、遊戯、絵画その他の方法により、創作的表現に対する興味を養うこと(7)。

この第78条における幼稚園教育の目標については以下のような説明がなされている。まず目標が５つに分かれている点に関しては、「幼稚園に於ける五つの目標を、はっきりした別々のものに区切るべきものでもないが、それぞれは違ったことである。この五つに分けたわけは、五つの方向があり、便宜上分けたのみならず」、「手近な目標なしには、その向こうは成立しない大切な五つを選んだ」。それは「健康の問題」「社会性」「社会生活」「文化に関する方面」「創作活動表現活動」と言い換えられている(8)。

保育という用語

学校教育法において「保育」という語が用いられたのは、「幼稚園の教育が他の学校の教育と違う在り方を示すため」である、と『幼児教育百年史』では解説されている。「従来の通念では、保育とは『保護養育』の略であったが、ここでは解釈を変えて『保護育成』若しくは『保護教育』の略と考えることとし」た(9)。つまり、「幼児の発達的な特質からみて、成人からの世話や保護と一体となった育成や教育を行うのが、幼児教育の特質である」とされたのである。

教育基本法及び学校教育法の検討を行った教育刷新委員会の委員及び幼児教育内容調査委員会委員を務めた倉橋惣三（1882-1955）は、保育を「幼児の幼い生活を細やかにケヤー即ち世話する事」であると言い換えている。「自らおのれを支えられぬhelplessな幼児である。誰かが世話しなければならない」。また、「教育者と教育を受ける者との人間的結びつき」「人間的接触」を含んでいる(10)。

後述するように幼稚園教育要領の変遷を通してその意味するところが少しずつ変化してきてはいるが、幼稚園教育の基本的なあり方は、1947年に制定された学校教育法における条文に依拠していると考えてよいだろう。

２．環境を通して行う教育―幼稚園教育要領の変遷を軸にして

保育要領における環境を通した教育

それでは学校教育法で言われる「適当な環境を与え」るとはどのようなことであろうか。

この点を考えるにあたって、幼稚園教育要領の改訂の変遷を検討することが必要となる。1947年に出された『学習指導要領（試案）』とほぼ時期を同じくして1948年３月に『保育要領』が刊行された。これは、幼児教育内容調査委員会によって審議された幼児保育要綱をそのまま保育要領として制定することとなった。保育要領は、CIE（民間情報教育局）の初等教育担当官として招聘されたヘファナン（Heffernan, Helen, 1896-1987）(11)との綿密な話し合いを経て、倉橋、山下俊郎、文部省の坂元彦太郎らをはじめとする委員らによって執筆された(12)。な

お、保育要領は厳密な意味における国の基準を示したのではなく、教育・保育の内容や方法について参考になる手引書という意味合いが強いものであり[13]、その点において教師の手びきとしての意味合いが強かった『学習指導要領（試案)』と性質を一にしていると言える。

「まえがき」には以下のような文章が記されている。

昔から、わが国には子供をたいせつにする習慣があるといわれているが、よく考えてみると、ほんとうに幼い子供たちにふさわしい育て方や取り扱い方が普及していたとはいえないであろう。…幼児のためには、その特質によくあった適切な教育計画がたてられ、適当な方法をもって注意深く実行されることが必要である。家庭においてそうあることが望ましいのはもちろんであるが、更に進んで何か特別な施設を設けることによって、その心身の発達と生長に応じてそれを助長する適当な環境を与えてやり、十分な教育や世話をする必要ができてくる[14]（強調は引用者）。

幼児の特質にあった「特別な施設」として幼稚園の必要性が強調され、また、学校教育法第77条における「適当な環境を与え」という文言が詳しく解説されている。

さらに幼児の興味や欲求をその出発点とする戦後の児童中心主義的な経験重視のカリキュラム観を反映したものと言える以下のような文言も記されている。

…この目標に向かっていく場合、あくまでも、その出発点となるのは子供の興味や欲求であり、その通路となるのは子供の現実の生活であることを忘れてはならない。幼児の心身の生長発達に即して、幼児自身の中にあるいろいろのよき芽ばえが自然に伸びていくのでなければならない。教師はそうした幼児の活動を誘い促し助け、その生長発達に適した環境をつくることに努めなければならない[15]（強調は引用者）。

このために、保育内容は「楽しい幼児の経験」と名づけられ、1．見学、2．リズム、3．休息、4．自由遊び、5．音楽、6．お話、7．絵画、8．製作、9．自然観察、10．ごっこ遊び・劇遊び・人形芝居、11．健康保育、12．年中行事の12項目が挙げられた。

倉橋における間接教育としての環境を通した教育

保育要領の制定に携わった倉橋は、教育方法における間接性の文脈で、「環境を通した教育」のあり方を説明している。ここで倉橋の環境を通した教育の考えについて考察を行いたい。

倉橋は、戦前の論文「就学前の教育」において、教師が教育的意図をもって環境を整える「間接教育」について以下のように述べている。

就学前の教育法が環境の力にまち、経験と薫染とによって行われるべきことは旧くより認められているところである。しかも、環境の価値はその実質的内容如何にあるのみならず、生活の形態を誘導する力において大なるものがあり、幼児教育法が特に環境を利用する時、この意味においてすることが多い。すなわち、幼児の環境は、幼児をして生活の自由度を生ぜしめ、新鮮味を感ぜしめ、おのずから自発の活動を誘発促進するものでなければならぬ[16]（下線は引用者）。

就学前の幼児期における教育法は「環境の力にまつ」と書かれている。その力とは、「生活の形態を誘導する力」であり、「自発の活動を誘発促進する」ものとして定義されている。環境の例としてはまず、広い園庭、明るい広間、原野、河原、海浜などの自然が例示されており、戸外が「環境としての自由さにおいて大いなる長所を有する」とされる。こういった自然の環境のみならず、保育室における物の配置も環境とされる。

環境は物の興味によって、その方面に幼児の生活を誘発し、物の配置によって、その形態に幼児の生活を誘導する。理由によらず、力によらず、物によるが故に自発性を害われない。しかして、その物の後には教育者の意図があり、意図を直接に行なわざる意味において、間接教育ということもできる。不用意なる教育者は言葉と力との直接による外、教育の方法を知らない。周到なる教育者は、まず環境一場所と物とを予め支配することによって、幼児を、その自発を失わせずして、意のままに支配する[17]（傍点は原著者、下線は引用者）。

すなわち、保育の場において、どのような「物」を選び、どこに配置するかに、教師の意図が含まれており、その点において「間接教育」と言えるのだと倉橋は主張している。「言葉や力」で子どもの行動を促すのではなく、教師が教育的意図をもって適切な「物」を適切な「位置」に配置することで、子どもの遊びを誘発し、子どもの生長を促すということが戦前のこの時期に述べられているのは注目に値する。

保育要領批判

この時期、小学校以降の教育課程においてコア・カリキュラム運動などの経験主義的なカリキュラムが盛んに研究実践されていたが、幼児教育においても同様に、研究熱心な幼稚園や研究団体、地方自治体を単位とした研究組織などで、幼稚園のカリキュラム案、その資料などを作成するところも多かった[18]。しかし、「幼児の自由な自発的な活動を重んずることには賛意を表しながら、やはり系統性や計画性が欲しい、という意見が多くなってきた」[19]。

たとえば小川は、保育要領において「幼児の自由活動の又は個性伸長の『機会を与える』とか、『なるべく』とか、『できる限り』とかやや控え目の表現を用いながらも、全体としては相当思い切った自由主義・個性主義を標榜しているように思える」と痛烈にその内容を批判している。「子供の個性を強調して、一定のわくにはめこむことや幼児を一室に集め、一律に同じことをさせる保育を望ましくないと拒否し、…遊戯の振りつけも、子供に創作させたらといっている」。そしてこれに対して、「現代的幼児観、幼児における自由並に個性の真義及び集団生活としての幼稚園教育としての立場から、本書は、やや一面観に陥っている傾きがあるのではないか」と指摘する。そして、「正しい意味での一律保育或は設定保育は、クラスを解体した自由な保育或はグループ保育と共に、幼稚園において、やはり必要であると思う」と述べている[20]。

この動きも、学習指導要領の系統性を求める当時の空気と軌を一にしていると言えよう。

幼稚園教育要領の刊行

こうした流れのなか、1951年に幼稚園教育の要領編集委員会が開かれ、幼稚園教育要領の作成に向けての話し合いが行われた。委員の一人である宮内は、保育要領の改訂の理由として、①保育指導書として幼稚園と保育所に共に適用されるものであり、系統的組織性を欠いている。このため、幼稚園の教育課程を編成するにも不便であり、教員養成にしても支障を来す、②小学校との関連がじゅうぶんに考えられていない、③学習指導要領一般編の改訂を期に、文部省のほうで改訂を計画した[21]ことにあると述べている。

こうして、1956年に幼稚園教育要領が刊行された。第1章の幼稚園教育の目標において、「幼稚園教育の目的は、幼児にふさわしい環境を用意して、そこで幼児を生活させ、望ましい方向に心身の発達がよりよく促進されるように指導することにある」と学校教育法第77条を挙げている。そのうえで、「しかし、この目的は、幼稚園教育の意図すべき一般的方向を指示したものであり、またきわめて抽象的、概括的である」と批判し、第78条の5つの目標をさらに具体的に述べたうえで、内容として「健康・社会・自然・言語・音楽リズム・絵画製作」の6領域に分けた。領域については、「小学校以上の学校における教科とは、その性格を大いに異にする」と記されている[22]。しかし、保育要領において「楽しい幼児の経験」が羅列されていたのに対して、幼稚園教育要領においては、それぞれの領域ごとに「望ましい経験」が示された。「幼稚園という環境において、多くの幼児たちが直接に経験し、かつ幼児に経験させることが望ましいと思われるおもなものをあげた」と幼稚園教育要領に書かれている。「楽しい幼児の経験」においては、幼児が主語であり、幼児が経験を「楽しむ」ことがめざされているのに対し、「望ましい経験」において「望む」のは大人の側である。この用語の用い方から見ても、系統性を重視した幼稚園教育要領の意図が見て取れる。坂元は、今回の教育要領には、小学校と幼稚園との教育は本質的に異なっているという倉橋らの考えが反映されなかったと述べているが、結果的に、幼稚園教育を小学校の準備教育と考えたり、6領域を小学校の教科のように考えて指導する例が多く見られた[(23)]。

たとえば森元・川上は、現場の幼稚園教師にインタビューを行っているが、「領域別に活動を考えたり、領域の名前から小学校の教科名を連想して、小学校の教科の内容につながる指導をする」例や「小学校のように領域別に時間を決めて指導する」例が見られたという[(24)]。

1964年版幼稚園教育要領改訂

こうした状況を受けて、1963年9月に「教育課程審議会『幼稚園教育課程の改善について』答申」が行われた。「幼稚園教育課程の改善」の項において、幼稚園教育の意義と独自性が次のように述べられている。「幼児の心性は、いまだによく分化せず、また身体諸機能の発達も未熟である。このような幼児の成長発達の特質に応じて、幼稚園においては、それにふさわしい環境を与え、その生活経験に即して総合的な指導を行ない、幼児の心身の発達がよりよく促進され、望ましい人格を形成するための基礎を培う」と。この文言が、森上によって「幼児教育の本質があの中に圧縮されている」と評価されている[(25)]。そして「ふさわしい環境を与え」「生活経験に即して総合的な指導を行ない」といった趣旨は、現行幼稚園教育要領である2018年版まで一貫して用いられている。

これを受けて出された1964年改訂版においては、当時の教育課程審議会の提言を受けて、小学校的でない、幼児の本質を十分とらえた幼稚園教育にするべきであるという基本方針が、第1章の総則に11の項目にわたって述べられた。森上によれば、1956年度の教育要領では、学校教育法の目標から演繹して領域が立てられ、その領域にふさわしい経験を選ぶという組み立てであったが、1964年度の改訂では、子どもの生活の中に丸ごとの経験や活動があり、そこに各領域のねらいがふくまれている、活動にはさまざまなねらいが達成される、そのねらいを分類、整理するとそれが領域になる、という考え方に変化したと考えられている。しかし、保育現場でのこの点の理解が十分でなかったために、領域を教科同様に扱う園が依然として多く存在していた[(26)]。

1989年版改訂

これらの問題を受けて、1989年版の改訂が行われたが、1956年の幼稚園教育要領において「きわめて抽象的、概括的である」と批判的に扱われていた学校教育法の幼稚園の目的にある「適当な環境を与えて」という文言を、1989年版では、「環境による教育」という言い方に改めて、総則の第一文に掲げた。

「幼稚園教育は、幼児期の特性を踏まえ環境を通して行うものであることを基本とする。このため、教師は幼児との信頼関係を十分に築き、幼児と共によりよい教育環境を創造するように努めるものとする。後略（第1章総則1幼稚園教育の基本）」[(27)]と。

ここに再び、「環境を通して行う教育」が幼児教育のあり方として強調されたのである。

1989年版の『幼稚園教育要領解説』において、「環境」は、子どもの生活圏としての保育室、園庭、園の周辺や園外において子どもが出会う動植物を含めた自然が例示される。さらに、園の遊具や素材などの物的環境だけでなく、幼児が園で出会う大人や教師、友達などの人的環境も含まれている。さらに「場所的自然」、「時間的自然」という倉橋の言葉を用いて、場所のもつ雰囲気や時間性をも環境に含めている[(28)]。

そして、これまで「望ましい経験」とされていた領域については、「幼稚園修了までに育つことが期待される心情、意欲、態度などであり、内容はねらいを達成するために指導する事項」と規定された。望ましい経験という言葉を避けた背景として、大場は「子どもからの出発」の意識の必要性とそのための具体的な保育の実践の再点検の努力への思いを述べている[(29)]。そして、小学校の教科と混同されがちであった6領域を、「幼児の発達の側面」から、心身の健康に関する領域「健康」、人とのかかわりに関する領域「人間関係」、身近な環境とのかかわりに関する領域「環境」、言葉の獲得に関する領域「言葉」及び感性と表現に関する領域「表現」の5つの領域へと編成し直した。

5つの領域は個々ばらばらに指導されるべきではなく、「遊びを通しての総合的な指導」が強調された。これは、「ある一つのまとまりのある遊びを提示して指導することではなく、子どもの遊びがどのような多様な意味をもって展開されているかを見きわめ、その遊びを支えていく、環境の設定や保育としてのかかわり方が、まず求められる」と説明されている。子どもの遊びにおいてそれぞれの領域の側面がどのように育っているかを見出し、5つの領域を考慮しながら、環境を構成し直していくことが求められていると言い換えられるだろう。

方法としての環境

戸田は、1989年の改訂を受けて書かれた『幼児教育への招待』において、保育の方法としての「環境」という用語を用いて「環境を通して行う教育」を解説している。「保育をするということは、その時どきもっとも適当な環境とはどのようなものなのかを保育者が判断し、それを工夫しながら整えていくこと」である。これは、教育方法としての「教材」「発問」「指示」などとは違い、子どもの主体性や自発性を生かそうとする方法であると戸田は主張する。「環境」は子どもをとりまくものであるが、それをどう利用するか、あるいは、利用するかしないかの選択も子どもの主体性に任されており、子どもをとりまく環境のどこに注目するかということも子どものその時どきの興味や関心による。この時期の子どもたちにとって、高度な「教材」が大人の巧みな「指示」によってできたとしても、そのできたということよりも、自分が「やってみたい」と思うことや、「自分で選んだり考えたり試したりした」という手ごたえをもつことの方が、この時期のこの子どもたちにとって重要であるとしている[30]。環境を構成するとは、教師が子どもの思いを理解し、さらに教師としての願いや見通しを実現するために、物的環境を整えていくとされている。さらに、子ども自身も環境を自ら変化させる存在である[31]。

ここで戸田が用いている「教師としての願い」とは、今の子どもの現状とその願いを理解した上で、未来のその子どもの育ちを見据えた上で、どのように育って欲しいか、どのように育つことが子どもの願いであるかを考慮に入れた上での願いと解釈できる。

3．環境を通した教育における教師の役割

計画的な環境の構成の強調

1989年版の幼稚園教育要領の改訂は、それまでの幼児教育のあり方を大きく見直すきっかけとなったと言ってよいだろう。さらに10年後に改訂された1998年版においては、「計画的な環境の構成」と「教師の役割の明示化」が特色として挙げられる。

これは、1989年版において、小学校の教科のように捉えられがちであった6領域から5領域へと転換されたことを踏まえて、「『幼児が遊んでいるのを遠くから見守っていればよい』といった風潮が支配的となり、その結果、わがままな、がまんのできない幼児にしてしまったという経緯があった」[32]からだと西久保は分析している。「がまんのできない幼児」と1999年頃から用いられるようになった「学級崩壊」とが結びつき、小1プロブレムと自由保育の関係性が取り沙汰されるようになった[33]。これらの事象の関係性に関するエビデンスがないままに問題視されたこと自体は問題であるが、これ以降、幼稚園および保育所と小学校との連携の重要性が認識され、いわゆる幼保小連携が推進されてきたことは不幸中の幸いと言えよう。

1998年版の『幼稚園教育要領解説』においては、「計画的な環境の構成」に多くの紙数が割かれている。

「幼稚園教育は、幼児自らが積極的に事物や他者、自然事象、社会事象など周囲の環境とか

かわり、体験することを通して、生きる力を育て、発達を促すものである」。ここで環境は、「事物、他者、自然事象、社会事象など」を指すと規定されている。そして、計画的な環境の構成が求められるのは、「教師が幼児の遊ぶのをただ放っておいてよいわけではない。なぜなら、幼児は遊ぶ中で常に積極的にかかわり、必ずしも望ましい方向に向かって発達していくわけではない」[34]と述べられている。ここでまた1956年版において用いられた「望ましい」という語が登場しているが、「望ましい方向」とは「幼稚園教育のねらいに示された方向に向かって発達していくこと」であると、あくまで方向性を示すという規定がなされている。さらに、「幼児が、どのような環境にいかにかかわるかを幼児自身にすべて任せていたのでは、望ましい発達は全くの偶然の出来事でしかなくなる。また、幼児は一人一人興味や関心を向けるものが異なる。しかし、どの幼児においても幼稚園教育のねらいが着実に実現されていくためには、幼児が必要な経験を積み重ねていくことができるように、発達の道筋を見通して、教育的に価値のある環境を計画的に構成していかねばならない」。しかもその計画は、「学期、年間、さらに、入園から修了までの幼稚園生活、修了後の生活という長期的な視点に立って幼児一人一人の発達の道筋を見通して現在の活動を位置付け、幼児の経験の深まりを見通すことが大切である」とされている。そして、「望ましい方向へ向かうために必要な経験ができるよう環境を構成していく必要」があると[35]。

計画的な環境の構成という概念は、経験主義的な教育のあり方を強調しつつ、そこに系統性をもたせていくことをめざしたものと分析できる。このあり方はしかし、幼稚園教育の難しさをさらに深めたと考えることもできる。

教師の役割の強調

このような環境の構成を計画的に行うのが幼稚園の教師にとって重要な役割とされる。1998年刊行の『幼稚園教育要領解説』においては、①幼児が主体的に活動できる環境を構成する、②教師自身が環境の一部として幼児にかかわることが示されている。幼稚園教育要領の改訂に携わった小川らによる『新幼稚園教育要領解説』も参照しながら、この点を見ていきたい。

まず、幼児が主体的に活動できる環境を構成するためには、幼児の周りにある様々な事物、生き物、他者（友達や教師)、自然事象、社会事象などがそれぞれの幼児にどのように受け止められ、いかなる意味をもつのかを教師自身がよく理解することとされる。そして同じ砂場であっても、幼児のそのときの状況によって「一人で安心していられることを求める場」であったり、「いろいろな型に詰めて形を作れるという砂のもつ面白さにひかれる場」であったり、「友達と一緒にトンネルを掘ることを楽しむ場」であったりもする。その時その場の幼児の状況を理解把握したうえで、教師は適切に援助し、その時期の幼児の環境の受け止め方や環境へのかかわり方、興味の在り方や方向、１日の生活の送り方などを理解し、そこから幼児一人一人にとって必要な経験を考え、適切な環境を構成することが求められている。また、幼児が活動に没頭し、遊び、充実感を味わっていくために、その活動にとって不要なものやかかわりを整理し、取り去ったり、しばらくはそのままにして見守ったりしていくことも必要とされる[36]。

また、教師自身も幼児にとっての環境に非常に重要な一部となっていることを認識して環境を構成するとされる。たとえば、教師自身が活動に参加するなど、興味や関心を共有して活動への取り組みを深める指導が重要になる。ここで、砂場の例を再度取り上げて詳しく見ていこう。

砂場で幼児たちが好む興味ある活動が展開され、安全性が確保されるように砂場を確保するとともに、幼児の活動が盛り上がるように、水を出すタイミングや、シャベルなどの大きさ、数などを教師が頭の中で構想し、用意すること、また、教師の砂場への参加によって、最近活動が盛り上る傾向があるので、教師がどの時点でどんな参加の仕方をするか、そして幼児たちが教師の存在に頼って自力で遊べなくならないようにするにはどうするかを前もって考えておくことが環境構成であると。

さらに教師の役割として重要であることとして、幼児一人一人とのかかわりにおいて信頼関係を確立し、一人一人の幼児を理解するとともに、集団としての幼児たちへの理解と対応をも行うことが求められる[37]。

このように、環境を通した教育について改めて詳しい解説がなされたが、その内容が具体的で分かりやすいものになされようとされると同時に、教師に求められるものもさらに多くなってきていると言えるだろう。

おわりに

現行幼稚園教育要領に至るまで

1998年の幼稚園教育要領改訂以降、2008年、2018年と２度にわたって改訂が行われ、現在は2018年版による教育が行われている。2008年版は、2006年に行われた教育基本法の改正において第11条に「幼児期の教育」という言い方で、幼稚園での教育と家庭や地域での教育が連携し、それを行政が支援する形で振興する点が述べられたこと、またそれに続く2007年の学校教育法の改正に伴い、第１条の最初に幼稚園が置かれたこと、それを受けて幼稚園の目的が第22条に定められたことなどを背景に改訂された。学校教育法の条項に若干の修正は見られたが、「適当な環境を与えて」という文言は変わっていない。2008年の幼稚園教育要領において「環境を通しての教育であることは、変わらない幼稚園のあり方」[38]と述べられている。

2018年の改訂は、資質・能力の３つの柱、主体的・対話的で深い学びの考え方を軸とした学習指導要領の改訂とその基本を共有したものとして実施された。幼稚園教育と小学校教育との円滑な接続を図ることをめざして「幼児期の終わりまでに育ってほしい姿」を示したのが大きな改訂の特徴と言える。今回の改訂においても、「環境を通した教育」としての幼児教育のあり方は変化せずに用いられている。

環境を通した教育の実践の難しさ

『保育要領』から幼稚園教育要領の変遷の歴史は、「適当な環境を与える」「環境を通した教育」という難しい概念をなんとかして、幼稚園教育の実践へと落とし込んでいこうとする、いわば試行錯誤の軌跡とも言えよう。

保育要領においては、学校教育法第77条に挙げられている「適当な環境を与える」という文言がまえがきに詳しく解説された。その背景には、倉橋の間接教育としての環境を通した教育の考え方が色濃くにじんでいたと言える。しかし、重視された経験主義的な幼児教育のあり方は、当時の系統主義的な教育への方向付けともあいまって批判がなされ、1951年の幼稚園教育要領制定に繋がる。そして、「幼児にふさわしい環境を用意して」行うという目的が「きわめて抽象的、概括的である」と批判されることになった。環境を通して総合的に行うことを求めた執筆者側の意図がうまく現場に伝わらず、領域別の小学校のような指導がなされ、それを受けて1963年の答申、1964年の改訂に繋がるのであるが、実際に「環境を通して行う教育」が前面に押し出されたのは1989年版であった。しかしここでもうまく意図が伝わらず、ただ見守っていることが環境を通した総合的な指導であるといった誤解を生んでしまった。そこで、1998年版において計画的な環境構成の必要性が強調されることとなり、環境を通した教育のあり方が実践に浸透していくこととなった。

「環境を通して行う教育」という概念がなかなか浸透しなかったのはやはり、この概念の難しさ（分かりづらさ）にあるだろう。しかし、分かりやすいことがよいこととは言えず、教育の本質的な部分がある意味曖昧で、言葉にすることが難しいというのは、小学校以降の教育においても共通する部分と言えるだろう。このように一義的に規定するのが難しい環境を通した教育としての教師の専門性を、教員養成の場で受講者に伝え、幼児教育の本質を踏まえた幼稚園教師を育成していくための方途は、様々に工夫されていると考えられる。今後は、この点に関する研究が求められるだろう。

また、環境を構成する際にどのような「教育的価値」をそこに込めているか、その「価値」が子どもの育ちにおいて本当に「よい」ものだと言えるかという問いも残っている。いわば、教師の側の価値観、教育観の見直しとアンラーンが求められるのである。この点に関しては、別稿にて扱うこととしたい。

注・引用文献

(1)酒井朗「教育方法からみた幼児教育と小学校教育の連携の課題—発達段階論の批判的検討に基づく考察—」『教育学研究』81(4)、日本教育学会、2014年、384-395頁。

(2)大山博幸「教育とケアの多層性を生きる教育者/保育者の存在様式についての考察—幼児教育・保育における環境構成概念の検討を通して」『十文字学園女子大学紀要』49巻、2019年、57-70頁。

(3)鳥居希安・戸田雅美「高杉自子における『環境』概念の実践的吟味—『環境を通して行う教育』をめぐる実践事例への批判的アプローチに着目して」『東京家政大学研究紀要』第62集(1)、2022年、21-30頁。

(4)1947年学校教育法制定当初、幼稚園の目的は第77条に規定されていたが、2007年の学校教育法の改正において第22条に変更となった。

(5)幼稚園令第1条「幼稚園ハ幼児ヲ保育シテ其ノ心身ヲシテ健全ニ発達セシメ善良ナル性情ヲ涵養シ家庭教育ヲ補フヲ以テ目的トス」(大正15(1926)年4月22日勅令第74号)。

(6)文部省編『幼稚園教育百年史』ひかりのくに、1979年、302-303頁。

(7)学校教育法第78条、1947年制定。(https://www.mext.go.jp/b_menu/shingi/chukyo/chukyo3/siryo/attach/1347074.htm、2022年6月28日最終閲覧)

(8)倉橋惣三「学校教育法における幼稚園(二)」『幼児の教育』46巻6号、日本幼稚園協會、1947年、24-25頁。

(9)保育という語を「教育」と「ケア」との結合体であるとする考えは、例えばユネスコが万人のための教育実現の文脈でECCE(Early Childhood Care and Education)を、さらにOECDが持続可能な経済開発に関わってECEC(Early Childhood Education and Care)という概念を提唱し、その重要性の喚起に努めていることからも伺える(日本比較教育学会編『比較教育学事典』東信堂、2012年、202-203頁)。

(10)倉橋惣三「学校教育法における幼稚園(一)」『幼児の教育』46巻5号、日本幼稚園協會、1947年、29-30頁。なお、引用に当たっては旧字体を新字体に変換させていただいた。

(11)ヘファナンは、1930年代にアメリカ国内で展開されたカリキュラム改造運動の一つの極に位置づけられるカリフォルニア・プログラムの開発・創造に責任を負った人物であり、初等教育の教育内容改革にふさわしい人物として招聘された(加藤繁美『保育・幼児教育の戦後改革』ひとなる書房、2021年、298頁)。

(12)岡田正章・久保いと・坂元彦太郎・宍戸健夫・鈴木政次郎・森上史朗『戦後保育史』第1巻、1980年、フレーベル館、30-43頁。

(13)『幼稚園教育百年史』304-305頁。

(14)文部省『保育要領—幼児教育の手びき—』1948年。

(15)同上。

(16)倉橋惣三「就学前教育の本質」『倉橋惣三選集』3巻、1965年、フレーベル館、431-432頁。

(17)同上書、432頁。

(18)兵庫師範付属明石幼稚園の明石プランなどコア・カリキュラムの流れを汲んだ取り組みが行われた(『戦後保育史』1980年、52-61頁。)

(19)『幼稚園教育百年史』335頁。

(20)小川正通「『保育要領』批判」『幼児の教育』日本幼稚園協會、48巻、2-3号、1949年、32-35頁。

(21)宮内孝「幼稚園教育要領(案)とその問題(第2回)」『幼児の教育』54(4)、1995年、34-40頁。

(22)文部省『幼稚園教育要領』フレーベル館、1956年(https://erid.nier.go.jp/files/COFS/s31k/index.htm、2022年6月28日最終閲覧)。

(23)岡田正章・久保いと・坂元彦太郎・宍戸健夫・鈴木政次郎・森上史朗『戦後保育史』第2

巻、1980年、36-43頁。

(24)森元眞紀子・川上道子「保育内容に関する研究(I) ―平成元年版幼稚園教育要領改訂に焦点を当てて―」『中国学園紀要』第7号、109-120頁。

(25)『戦後保育史』第2巻、46-47頁。

(26)森上史朗他『幼稚園教育要領解説<平成元年告示>』1989年、26頁。

(27)文部省『幼稚園教育要領(平成元年3月)』大蔵省印刷局、1989年。

(28)大場牧夫・高杉自子・森上史朗編著『幼稚園教育要領解説〈平成元年告示〉』フレーベル館、1989年、39-45頁。

(29)同上、34-35頁。

(30)戸田雅美「保育における環境のさまざまな意味」森上史郎編『幼児教育への招待』ミネルヴァ書房、1998年、128-129頁。

(31)同上書、130-131頁。

(32)西久保礼造『幼稚園の教育課程』ぎょうせい、1999年、44頁。

(33)たとえば、須藤康介「学級崩壊の社会学－ミクロ要因とマクロ要因の実証的検討―」『明星大学研究紀要―教育学部』第5号、2015年、47-59頁。

(34)文部省『幼稚園教育要領解説』フレーベル館、1999年、35頁。

(35)同上。

(36)同上、20-44頁。

(37)小川博久・森上史朗・小田豊・神長美津子編著『新幼稚園教育要領の解説』ぎょうせい、1999年、14-21頁。

(38)無藤隆・柴崎正行・秋田喜代美編著『平成20年改訂　幼稚園教育要領の基本と解説』フレーベル館、2008年、14頁。

ABSTRACT

Teacher Expertise in Kindergarten Education
—As a provider of education that takes place through the environment—

MURAI Naoko
(Kyoto Women's University)

Although kindergartens are positioned as schools under the School Education Law, they differ from school education after elementary school, and thus the expertise of teachers differs in some respects from that of elementary school and beyond. This study analyzes the meaning of teacher expertise in kindergarten by tracing the history of the transition from the postwar guidelines for childcare to those for kindergarten education, with "education through the environment" defined as unique to early childhood education.

The history of changes in kindergarten education guidelines since the publication of "Guidelines for Child Care and Education" in 1948 can be seen as a trail of trial-and-error in trying to incorporate the difficult concepts of "providing an appropriate environment" and "education through the environment" into the practice of kindergarten education. One of the reasons this concept is difficult to understand is that kindergartens have a history of providing education in advance of elementary school education or emphasizing watching over the children without providing any educational activities.

Since the 1998 revision, when the term "planned environmental composition" was used, "education through the environment" has finally come to permeate practice in childcare settings. However, the concept remains ambiguous and difficult to understand. How to teach "education through the environment" in the field of teacher training is an issue for the future.

Keywords **: Course of Study for Kindergartens, Education Through the Environment, Expertise of Kindergarten Teacher, History of Early Childhood Education after WWII, Role of Kindergarten Teacher**

幼小連携に臨む幼稚園教職課程・小学校教職課程の併設の課題と展望

矢野　博之（大妻女子大学）

1．はじめに

本稿で論じるのは、幼稚園教諭のための教職課程と小学校教諭のための教職課程に関する大学における教員養成をめぐる問題である。とりわけ、近年の教員をめぐる諸制度・法令について、教育職員免許法改正（2016年11月）及び同法施行規則改正（2017年11月）、それに付随して「教職課程コアカリキュラム」の策定から教職課程認定基準の改正と変更が相次いだ流れの中での、幼小期に携わる教職課程に及ぼした影響とそこから生じた課題について論じていく。

先に整理しておくと、教員免許状には、専修・一種・二種の別があり、専修免許状は大学院での取得であり、二種免許状は短期大学での取得となる。本稿で論じる幼小教職課程については、その双方の教職課程の設置や運営は、4年制大学の学部段階での案件となる。そこで、本稿では断らない限り、大学学部段階での教職課程について論じている。

なお、以下、〈幼児教育〉という言葉を用いる場合、一般的には、幼稚園教育と同時に、保育所や認定こども園を含む幼児教育施設における教育を含めて意味するところとなる。そのため“幼児教育教職課程”と記すことでそれらを総合的に称することができるが、本稿では、それに対して〈幼稚園教職課程〉と記し分けて、とくに幼稚園教諭免許修得のための教職課程のことを指すものとする。それとは別に保育士の場合は、厚生労働省管轄下の保育士資格をもって当たるため、保育士資格課程がある。しかし、本稿はとくに、「幼小連携」や「幼小接続」をにらんだ議論であり、幼稚園と小学校の教育段階を扱うものである。ゆえに、幼稚園教職課程と「小学校教諭免許修得のための教職課程」（以下、〈小学校教職課程〉と略す）に関する議論となる（なお、同様に、中学校教諭免許修得のための教職課程は〈中学校教職課程〉と、高等学校教諭についてのそれは〈高等学校教職課程〉と略す）。

さらに、幼稚園教職課程を主眼とする立場からの議論と、小学校教職課程を主眼とする立場からの議論と、二つの視線の方向性が成立するが、ここでは後者の小学校教職課程の立場、そちらからの方向性の議論で進めていく。

議論の対象として、近年実施された各種教職にまつわる法制の改訂とそれにまつわる動向を視点としてこの問題を検討していく。その作業を通して、小学校課程＝初等教職課程のカリキュラムのフレームワークは何であるのか、ひいては、そもそも教職課程のフレームワークに必要となる要件についての議論となるだろう。

以下、幼稚園教職課程と小学校教職課程を併設しがちであった、幼児教育ないし初等教育を扱う大学をめぐる、近年の問題状況の整理から始めていく。

2．免許修得課程の設置状況

免許修得課程について、⑴課程の構造と構成、科目の配置、⑵単位数に表される条件、の二点について確認しておこう。

文部科学省の統計から、令和３年４月１日時点での、幼稚園教職課程・小学校教職課程に関して、教員免許状を取得することが可能な大学院・大学・短大の分布を見晴らしておく。

表1 各種免許種と修得課程の設置数

免許状		設置数 （通信課程）	幼小の 併設無
幼稚園	専修	134（5）	7
	一種	301（13）	80
	二種	212（10）	—
小学校	専修	161（5）	35
	一種	268（14）	47
	二種	21（0）	—

（文部科学省「教員免許状を取得可能な大学等」令和３年４月１日現在の教員免許状を取得できる大学、より作成）

幼稚園教諭免許を修得可能な教育機関は、専修免許については134（通信課程を含むと139、以下同じ）・一種免許301（314）・二種免許212（222）ケ所にのぼる（注：学科・専攻・コースと、教育機関ごとに定員を定めた最小区分の修得可能部署を１ケ所ずつに数えている）。一方、小学校教諭免許については、専修免許161（166）・一種免許268（282）・二種免許21（21）ケ所を数える。

そのうち、幼稚園・小学校課程の両方の一種免許を修得可能な部署は221ケ所にのぼる（注：ただし、両免許の同時修得が可能か、単一のみのいずれか一つの修得の選択であるかの別は各機関に依ることに留意）。それぞれ大学学部段階と想定すると、実に、幼稚園教職課程設置機関では301ケ所中の221ケ所、すなわち73.4％の部署が、小学校教職課程設置機関では、268ケ所中の221ケ所、82.5％の部署が、幼小の両免許について修得できる課程を有するものとなっている。

３．科目の開設と配置・構成に根差す問題性

これらの大学では、教職課程認定基準に則り、教職員免許法及び教職員免許法施行規則に定められた科目を履修するために、必要な授業科目を開設していくことになる（教職課程認定基準３ないし４、等）。

幼稚園教職課程も小学校教職課程も、それぞれの構成は、「教育の基礎的理解に関する科目」「道徳、総合的な学習の時間等の指導法及び生徒指導、教育相談等に関する科目」「教育実践に関する科目」（と「大学が独自に設定する科目」）について、それぞれ必要単位数分の科目を設置する点は共通する（次頁表２参照）。

さらに、幼稚園課程においては「領域および保育内容の指導法に関する科目」、小学校課程（ないし、中学校課程・高等学校課程では同一の構成になる）においては「教科及び教科の指導法に関する科目」をそれぞれに必要単位数分を置かねばならない。この欄については、幼稚園課程では「幼稚園教育要領」に示された５領域（「保育所保育指針」「幼保連携型認定こども園・保育要領」と共通）があり、一方、小学校課程では、小学校の各教科が10教科あることから、それぞれの領域・教科に対応した指導法などの専門的事項が科目として定められる。ここにまず幼稚園段階から小学校段階への連携・接続と、小学校段階から中学校段階へのそれとでは異なる事情が生じる。前者は幼稚園課程に示される５領域と小学校課程の10教科が対置される関係性であり、後者は小学校課程10教科と中学校課程上の修得する免許に定める１教科との関係性である。後述するように、その違いは、課程上、設置科目を展開する上で、担当教員の専門性を明確に制約することから、教員の配属に影響することとなる。

第二に、この開設科目と単位数について量的にみるべき問題がある。「大学設置基準」に則ると、まず大学教育においては卒業要件として「124単位以上の履修」（第32条１）が定められている。さらに、各大学にはCAP制と呼ばれる履修単位の上限制度が設けられている。これは大学の単位制度を実質化する議論に関係し、今やたいていの大学に設けられている。現在では、124単位を概ねの卒業要件として定める大学がほとんどであろう（単位制度を鑑み、一科目につき予習復習を併せ半期15回を２単位として、一日の勉学に充てられる時間から逆算して、４

表2　免許状の授与に必要な単位

免許状の授与に必要な単位　①

幼稚園教諭免許状

	各科目に含めることが必要な事項	専修	一種	二種
領域及び保育内容の指導法に関する科目	イ 領域に関する専門的事項 ロ 保育内容の指導法(情報機器及び教材の活用を含む。)	16	16	12
教育の基礎的理解に関する科目	イ 教育の理念並びに教育に関する歴史及び思想 ロ 教職の意義及び教員の役割・職務内容(チーム学校運営への対応を含む。) ハ 教育に関する社会的、制度的又は経営的事項(学校と地域との連携及び学校安全への対応を含む。) ニ 幼児、児童及び生徒の心身の発達及び学習の過程 ホ 特別の支援を必要とする幼児、児童及び生徒に対する理解(1単位) ヘ 教育課程の意義及び編成の方法(カリキュラム・マネジメントを含む。)	10	10	6
道徳、総合的な学習の時間等の指導法及び生徒指導、教育相談等に関する科目	イ 教育の方法及び技術(情報機器及び教材の活用を含む。) ロ 幼児理解の理論及び方法 ハ 教育相談(カウンセリングに関する基礎的な知識を含む。)の理論及び方法	4	4	4
教育実践に関する科目	イ 教育実習(学校体験活動を2単位まで含むことができる。)	5	5	5
	ロ 教職実践演習	2	2	2
大学が独自に設定する科目		38	14	2
	合計	75	51	31

※免許状(幼、小、中、高、養、栄)の授与に当たっては、表の単位のほか、日本国憲法2単位、体育2単位、外国語コミュニケーション2単位、情報機器の操作2単位の計8単位を別途修得する必要がある。

小学校教諭免許状

	各科目に含めることが必要な事項	専修	一種	二種
教科及び教科の指導法に関する科目	イ 教科に関する専門的事項 ロ 各教科の指導法(情報機器及び教材の活用を含む。)(各教科それぞれ1単位)	30	30	16
教育の基礎的理解に関する科目	イ 教育の理念並びに教育に関する歴史及び思想 ロ 教職の意義及び教員の役割・職務内容(チーム学校運営への対応を含む。) ハ 教育に関する社会的、制度的又は経営的事項(学校と地域との連携及び学校安全への対応を含む。) ニ 幼児、児童及び生徒の心身の発達及び学習の過程 ホ 特別の支援を必要とする幼児、児童及び生徒に対する理解(1単位) ヘ 教育課程の意義及び編成の方法(カリキュラム・マネジメントを含む。)	10	10	6
道徳、総合的な学習の時間等の指導法及び生徒指導、教育相談等に関する科目	イ 道徳の理論及び指導法(一種:2単位、二種:1単位) ロ 総合的な学習の時間の指導法 ハ 特別活動の指導法 ニ 教育の方法及び技術(情報機器及び教材の活用を含む。) ホ 生徒指導の理論及び方法 ヘ 教育相談(カウンセリングに関する基礎的な知識を含む。)の理論及び方法 ト 進路指導及びキャリア教育の理論及び方法	10	10	6
教育実践に関する科目	イ 教育実習(学校体験活動を2単位まで含むことができる。)	5	5	5
	ロ 教職実践演習	2	2	2
大学が独自に設定する科目		26	2	2
	合計	83	59	37

(文部科学省「大学の教員養成に関する基礎資料集」所収(教員養成のフラッグシップ大学検討ワーキンググループ第1回参考資料1、2019.5.23))

年間、半期×8で、概ね120単位程度が順当な数値として定まってくる)。この124単位を当該学科の卒業要件単位数と仮に定めたとして、124すべてを当該学科の専門科目で満たすことは叶わない。例えば他の学科と共同教育課程を編成する学科であれば、共同教育課程に係る授業科目を31単位以上配置することが定められている。従って、教育学部や、教育系の専門による全一的な統一性を持った共同教育課程ではない限りは、教職とは別の「当該学科の専門性」に応えなければならない。ゆえに、純然と教職課程に関する科目で満たせるのは、数値上に限り、最大93単位まで（124-31）と仮に算出できる。ただし、大学設置審査基準要綱細則においては「一般教養的教育内容の取扱い」により、教育課程の編成上、一般教養的な教育内容を全部又は一部に含む授業科目を開設する必要性が示されている（*この一般教養的な教育内容と専門教育の教育内容との量的バランスは、各設置学科の個別具体から判断される)。このことから、93単位すべてを充てることは現実的にありえない（この一般教養的な教育内容に関しては、さらに免許状取得にあたって、教職課程外に設置される科目群の中に、日本国憲法2単位、体育2単位、外国語コミュニケーション2単位、情報機器の操作2単位の計8単位分の特定の科目を含みこまなければならない)。ここまでが開設の“容器”となる許容範囲である。

今度は逆算し、教職課程に必要な科目並びに単位数を確認していく。先の**表2**に示されるように、一種普通免許を修得する場合、幼稚園課程で51、小学校課程で59単位を要する。ところが、本稿で論じる幼稚園・小学校両方の教職課程を修得可能にする場合には、設置上の工夫を余儀なくされる。まず、学級担任制を主とする小学校教職課程は、全教科の指導法を修めることと児童の学校生活全般にわたる指導力の育成が求められる。一方、幼稚園教職課程は、一人一人の幼児の発達を着実に促す保育を実現する幼児理解の理論や方法を学ぶことと自発的な活動としての遊びを重視しそれを通して総合的な保育や指導を実現する力が求められる。このような、それぞれ固有の内実と特性をもつ課程としての学びを要する、小学校教諭第一種免許状と幼稚園教諭第一種免許状の教職課程を同時履修するならば、原則的に単純総和でも110単位(59＋51)が必要となる。すなわち、二つの“似て非なる”(共通性・連続性は当然だが、あえて、その異なる部分を大事にみてこのように表現しておく）教職課程を同時履修するということは、自ずと、そもそも先述した最大93単位までという目安を大きく上回る。数値でいえば両課程の単純総和の110単位は既に許容範囲の93単位を17単位超過しており、科目数に換算して8ないし9科目は卒業要件か一般教養的な科目の中に埋め込まなければならなくなる。もちろん免許・資格に関する科目数は、卒業要件の124単位のうちに収めてしまうことは厳密に求められるものではないが、単位の実質化論から派生する時数計算から妥当とされる124単位に比すると超過感は払拭できない。

そこで、一般的に、異なる二つの免許取得のための教職課程の履修については、条件によって、双方に当てはめることが可能な科目が定められ、共通開設することで負担の軽減が図られる。例えば、同一学部同一学科内に小学校教職課程と幼稚園教職課程がともに設置されている場合は、共通で修得する科目(「教育の基礎的理解に関する科目」「道徳、総合的な学習の時間等の指導法及び生徒指導、教育相談等に関する科目」「教育実践に関する科目（教職実践演習)」について共通開設が可能な科目がそれぞれ示さ

図１　卒業要件と各科目・課程のイメージ図

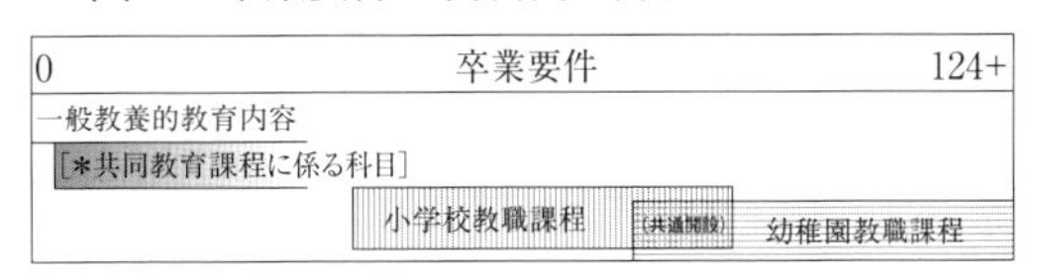

表３　共通開設科目の開設可能範囲（同一学科開設）

<table>
<tr><th rowspan="2">免許種</th><th colspan="4">教科及び教科の指導法に関する科目</th><th rowspan="2">教育の基礎的理解に関する科目</th><th colspan="11">道徳・総合的な学習の時間等の指導法及び生徒指導、教育相談等に関する科目</th><th colspan="3">教育実践に関する科目</th></tr>
<tr><th colspan="2">教科(領域)に関する専門的事項、養護(栄養に係る教育)に関する科目</th><th>各教科(保育内容)の指導法</th><th>(複合科目)</th><th>道徳の理論及び指導法</th><th>総合的な学習の時間の指導法</th><th>特別活動の指導法</th><th>道徳、総合的な学習の時間及び特別活動に関する内容</th><th>教育の方法及び技術</th><th>教育の方法及び技術(情報機器及び教材の活用を含む)</th><th>情報通信技術を活用した教育の理論及び方法</th><th>生徒指導</th><th>教育相談</th><th>進路指導</th><th>幼児理解</th><th>教育(養護・栄養教育)実習</th><th>学校体験活動</th><th>教職実践演習</th></tr>
<tr><td>幼</td><td colspan="2">△ ※1</td><td>×</td><td>×</td><td rowspan="6">○</td><td></td><td></td><td></td><td></td><td></td><td>○ ※5</td><td rowspan="6">○ ※6</td><td></td><td rowspan="6">○</td><td></td><td>×</td><td rowspan="4">○
○ ※7
○</td><td rowspan="4">○
○ ※7
○</td><td rowspan="4">○</td></tr>
<tr><td>小</td><td></td><td rowspan="3">特定の教科等の組合せの場合○</td><td>特定の教科等の組合せの場合○</td><td>×</td><td rowspan="2">○ ※2</td><td rowspan="3">○ ※3</td><td rowspan="3">○ ※4</td><td></td><td rowspan="3">○ ※5</td><td></td><td rowspan="5">○</td><td rowspan="3">○</td><td></td></tr>
<tr><td>中</td><td rowspan="3">同一の教科又は特定の教科の組合せの場合○</td><td rowspan="2">同一の教科又は特定の教科の組合せの場合○</td><td rowspan="2">同一の教科又は特定の教科の組合せの場合○</td><td></td><td></td><td></td></tr>
<tr><td>高</td><td></td><td></td><td></td><td></td></tr>
<tr><td>養護</td><td></td><td></td><td></td><td></td><td></td><td rowspan="2">○
※2～4</td><td></td><td rowspan="2">○ ※5</td><td></td><td></td><td>×</td><td>×</td><td>×</td></tr>
<tr><td>栄養</td><td colspan="2">×</td><td></td><td></td><td></td><td></td><td></td><td></td><td></td><td></td><td>×</td><td>×</td><td>×</td></tr>
</table>

※1：施行規則附則第7項により幼稚園教諭の教職課程の「領域に関する専門的事項」を改正前の施行規則第2条による場合は、小学校との共通開設が可能となる。（令和4年度末まで）
※2：養護教諭及び栄養教諭の「道徳、総合的な学習の時間及び特別活動に関する内容」の道徳に関する内容部分のみであれば併せて共通開設可。
※3：養護教諭及び栄養教諭の「道徳、総合的な学習の時間及び特別活動に関する内容」の総合的な学習の時間に関する内容部分のみであれば併せて共通開設可。
※4：養護教諭及び栄養教諭の「道徳、総合的な学習の時間及び特別活動に関する内容」の特別活動に関する内容部分のみであれば併せて共通開設可。
※5：幼稚園教諭、養護教諭、栄養教諭の「教育の方法及び技術（情報機器及び教材の活用を含む。）」の教育の方法及び技術に関する内容部分のみであれば、小学校教諭、中学校教諭、高等学校教諭の「教育の方法及び技術」と併せて共通開設可。
※6：幼稚園教諭、養護教諭、栄養教諭の「教育の方法及び技術（情報機器及び教材の活用を含む。）」の情報機器に関する内容部分のみであれば併せて共通開設可。
※7：小学校教諭、中学校教諭の課程で共通開設する授業科目は、幼稚園教諭又は高等学校教諭の課程における授業科目として共通開設することはできない。

文部科学省「教職課程認定申請の手引き」(令和５年度開設用)

れ、その分節減ができる（表3参照）。この措置により履修すべき単位数は幼小併せて87単位にまで抑えることが可能となる。さらに「教育実習」5単位を共通開設にすると82単位に抑えられるが、その適否をにらんだ実際の運用はいずれの大学も慎重だと推量される。

卒業要件の124単位中をにらみながら、どの程度まで教職課程に充てるかは、現在の大学事情から鑑みれば、すでに何かしらの読み替えや読み併せによる科目数縮小の方向で執り進めていく向きが容易となるであろう。

4．科目設定の内実の問題

問題は単位数という量的論点にとどまらない。こうして絞られる科目の内実にも内在する。例えば、小学校教職課程の視点からみた最たる課題の一つは「教科及び教科の指導法に関する科目」である。この欄は、30単位を必要単位数としているが、小学校の学校教科数10に照らすと、各教科の専門的事項に1科目2単位ずつで20単位、指導法は各科目1単位ずつに抑えたとして10単位の換算になる。教科の指導法は1単位ずつでようやく10教科を網羅するに留まることになる。元来、教科担任制を基本とする小学校教諭は、そのキャリア上生涯にわたって低学年や中高学年のいずれか一方の担任として完全に偏ることは考えにくく、結果10教科すべてを指導する可能性がある。そもそもの小学校教職に対する理解を鑑みても、最低でも10教科すべてに対する指導上の養成教育を十全に行うことの是非は今一度検討されるべきではないのだろうか。

実際は、上記のように絞られる向きの「教科に関する科目」については、各大学学部学科の裁量の中で、免許状授与の必要単位数59を超過する単位数の科目に置くことで補填されているのだろう。だが、単位の実質化論や卒業要件上限問題とはそぐわないことから、結果的に、その開設は最小限度に押しとどめられるか割愛も辞さないのが現実である。卒業要件外であることから、教職課程は下限の設定で運営されるのが自然な動態だからである。実際に現役の小学校教員の中に、大学在学時の教職課程では終ぞ扱われることのなかった教科に関する科目を有する事例も散見される。この問題をどう解消すべきなのだろうか。

この科目の内実にまつわる案件は、異なる教職課程間の流れや接続を考えていく上で看過できない、さらなる問題性もはらんでいる。

中教審・教員養成部会の議論（「中間まとめ」2016年7月16日）での要点は、大学の教職課程における「教科に関する科目」が専門的領域に偏った詳細な内容の講義であった点の指摘であった。教職課程における実践的力量（教科の教育や指導に関する専門性）と、いわゆる市民的教養（教科教養）の両面での養成が期待される中、その〈偏り〉が問題視されたわけである。本質論的に言えば、〈学問的知見をふまえ相対化しながら学習の指導に生かしていく〉という教職ならではの専門性がここに求められる。これは、昨今注目されるPCK論にも相当する教職の専門性においては重要な論点である。にもかかわらず、相当する教科に関する科目の設置の上で、この問題は十分に消化しきれず、対応が行き届いていないとみなさざるをえない現実がある。

こうした両課程の〈連携・接続〉の要となる専門性をどのように担保し配置するのかという本質的課題の前に、現実にはその担い手としての科目担当者の採用や配属の問題が具体的にのしかかる。

2017年の課程認定基準の改正に伴う大学現場と文部科学省との問答を事例に挙げよう。「領域に関する専門的事項」についてのQ&Aの一つに次の件がある[(1)]。「Q．幼稚園の教職課程において『領域に関する専門的事項』の科目を開設した場合、幼稚園及び小学校の教職課程において教科と領域の共通開設が困難になるかと思われるが、それぞれの過程において専任教員を確保しなければならないのか？」というものである。この問いに対して、「幼稚園の『領域に関する専門的事項』と小学校の『教科に関する専門的事項』を取り扱う科目の共通開設はできない」と回答されている。ただし、それら両方を担当する専任教員を、幼小各課程において専任教員とすることは認められている。とはいえ、当該教員が「両方の科目を担当することが適当な業績を有していることが前提」となっていることから、容易な読み替えや使いまわしは利かないよう釘が刺されていることに変わりはない。

結果的に、〈接続・連携〉を謳いその担い手に求める課程上の科目設定としては、本質的課題に応える科目設計や配置以前に、必要科目数を量的に抑えた併置による単純和の設計となる傾向に抗うことは至難となっている。

5．幼小の連携・接続を目指した教職課程の設置のために

では、〈連携・接続〉を謳うにあたって、その両課程をより接近させる内実的な状況についてはどうであろうか。

幼小に先立ち、幼稚園課程と保育士課程についての〈連携・接続〉問題がある。ただし、こちらはその歴史は古く、明治期に遡って幼稚園の設立当初から存在している。昭和38（1963）年の文部省・厚生省通達で整備の声が高まり、その後の認定こども園制度の創設（平成18年）と停滞を経て「子ども・子育て支援新制度」の施行（平成27年）へと、幼保一元化論は進展してきている。その一方で、文部科学省管轄下の幼稚園教員免許体制と、厚生労働省管轄下の保育士資格体制との別となってきた「幼保二元体制」は、必然的に、高等教育機関での養成課程について二元的養成カリキュラムを伴うものとしてあり続けてきた。その編成論議や運営の実態は、幼保一元化議論の高まりの中で、単位の乗り入れや読み替えなどの共通化の工夫を施しながらも、現実には悩ましい課題として今もある。

このような幼保のカリキュラム編成に、さらに幼小連携論議の中で小学校教職課程との擦り合わせが加わることは、3つの課程をどう並べるのか、どう積み重ねるのか、などといった個別要素の配置の問題ではない。幼保一元化の議論に幼小の連携・接続の議論をいかに組み合わせるのか、両議論を単純積算や矮小化するものではなく、準拠枠のレベルから位置づけ直す試みがまずは求められよう。その議論に踏み込むことは別の機会に譲ることとし、ここでは、議論の土台の重要性の指摘にとどめておく。

こうした土台を前提として、ここからは幼小のカリキュラム編成上の要件を検討しておこう。例えば、幼小連携を今も刺激し、誘導している重要な一つにスタートカリキュラムとしての生活科の位置づけ方を軸とした議論がある。では、それについて例えば、大学の養成課程の中での取扱いとして、生活科教育論に関する科目＋生活科の指導法に関する科目、小学校課程の教育課程論、幼稚園課程の教育課程論、といった各科目を併置することで、果たして、スタートカリキュラム論を扱い、それを構想・実施・運営・評価していくことのできる素養は準備されうるのだろうか。スタートカリキュラムに呼応するようにアプローチカリキュラム（小学校就学前段階側からみた接続期の対処）も併せて理解しておくことは重要である。

このように、小学校教諭免許状と幼稚園教諭免許状の教職課程の双方の教職課程を併設して共に実働させていく上での要件を考えてみよう。

第一に、幼小の〈連携〉や〈接続〉をにらんだ上で、それを通底する資質や能力の養成を求めるべきではないだろうか。例えば、幼稚園教育要領で示される5領域と小学校の10教科の教科指導を全体的に見渡した知識とその実働をにらんだ専門的力量。さらに、アプローチカリキュラムとスタートカリキュラムを含めた接続期ないし年齢相当期の発達や学習についての理解、そして幼稚園段階と小学校段階の双方に通じる総合的な指導力（保育への理解も併せもちたい）を身に付けることが求められるだろう。さらには、教職論をより本質的に問うとするならば、これらを統合する基盤として、人権問題

や多様性と調和を課題とする現代社会を見つめ続ける哲学的アプローチで鍛えられたフレームワークを持ち合わせておくことが肝要である。

必要最低数の制限からなる科目群を単純総和型で並行させる幼小課程の併置に対し、〈連携・接続〉を実現していく要素をどう本質論として課程の中に具体的な形にしていくのか、還元主義を問う論議が必要ではないだろうか。

6．今後の幼小連携にまつわる養成課程の展望

今後「令和の日本型学校教育」を担う教師の人材確保・質向上プランが推し進められていく中で、小学校の免許修得可能な教職課程の在りよう・置き方にも変化が起きることが予想される。その背景には、少なくとも以下の3点は影響をもたらすだろう。

①免許修得に必要な総単位数が軽減される「義務教育特例」が新設されること、

②中学校教員免許状の既有者が追加で小学校免許状を取得することを促すことになる、要件の弾力化、

③そもそもの大学における小学校教職課程の設置要件が緩和されること

さらに、社会人等の多様な人材活用をにらんで小学校教員資格認定試験の見直しも提案されていることなども勘案すると、ますます小学校教職課程の対応や体制は変容していくだろう。

中教審教職課程の基準に関するワーキンググループによる「複数の学科間・大学間の共同による教職課程の実施体制について（報告書）」(2020）では、同一学部同一学科でなくとも、学校種の違いに関わらず必要かつ共通履修が可能な科目を大学内に開設可能とすることが提言されている(2)。

さらに今後、小学校に連なる中学校の教職課程の側にも小学校教職課程への影響が形を成していくことが予想される。

例えば、現行の体制下、中学校教諭免許状を保有する者が、義務教育学校の小学校段階において専門とする特定の教科以外の教科の指導を行う場合には、小学校教諭免許状が必要である。この場合、中学校の教師として3年間以上の勤務経験があれば、12単位（勤務経験が5年以上の場合は6単位）分の認定講習を修了することで小学校教諭免許状を取得することができる。すなわち、あえて大学の小学校教職課程を別途修了する必要もなく、小学校教諭二種免許状取得に必要な最低修得単位数37単位と比べても、約3分の1とかなり負担は小さくなる。

そもそも、「小中一貫」、「義務教育学校構想」、の推進は、2022年現時点では、幼小連携の論調を凌駕しているように見受けられる。施策や制度改革は小学校課程に対して中学校課程から“下ろしていく”向きで語られる。言うなれば「連携・接続」＜「一貫・一体化」とも表すべき向きは、大学の教職課程の設置あるいは課程改編上により大きな影響を与えると考えるのが妥当であろう。

さらに、具体的に語るならば、実際の課程運営上の取り扱いにおいても幼小の間と小中の間の“線引き”は悪しき意味ではなく歴然とある。「教科及び教科の指導法に関する科目（各教科の指導法)」については、いかなる見直しの検討のバリエーションの枠からも外れ、幼稚園教職課程と小学校教職課程・中学校教職課程・高等学校教職課程のあいだの共通化は全く想定されていない。もちろん、学校種別の区切り、その学修内容や対象となる学習者の発達段階を配慮するならば、その線引きにはそれ相応の妥当性があると考える。しかしながら、これが実際の課程設計や単位修得のシステム構築の視点から考えると、幼小双方の教職課程を隔てる“溝”となって歴然と効いてしまう。

さらに、2022年、小学校教育において教科担任制の導入が高学年に限ってではあるが本格的に導入され始めた（文部科学省「義務教育9年間を見通した教科担任制の在り方について」令和3年7月 義務教育9年間を見通した指導体制の在り方等に関する検討会議)。義務教育学校構想に絡んでの検討の結果であり、小学校段階の教育の内実から求めた結論というよりは、

中学校段階の上から下ろしてくる課程的措置としての結実であると読めてしまう。そのため、自ずと幼小の連携をねらう設計は、小中の連携をねらう設計に圧倒される向きになることは容易に想像できる。結果、各大学の教職課程は、小中の教職課程併設の重視へとシフトしていくだろう。つまるところ、幼小の〈連携・接続〉の議論とその対応としての両教職課程の設置の問題は、総じて中学校教職課程が小学校の免許取得可能な教職課程へと入り込んでいく改革の流れへと押し流されていくことになるだろう。

以下の表は、2019年時点での全国の市町村の幼小連携・接続の状況の実情（「ステップ」というレベル分けとその設置）である（柳澤・沖田2022）。

表４　全国の市町村の幼小連携・接続の状況（柳澤・沖田 2022：73）

	ステップ0	ステップ1	ステップ2	ステップ3	ステップ4	未設置
H28	9.7%	7.2%	57.6%	18.2%	6.6%	0.7%
R元	6.7%	5.8%	50.6%	26.5%	9.5%	1.0%

（「平成28年度幼児教育実態調査」及び「令和元年度幼児教育実態調査」より作成）

ステップ０：連携の予定・計画がまだ無い。
ステップ１：連携・接続に着手したいが、まだ検討中である。
ステップ２：年数回の授業、行事、研究会などの交流があるが、接続を見通した教育課程の編成・実施は行われていない。
ステップ３：授業、行事、研究会などの交流が充実し、接続を見通した教育課程の編成・実施が行われている。
ステップ４：接続を見通して編成・実施された教育課程について、実施結果を踏まえ、更によりよいものとなるよう検討が行われている。
未　設　置：幼稚園、幼保連携型認定こども園、保育所のいずれも未設置

2016（平成28）年からその後の３年を経ても、ステップ２のレベルが最頻であることに見えるように、全体にステップの上昇はみられるもののその歩みは捗々しいとは言い難い。幼小連携・接続の実態も、幼稚園・小学校レベルでの試行錯誤や諸プログラムの開発・提案はなされてきているが、幼小連携を推進する養成論・研修教育論は必ずしも足りてはいない。ステップ３に「接続を見通した教育課程の編成・実践が行われている」と定められ、ステップ３への移行が目標に掲げられていることが何よりの実情の証左であろう。

今後、幼小連携・接続に臨む教職課程について、検討していく指針を探しておく。教職課程の質の保証及び向上に関する仕組みとして、中教審教員養成部会教職課程の基準に関するワーキンググループ報告書（2020）のなかに以下の５点に見直しのポイントが示された。

○全学的に教職課程を実施する組織体制
○教職課程の自己点検・評価
○外部専門家による検証
○教員養成の状況に関する情報の公表
○教職課程を担当する教職員に対する研修

これらに鑑みながら、なかでも２点目、３点目について、幼稚園教職課程・小学校教職課程・それらを併設する課程として、専門性の内実論に正対した本質的な議論が進んでいくことが望まれるのではないだろうか。

注

⑴教職課程認定基準４－１⑶（※２）、４－２⑷（※２）に関する事項より。文部科学省初等中等教育局教職員課『教職課程認定申請の手引き（教員の免許状授与の所要資格を得させるための大学の課程認定申請の手引き）』（平成31年度開設用）【再課程認定】、p.205

⑵ただし、その際には「教職課程の体系性や適切性を担保するために、大学が全学的に教職課程をマネジメントすることや、自己点検・評価をすることにより、教職課程の質の保証及び向上に努めることに留意する必要」が指摘されている（同報告書）。

参考文献

・小池由美子、2019、「幼児教育とことば─幼稚園教育要領の変遷に関する考察─」「教職課程センター紀要」第４号、pp.21-26。

・中央教育審議会初等中等教育分科会教員養成部会教職課程の基準に関するワーキンググルー

プ「複数の学科間・大学間の共同による教職課程の実施体制について（報告書）」（令和２年２月18日）p.16。
・中央教育審議会初等中等教育分科会教員養成部会教員養成部会審議まとめ（令和２年７月17日）。
・文部科学省「大学の教員養成に関する基礎資料集」（教員養成のフラッグシップ大学検討ワーキンググループ第１回参考資料 １ 、2019.5.23）。
・柳澤彰紀・沖田悟傳、2022、「学校段階等間の接続の視点を生かす学校経営の在り方」、「同志社大学教職課程年報」11号、pp.63-76。
・幼児期の教育と小学校教育の円滑化接続の在り方に関する調査研究協力者会議、2010、「幼児期の教育と小学校教育の円滑な接続の在り方について（報告）」（平成22年11月11日）。

ABSTRACT

Prospects and issues regarding the co-establishment of kindergarten and elementary school teacher training courses

YANO Hiroshi
(Otsuma Women's University)

This article discusses the integration of kindergarten and elementary school teacher training courses. The purpose is to identify practical issues and inevitable restrictions by describing the construction of teacher training courses under certain legal conditions with consideration of the number of credits. In particular, many universities that handle elementary education courses offer both kindergarten and elementary school teacher training courses because of social trends that connect kindergarten and elementary education. However, the revision of various systems related to the teaching profession from 2016 to 2017 has made it difficult for kindergarten and elementary school teacher training courses to coexist. Meanwhile, junior high school teacher training courses, driven by the "compulsory-education-school" concept, have easily permeated elementary school teacher training courses. Hence, the number of kindergarten and elementary school teacher training courses that should be integrated is expected to decrease. In a practical sense, the principle behind the composition of different teacher training courses has been limited to the minimum number of compulsory subjects for each course because of the limitation in the number of credits. Nevertheless, the specialty that differs from such "cooperation" and "connection" of courses is actively being discussed. In sum, this article highlights the need to deepen the discussion about the substance of teachers' profession and to design related subjects and curricula.

Keywords : **Kindergarten and elementary school cooperation, Kindergarten and elementary school connection, Teacher training course**

日本教師教育学会年報
第31号

3

〈研究論文〉

〈研究論文〉

教師にとって「子どもの貧困」に関わる経験はいかなるものか

―「学習」を語る方法に焦点を当てて ―

栗原　和樹（一橋大学大学院）

1．問題の所在

本研究は、教職に従事する以前に貧困問題に関わった経験についての語りの分析を行うものである。そしてその作業を通じて、教師教育において社会問題について学ぶことを議論するための示唆を得ることが目的である。

近年、教師教育において、様々な社会問題やそれにより子どもが抱える困難について、教師や教師になりゆく人々が学び、実践に活かす必要性が指摘されている[(1)]。その代表的なものの一つとして「貧困」がある。

2014年に『子供の貧困対策に関する大綱』が制定されるなど、2000年代後半から「子どもの貧困」は社会問題となっている。「子どもの貧困」問題の研究において、教師は、子どもとの日常的な関わりから貧困層が抱える困難を敏感に捉えることができる存在として位置づけられてきた[(2)]。

教師教育研究において、重要な文脈は、教師が上記の役割を担えるように、教師教育で「貧困」を扱う必要性が国内外において繰り返し指摘されているということである[(3)(4)]。日本においては、2017年にとりまとめられた『教職課程コアカリキュラム』に「貧困」が記載されるなど、政策上の動きにもなっている。また、実際に貧困層の子どもを多く抱える学校に大学生を派遣するプログラム（学校インターンシップなど）の実践報告がある[(5)]。

確かに、教師や教師になりゆく人々が「貧困」について学ぶことは、貧困層の子どもたちへの理解を深める契機になるという点で重要であるように思える。しかし、先行研究の多くは「貧困」を学ぶプログラムの実践報告にとどまっており、教員養成や教師教育で「貧困」について学ぶことが、教師になった後にどのような意味を持つ経験であるのかという点についてはほとんど明らかにされていない。この点を詳らかにしなければ、教師教育に対して過度な期待を寄せることになってしまう。

くわえて、後述するように、「貧困」は、それが「社会」の問題であるということが強調されてきた事柄である。本研究では、その「貧困」を学ぶことの意味を詳らかにすることで、冒頭に述べたように、「社会問題」を教師教育で学ぶことの見通しを得ることを目指したい。

以上の問題意識から、本研究では、現行の教師教育カリキュラムを、より先進的に推し進めた事例として「子どもの貧困」を課題とするボランティア活動に参加した経験を持つ教師へのインタビューデータを分析する。

本研究の構成は次の通りである。2節では、国内外の先行研究を整理したうえで、教師の経験をとらえるための分析方針を検討する。3節では、分析の対象となる「子どもの貧困」問題を課題意識としたNPO法人の概要およびインタビューについての詳細を述べる。その後、4節では、貧困を学んだことがどのように語られるのかを、5節においては、その貧困を学んだ経験がどのように教職との関連の中で語られるのかについての分析結果を述べる。最後に本研究の知見をまとめ、その知見が先行研究に対して有する意義を考察する。

2．分析の方針

2.1．先行研究の検討

日本では、教師教育研究の社会的文脈からの遊離[6]や、カリキュラムにおける多様性に関わる内容の位置づけの弱さ[7]など、貧困をはじめとした社会正義に関する研究の不足が指摘されてきた。それに対して、欧米ではそのような、「社会正義を志向した教師教育 Social Justice Teacher Education（以下、SJTE）」研究が一つの潮流として蓄積されている[8]。

SJTE研究の中では、白人であり中産階級出身というマジョリティの教師たちに社会的不平等の問題をいかに気づかせるのかということが重要な論点となっている。本研究で問題としている「貧困」についても、そこまで数は多くないものの同様の問題意識を有した研究がなされている[9]。

その中で、問題とされるのが教師の貧困観、つまり教師の貧困の捉え方である。そこでは、多くの場合、ある問題を個人と社会構造のどちらに帰属させるかという「個人vs社会構造」という図式が用いられる。例えば、ポール・C・ゴルスキ（Paul C. Gorski）は、教師の貧困観について「欠損志向（deficit ideology）」と「構造志向（structural ideology）」という理念型を提示している[10]。「欠損志向」は、貧困の原因を個人の資質や努力などの欠損に求める考え方であり、子どもの教育達成を阻んでいる様々な障壁への想像力を働かせることを妨げてしまうとされる。それに対して、「構造志向」は、所得や学習機会などの社会構造的な不平等を問題視する考え方である。当然、欠損志向ではなく構造志向へと教師の貧困観を変化させることが教師教育には求められる。つまり、貧困を個人ではなく、「社会」の問題として捉えることが求められている。

貧困をテーマとしたSJTE研究では、この「個人vs社会構造」という図式を用いて、教師教育プログラムの前後における教師の貧困観の変化を検討している。

しかしながら、そのような理念型を用いて教師の語りを分析する先行研究には、次の課題が指摘できる。それは、現実の個々の教師に対する関心が希薄であるという課題である。先行研究では、教師教育のカリキュラムをどのように整備すれば良いのかという点に主眼が置かれてきた[11]。しかし、安藤[12]は、そのような研究は「行政研修の体系化等には貢献したが、教師の成長を支援するという観点からは必ずしも十分なものではなかったと思われる」[13]と指摘する。そこでは、個々の教師の経験を見通すことに関心が向けられてこなかったことが課題とされる。

教育社会学は長らく個々の教師の経験に関心を向けてきた。しかし、教育社会学者の白松[14]は、教育社会学研究の多くも同様の課題に陥っていることを指摘する。例えば、教育社会学は「教職アイデンティティ確保やストラテジーの運用」といった枠組みを用いて、個々の教師の成長の多様性を明らかにしてきたが、それは結果として「教師の成長の実在を強化し、成長のエビデンスとしての標準化や技術の細分化に寄与してしまう」ことになる[15]。そのため、白松は研究者が用意した枠組み（例えば、ストラテジーや教職アイデンティティ）を教師の語りに投影せずに、個々の語りが「個別的関係的なコンテクスト」[16]の中でどのように構成されていくのか、その方法を読み解くことを提案している。

以上の議論を踏まえると、本研究において行うべきは、教師の貧困についての語りを研究者が用意した「個人vs構造」という類型のどこかに位置づけるようなことではない。そうではなく、貧困を学んだ経験についての教師の語りがどのような文脈のもとでいかに理解可能になっているのか、その方法に目を向ける必要がある。そのような方針は、エスノメソドロジー研究の伝統に位置づくが、次項ではこの点について検討する。

2.2. 分析の方針

本研究の分析方針は、エスノメソドロジーと課題設定を共有する「概念分析の社会学」[17]の視角に基づいている。これはある概念のもとでなされる人々の様々な実践のありよう、つまり「概念のもとでの実践の編制の探求」を目的とする社会学的な立場である[18]。

私たちは、概念を用いて日々の実践の場を秩序立てている。そして、人びとの実践の中で用いられている様々な概念の諸関係には、規範的な結びつきがあることが知られており、それは「概念の論理文法」と呼ばれる[19]。そのため、人びとの実践の中で用いられている「概念の論理文法」の記述は、そこで用いられている規範の記述となりうる。ここでの規範とは人々の行為を固定的に制約するものではなく、都度の文脈において人々に適切に用いられ、人々の行為やその説明の産出を可能にするものである。そのような規範の記述は、人々の社会的経験を見通すうえで重要な作業である。

この立場に基づいた上で本研究が着目するポイントとして次の2点を示しておきたい。

⑴貧困概念への着目

まず、教師の貧困観を「個人vs社会構造」という図式に当てはめて解釈するのではなく、個々の教師たちの語りの中で、貧困概念がどのように用いられているのかに目を向ける。

エスノメソドロジストの前田はある概念が人々の生活に入り込むことで、「新しい選択肢が選択可能になり、行為のための新しい機会が人々に開かれていく」ことがあるという[20]。先行研究が議論してきた、教師教育において「貧困」を「学習」することは、貧困概念が教師の日々の実践に入り込むことによって、これまでになかった新しい選択肢や行為の可能性を開いていくことにより貧困層の子どもたちを包摂することを狙ったものとして位置づけられる。他方で、重要な点として、そのような狙いがどのような実践の可能性を開いているのかということは、具体的な事例から検討する必要があることも、「概念分析の社会学」の方針が示してきたことである[21]。

以上を踏まえて、本研究では人びとの貧困概念の運用方法に焦点を当てる。

⑵「学習」の理解可能性

もう一つ、本研究では教師の貧困問題に関わった経験を見通すにあたって、教師の「学習」の語りの方法、つまり「学習」がどのように「学習」として相互行為の参与者たちにとって理解可能になっているのか、その方法に目をむける。

私たちは、様々な場面で「学習」について語ることがある。そこにはあることを「学習」として理解可能にする方法がある。この点について、有元[22]は、「学習」が可視化される条件として「同一性と変容」、つまりある課題についての同一性（同じ算数のテスト）と、その実践についての変容（間違えた問題に正解する）という二つを概念的に特定した。この有元による指摘を踏まえて、五十嵐[23]は、その二つの条件が人々の実践の中で可視化される方法に目を向ける必要性を提起している。

以上の意味での人々の方法に照準することは、「学習」がどのような社会的文脈のもとで可能になっており、また「学習」が達成されることでどのような社会的文脈が作り上げられているのかに着目することである[24]。つまり、本稿の関心に引き付けると、貧困を「学習」した経験を詳らかにするためには、彼／女らが、どのような方法によって自身の経験を「学習」として理解可能にしているのかを分析する必要がある。さらにまた、その「学習」の経験がどのような他の行為の説明と連関しているのかを検討することが必要なのである。

その際、重要なことは本研究の課題が貧困についての「学習」であるということだ。貧困という概念は、人々に道徳的振る舞いを要請する概念である[25]。そのため、本研究が明らかにする貧困の「学習」についての記述は、教師たちによる道徳的な自己を呈示する方法の記述でもある。

以上のような方針のもとで検討される個々の

教師の経験の語りは、その場で用いることができる「一般性」を伴った規範を参照して「固有性」の物語である[26]。そのため、本研究は、教師が用いる「一般性」のある規範の記述を通して、教師の個々の物語がどのように形作られるのかを分析するものである。

3．分析の対象

本稿では、NPO法人Learning for All（以下、LFA）が実施している学習支援プログラムに参加し、その後教職に就いた教師へのインタビューデータを用いる。

インタビューの概要を述べる前に、LFAの概要を説明する。LFAは「子どもの貧困」問題の解決や教育格差の是正を目的として掲げているNPOであり、活動の一環として、東京都内を中心に学習支援プログラムを展開している。学習支援は、多くの場合、ボランティア教師1名に対して1〜3名の個別指導を行う。プログラム期間は基本的に3ヶ月を一つの単位としており、毎週1〜2日間、2〜3時間の指導を行う。なお、プログラムに参加する子どもは大きく二つのパターンがある。第一に生活保護受給世帯をはじめ、複雑な家庭環境の子どもがケースワーカー等からの紹介、第二に、ある学校の低学力層がその学校の教師の紹介や誘いを経て参加するかたちである。

参加ボランティアのほとんどが関東圏の大学生であり、採用面接および事前の研修を受けて指導に参加する。研修では、「子どもの貧困」の問題意識や、学習遅滞を抱える子どもへの指導法のポイント等を学習する。また、学習指導日には子どもへの支援後に、スタッフからのフィードバックを受けて、自身の指導を改善していくことになっている。

筆者は、2013年1月から3月までボランティア教師として、同年4月から2014年3月までボランティアスタッフ、2014年度から現在まで有給のインターンとしてLFAに関わり続けている。有給インターンの期間は主に先述の研修講師を担当している。そのため、今回のインタビュー対象者にとっては、LFAでの経験を尋ねられた際にそれを全く意味のなかったものとして語ることは難しい調査者である。この点は、本研究の事例が有する限界である一方で、語り手が「学習」について語る際に参照する規範をより明確に描き出すことのできる事例としても位置づけられる。

対象者は、機縁法で選定し、インタビューを依頼した。全てのインタビューは遠方の対象者やCovid-19の影響を鑑みて、zoomを用いて実施した。インタビューは2020年10月〜2021年8月までの間に行った。各対象者につき1回およそ1時間程度のインタビューである。質問事項として「教師を志望した動機や現在の職場環境」「LFAへの参加動機や学んだこと」をインタビュー依頼時に伝えた。そのうえでインタビュー時は、上記の2点を中心として、自由な会話を遮らず展開した[27]。インタビューは事前に許可を得て録音し、後日トランスクリプトを作成した[28]。対象者のプロフィールをまとめたものが**表1**である。

インタビューは計9名に行った。勤務地は1人を除き、関東圏（Cさんは北海道・東北地方）であり、学校段階としては小学校が2名（Eさん・Gさん）、高校が1名（Dさん）、その他の6名が中学校である。なお、高校に勤めるDさんを除いて、全て公立の小中学校教員である。

表1　調査対象者のプロフィール

名前	年齢	教員経験
Aさん	20代	1〜5年
Bさん	20代	1〜5年
Cさん	20代	1〜5年
Dさん	30代	5〜10年
Eさん	20代	1〜5年
Fさん	20代	1〜5年
Gさん	30代	1〜5年
Hさん	30代	5〜10年
Iさん	20代	1〜5年

以下では、「子どもの貧困」問題に関わった経験がどのように「学習」として理解可能になっ

ているのかを検討する（4節）。次に、「貧困」を学んだことが教師の職務との関係からどのように語られるのかを検討する。具体的には、教師が子どもの背景を考慮するようになったという語り（5.1.節）、そして、貧困問題に対して「アンテナ」を張るようになったという語り（5.2.節）に焦点をあてて検討する。

4．貧困を「学習」したことの理解可能性

本節では、「子どもの貧困」問題に関わった経験がどのように「学習」として理解可能になっているのかを検討する。

最初に注目したいのが、LFAに関わった経験について「定型的な語り」として語られる以下の断片である。

【断片１：Ｈさん】
＊：（初任校の子どもたちが：筆者補足）まさにLFAが見てたような子みたいな話をしてくれてたと思うんですけど、LFAに参加されたことで貧困というもののイメージって変わったりしましたかね、Ｈさんの中で。
Ｈ：変わりましたね。それはすごい変わったと思います。（＊：どんな感じですかね。）LFAに参加する学生のあるあるだと思うんだけど、私も四年制大学に通えて、それも偏差値の高い私立大を出れるだけの勉強ができたっていうのは、本当に運に恵まれていたんだなっていうか、自分が努力した部分ももちろんあるんだけど、努力だけではどうにもならないんだなっていうのをLFAにいて痛感したし、その初任校に行ってそれが強まった感じ。（…）自分が今まで原体験としての貧困っていうのは、私はないので、正直。LFAに関わったことで、こういう世界があって、こういう子たちがいてっていうのを知れたっていうのはやっぱり一番、よくあることだと思うんだけど、大きな変化かなと思います。

まず、筆者による「貧困」の「イメージ」の変化についての質問への応答は、Ｈさん自身によって「LFAに参加する学生のあるある」と語られるように、「定型的な語り」として語られる。この「あるある」として語られるのは、自身に「原体験としての貧困」がないことである。このような語りは、他にも「自分が中学とか高校とかの友達、思い出しても、塾に行くのが当たり前だったから、それに行けなくて、その教材費すらしんどいとかっていう家が普通にあるんだっていうのを知ったのは大きかったなって思う」（Ｆさん）、「中高、私立に行っちゃったので、あんまりそういう家庭環境が厳しいみたいな子が周りにいなくて」（Ｃさん）といった語りも、同様に自身に貧困の経験がないことが語られる。

これがＨさんにとっての「学習」として理解可能となっているのは、学習の二条件である「変容と同一性」が、それぞれ、貧困を知らなかった自己から知った自己への「変容」、自身とは隔たりのある生活背景であるという意味での貧困の「同一性」を示すことによって達成されている。

そのため、「あるある」の語りに含まれるのは、Ｈさんによれば、自身と境遇の違う「こういう世界」「こういう子たち」の存在である。そして「こういう子たち」によって指し示される内容は、「初任校に行ってそれが強まった感じ」と語る初任校についてなされる「就学援助受けてる子もいっぱいいて、まさに経済的に恵まれてないっていうことが学力に直結していて、本当に学力が低いというか、まさにLFAが対象とするような学校」という特徴づけのことである。

以上のような方法は「学習」が生じなかったという語りにも用いられている。

【断片２：Ｂさん】
＊：子どもの貧困とか教育格差みたいなキーワードに関連して参加してみて分かったこととかってあった？
Ｂ：そこに関してはあんまりないです。貧困がどうのとかっていう目線で私入ってなかっ

たから。私の住んでる地域も貧困地帯だから、あまり。私、私立の中学校とかじゃないからもちろん周りにいた子も頭はいいけど貧しい子とかも多かったんで、知ってるなこの子たちっていう感じです。

この語りは、「私の住んでいる地域も貧困地帯」であった、つまり貧困を知っていたがゆえに自己の「変容」が生じなかったという説明として理解可能である。このように、教師たちの「学習」の語りは、自身とは隔たりのある貧困を知ったことによる自己の変容を示すことで理解可能になっている。

重要なことは、このように「知ったこと」が語られることは、貧困概念の運用に関わる道徳的秩序をめぐる問題であるということだ。先に見たように、断片1も断片2も貧困を「知っている」という語りがなされている。それは、貧困概念を運用する際に求められる道徳的秩序を達成する一つのやり方として考えられる。つまり、貧困を「知らない」ことは、何を貧困として捉えるかに関わらず、道徳的に許容されない。特にLFAの経験の語りにおいては「子どもの貧困」を「知らない」ということは「悪い」こととして位置づけられる。しかし、「知った」ことを語るためには、「知らなかった」という逸脱した状態を以前の状態として語る必要がある。その逸脱を正当化するのが、自身の経験と貧困という生活背景のある種の距離なのである。

そのため、そのような説明図式が、貧困の子どもたちを自身が辿ってきた境遇とは異なる「他者」として説明することになる[29]のは教師個人の資質の問題ではなく、論理的な帰結なのである。

以上のような、教師たちの、貧困を「知った」という語りは、これまで考えてこなかった事象を「貧困」として捉えられるようになるということであり、それは、貧困概念が新しい経験や行為の理解可能性を開く一つのあり方であろう。それは先行研究が教師教育に対して期待してきた役割と合致するようにも思える。しかし、「学習」の語りが道徳的秩序を組織するにあたって重要な自己の「変容」は、貧困を「知ったこと」「知っていること」だけではなく、それによる自己の行為の「変容」である。そこで次節以降では、貧困の「学習」の語りが、特に教師としての職務との関連においてどのような自己の行為の「変容」に関連付けられて語られるのかという点を検討していくこととする。

5. 教師の職務と貧困の「学習」の関連

貧困の「学習」は、どのような社会的文脈を形作るのか、本節では特に教師という自身の職務とどのような関連をもつのかという点を検討していきたい。分析結果を先取りすると、教師たちは、自身の教師という立場とLFAに関わった経験の折り合いをつけたうえで、自身の実践について説明する。その説明の方法として本稿の調査から観察された事例は、第一に、子どもたちの逸脱的な行為の要因を子ども本人だけに帰属するのではなく、子どもが置かれている環境や行動の背景にあるものにも帰属するようになったという語りである。第二に、貧困への「アンテナ」を持つようになったという語りである。

5.1. 個人の責任の「免責」と個別的な配慮

まず、第一の子どもたちの逸脱的な行為の要因を、子どもが置かれた環境や行動の背景にあるものにも帰属するようになったという語りを検討する。以下の断片3と断片4は、LFAでの経験がどのように活かされているのかという質問に対する応答である。

【断片3：Cさん】
＊：LFAに参加してみて、無理につなげなくてもいいんだけど、今、学校で先生やってて、ここは生かされてるなとか、そういう経験とかはあったりする？
C：やっぱり、その子だけを見ると、できないこともたくさんあるしっていうことを考え

るんですけど。でも周りも結構、影響してるんだよなっていうのは頭のどこかに（…）その子だけを見るのではなくて、環境まで見ようとするようになったのは、多分、LFAのおかげというか、それはあると思います。例えば、忘れ物があったとして、それはその子だけのせいじゃなくて、親がその子に渡してくれないとか、そういういろんな原因がありそうだなっていうのを、その子だけに求めずに、環境というか周りはどうなのかなっていうところまで考えるようにしてるというか、思うようになったっていうのはあるかなと思います。

【断片4：Bさん】
＊：そういう現場（＝LFA：筆者補足）に関わっていった経験っていうのは、先生になってどんなふうに、活きてるとかっていわれるとどうか分かんないけど、関係してたりとかってする？先生やるときにこんなこと考えるようになったとか。
B：難しいですね。（…）世の中どうしようもないこともあるよねっていう気持ちとか、難しいんですけどね。子どものせいじゃない部分ってたくさん、あるじゃないですか。家庭環境もそうだし、結構これ、私いろんな所で言ってるんですけど、子どもって生まれてくる場所とか選べないじゃないですか。（…）生活環境が悪いなら悪いなりに関わる大人で何とかしてあげたいなっていう気持ちを持つようにはなりました。

この語りはどれもLFAでの経験と教師としての経験の関わりについての質問への応答として語られている。まず抑えるべき点は、Bさんが、「難しい」という前置きから応答を行うように、そして、Cさんも「多分、LFAのおかげというか」という留保を行うように、その二つの経験の関連は自明の結びつきを持っていないということである。

その上で、その関連性は「その子だけを見るのではなくて、環境まで見ようとするようになった」（Cさん）、「生活環境が悪いなら悪いなりに関わる大人で何とかしてあげたいなっていう気持ちを持つようにはなりました」（Bさん）として説明される。ここでは、「見ること」や「気持ち」と語られるように、学習支援や宿題の支援など教師による子どもに対する具体的な関わり方の変化として理解できる語彙が用いられていないことに注意が必要である。確かに、前節の最後で見たように「貧困」について「学習」することは、その人の理解の可能性を開くことがありうるだろう。しかし、ここで示されたように、LFAでの「学習」の経験は、盛満[30]や先行研究が期待するような、学校による組織的な子どもへの対応という具体的な選択肢とつなげられて説明が必ずしもなされるわけではない。

このことの背景には、当然のことであるが教師の行為やその説明が、LFAの経験だけではなく、自身が置かれている学校の環境なども考慮に入れられながら組織されることが挙げられる。以下のやり取りは、LFAの取り組みが主に学力格差の是正を目指した学力の支援であることを前提に、そのような取り組みをするのかという質問とそれへの応答である。

【断片5：Bさん】
＊：さっき家庭の経済的な状況が厳しい子のほうが学力も低いみたいな話をしてくれてたけど、それを助けるためになんか工夫してることとかっていうのはあったりする？学力の支援のためみたいな。
B：学力の支援は本当はしてあげたいんですけど、うちの学校の管理職は、もともとすごい荒れてた学校だから、とにかく部活をさせて子どもたちを運動で発散させて、（…）どっちかっていうと早く放課後、家に帰して、勉強させるとか補習やるっていう文化がうちの学校ないんですね。ただやっぱ異動してきた先生の話とか聞くと、（…）学校によると思います。

ここでは、「家庭の経済的な状況が厳しい子」の「学力の支援」をしないのかという質問に対して、「本当はしてあげたい」が、「勉強させる」「文化がうちの学校」にはないことによってその取り組みが出来ないことと、同時にそれは「異動してきた先生」を比較対象として学校によって異なることが語られる。

この語りが「してあげたい」という形、つまり本来は学力の支援をするべきであるが、「出来ない」と語られたことは重要である。なぜなら、そこには、貧困問題に関わった経験を語る際の一つの規範が示されていると考えられるからである。具体的には質問によって、貧困対策に学習支援が関連付けられて示された場合、その支援はなされることが「良い」ことであり、実施していないことには理由付けが必要になっているということである。

このように、LFAでの経験が、教師としての自身の実践と結び付けられて語られる際には、個別の子どもへの個人的な配慮との連関が示され、具体的な実践についての説明は、自身が置かれている学校の環境なども考慮に入れながら組織されていた。そのため、教師の「学習」を議論する際には、教師がおかれている学校という文脈を視野にいれることが重要である。

5.2.「マクロな」問題としての貧困

前項で見た語りは、LFAの経験が、子ども本人ではなく周りの環境への配慮を「学習」した経験として定式化された語りとなっていた。他方で、そのような配慮は、貧困に限らず困難を抱えた子どもに対して平等になされるとも説明される。

【断片６：Ｇさん】
＊：今の職場にも結構ちらほら貧困の子たちはいるって言ってくれてたけど（…）学校の先生っていう立場からすると、もうちょっと違った対応の仕方というか、大変な子の学習だけじゃなくて、他にもいろいろ、対応工夫したりすることとかってあったりするのかな。家庭へ直接の働き掛けとか。そういうことはあったりするの？
Ｇ：家庭に働き掛け。あとは必要があれば教育センターなど関係機関とつなぎ、その子に限ったことじゃないけど、どんな子にとっても、毎日通っている学校という場、教室という場が安全地帯になるよう、あれやこれやするっていう日々かな。

ここでは、筆者によって「貧困の子たち」への「対応」の「工夫」についての質問に対する応答として、「家庭に働きかけ」や「関係機関」との接続が説明されるが、その後「その子に限ったことじゃないけど、どんな子にとっても」、つまり貧困層の子どもを特別扱いしないかたちで、学校を安全地帯とすることの重要性が説明される。

このような、教師による「特別扱いしない学校文化」[31]についての説明は、「貧困」を「貧」と「困」に分節化したうえで、「配慮」を子どもの「困」に焦点化[32]することで達成されていることは先行研究でも指摘されている。では、その場合「貧困」とはどのような概念として位置づけられるのだろうか。それは後述するように、ある種の「マクロな社会現象」の問題として貧困を捉えるようになったと語られる。この点について以下のＧさんの語りから検討しよう。

【断片７：Ｇさん】
Ｇ：所々で自分のものとなって使えているっていうのを考えるとあそこ（LFA：筆者補足）での半年近くはめっちゃ貴重なものだったなっていうのが。でも、やっぱりそこ（教師としての職務：筆者補足）に貧困っていうのはあんまり関連してこないけど。でも、アンテナとしては持っていて、貧困というワードを。教育新聞とかニュースとかで子どもの貧困ってなったときに、ぱっとそこにピントが合うのは、その経験もあったからなんだろうなと思うし。常日頃、それを意識してやってるわけではないけど、アンテナの一つとしては持ってるなとは思うから、そういったもろもろも含めて貴重な経験だったなっていうのが総括ですね。
＊：なるほど。(…) 貧困っていう言葉にアンテナが立ってるみたいなこと、そっか。
G：絶対的貧困とか相対的貧困はLFAで知った。７人に１人とか、何となくの数字は何となく知ってたけど。
＊：じゃあ、そういうニュースとかが流れてきたときに、ぱっと目がついて。(G：つく。) ついてどうなるの？ (…) そうだよなみたいな感じになるって感じ？
G：やっぱり、こういうところでこういう問題提起がされるようになったんだなとかもそうだし、それに対してアクション起こしてる人がいれば、この人はこういうふうに頑張ってるんだなって。でも、アクションを起こしてる人たちって、貧困をなくすというゴールではあるんだけど、貧困をなくして、じゃあ、どうしたいのかっていうと、子どもたちにとってより良い環境を整えるっていうのが貧困の先にあるゴールじゃん。そこのゴールにおいては、貧困を常日頃、それの解消のために動いてない自分たちも同じゴールを共有してるわけだから、そういうふうに頑張ってる人もいるから自分は自分で、日頃の小学校教員としてできることを頑張ろうって感じで、エンパワーされるというか。

まず、Gさんは、貧困を自身の職務には「関連してこない」と語る。その後、前節で見たように、LFAで貧困を「知った」という「学習」の経験が語られる。それは、「貧困というワード」を「アンテナとして」持つようになった契機として語られている。そして、「貧困をなくく」そうとする活動としてLFAを位置づけ、「子どもたちにとってより良い環境を整える」ということをその活動の先にある「ゴール」と定式化する。その「ゴール」は自身の「小学校教員」としてできることと「共有」することができ、それゆえに「エンパワーメントされる」と説明がなされている。

この語りの中で目を向けたいのが次のような貧困概念の運用方法である。まず、「貧困を常日頃、それの解消のために動いてない」という語りは、貧困問題の解消に対して具体的な行為を達成することが出来ていないという意味で道徳的に「悪い」こととして示される。そのため、「でも、アンテナとしては持っている」という語り、つまり問題の対処に対する行為はしていないが、意識はするようになったという自己の「変容」についての説明は、貧困の「解消のために動いていない」自己を道徳的に免責する方法となっている。

重要な点は、そこでは貧困概念が、前節で見た個々の家庭の生活状況を表すカテゴリーとは別の位相のカテゴリーとして用いられていると理解できることである。それは、「貧困をなくすというゴール」と語られるように、「マクロな」社会的状況を表すカテゴリーとして用いられている。ジェフ・クルター（Jeff Coulter）は「マクロな社会現象」（例えば国家、階級、学校等）についての概念を、人々の実践とは独立して、日常の文脈に影響するものとして考えることを否定する。クルターによれば、「マクロな社会現象」は、我々の実践の中で「マクロな社会現象」として理解可能な形で用いられることによって「時折（occasionally）関連する」のである[(33)]。

Gさんの、「教育新聞とかニュースとかで子どもの貧困ってなったときに、ぱっとそこにピントが合う」という語りのように、貧困はGさん自身によって自身の生活に「時折関連する」問題として定式化される。そしてそれは「新聞」や「ニュース」などと結び付けられることで、「マクロな社会現象」として定式化されているのである。

以上のように教師が「貧困」という問題を、「マクロな社会現象」――それは「時折関連する」問題である――として理解可能にするための語りは、自身の日々の実践とは関連しなくなることを理解可能にする方法でもある。そのため、注意が必要なことは貧困について「アンテナを持っている」という語りが「教師」としてではなく、いわば「一個人」として語られていると理解できることである。つまり、このGさんの語りは、教師としての職務に貧困が関わってくることは無いが、LFAを経験した一個人としては、貧困に関心を持っているという説明になっているのである。このことは、先に述べた「マクロな社会現象」としての貧困と教師の職務には規範的な関連がないことを示している。

このことをもって教師を非難することは早計である。むしろ、教師たちは会話の中で一般的に理解可能なかたちで自身の職務を語っている。つまり教師としての職業規範を参照しながら教師であることを聞き手に呈示しているのである。そうであるならば、教師教育研究において問われるべきは、教師たちに貧困を理解させる方法以前に、われわれの社会において教師としての職業規範が、どのように「マクロな社会現象」と結び付けられている／いないのか、という言説資源の布置なのである。教師教育はそのような言説の布置をどのようにデザインしていくのかという点を再考することが求められる。

6．まとめと考察

本研究では、教職に従事する以前に貧困問題に関わった経験がいかなる意味をもつのかという問題意識に基づいて、LFAで「子どもの貧困」に関わった教師たちの語りを事例として検討してきた。

本研究が示してきたのは、今後コアカリキュラムに基づいて、教師教育において貧困問題を伝達された際に予測しうる教師の反応の一例である。教師たちの語りの検討から得られた知見は次のとおりである。まず、教師たちは、LFAでの「学習」を自身とは隔たりのある貧困を知ったことによる自己の変容という形で定式化し、貧困についての道徳的秩序を達成していた（4節）。そして、その「学習」は、子どもたちへの配慮（5.1.節）、そして貧困問題を「アンテナ」として持つ契機と結び付けられていた（5.2.節）。

以上の知見が有する意義について、以下2点に分けて論じる。

第一に、教師教育（主に教員養成）において貧困の子どもと関わる経験が、教師として貧困の子どもに関わる経験とどのように連続／非連続であるのかという論点を提示したことである。教師たちにとってLFAの経験は、自身の職務と関連付けて説明する際に、その場の道徳的秩序の達成のために、何らかの折り合いをつけて語る必要のあるものであった。先行研究では、教師教育によって培われたことが教師の実践に影響することを素朴に想定する傾向があったが、本稿の事例からはそのような連続性を自明のものとして想定することは出来ないことがわかる。

このことを踏まえると既存の教師教育の議論は教師個人の資質に焦点化しており、学校教育全体の向上を視野に入れてこなかったという今津(34)の指摘は、現在の貧困の議論においても依然として当てはまると言えよう。

第二に、「社会問題」と教師の職業規範が切り離されていることを、貧困を事例に示したことである。2節で述べたように、貧困は「社会」の問題であると捉えるべきとされてきた概念であった。しかし、先行研究ではそのように「社会」の問題として学習することがいかなる帰結を生み出すのかという点については議論が及んでいなかった。

本稿では、教師として「マクロな社会現象」との関わりは、自身の職務とは切り離されたものとして語りが組織される事例が見出された。つまり、貧困が「社会問題」であるがゆえに、教師の職務とは関連のないものとして語られていたのである。

前節で論じたように「マクロな社会現象」のカテゴリーは人々の生活に時折関連するものであり、職務との切り離しは当然の論理的帰結であるように思える。しかし、その「マクロな社会現象」としての貧困との関わりが、教師としてではなく、一個人との結びつきのもとで語られたことは重要であろう。というのも、英語圏の教師教育研究では、教師たちの職業規範に「マクロな」社会変革が結び付けられて語られてきた側面がある。例えば、ジョアン・L・ウィップ（Joan L Whipp）[(35)]は貧困をはじめとした社会正義の問題において政策提言やアドボカシーにも参加する教師を理想として捉えている。これは、英語圏においては、（一個人ではなく）教師と「マクロな社会現象」が概念の論理文法上、関連を持っていることを意味している。そのことを踏まえると、本稿の知見は、日本においては教師と「マクロな社会現象」の結びつきが弱いことを示したことに意義がある。

そして、そこからは次のような実践的な示唆も得られる。それは、教師教育において貧困をはじめとした「社会問題」についての知識を伝達することで教師たちに何を求めているのかということを再考する必要性である。具体的には、教室内での教師の役割を議論するに留まりがちな日本の教師教育に対して、教師と「マクロな社会現象」、さらに言えば「社会」というカテゴリーとの関係をどのように取り結んでいくのかについての議論や実践を展開していくことが今後求められる。

注・引用文献

(1)OECD教育研究革新センター著、斉藤里美監訳、布川あゆみ・本田伊克・木下江美・三浦綾希子・藤浪海訳 『多様性を拓く教師教育』明石書店、2014年。

(2)柏木智子『子どもの貧困と「ケアする学校」づくり』明石書店、2020年。

(3)Gorski, Paul C., “Poverty and the Ideolog-ical Imperative.” *Journal of Education for Teaching*, Vol.42,No.2,2016,p.378-386.

(4)盛満弥生「子どもの貧困と教師」佐々木宏・鳥山まどか編『シリーズ子どもの貧困３　教える・学ぶ』明石書店、2019年、199-208ページ。

(5)松田恵示ら『教育支援とチームアプローチ』書肆クラルテ、2016年。

(6)秋田喜代美「教師教育における『省察』概念の展開」森田尚人・藤田英典・黒崎勲・片桐芳雄・佐藤学編『教育学年報５　教育と市場』世織書房、1996年、451-467ページ。

(7)橋崎頼子・川口広美・北山夕華「多様性に向き合う教師育成のために」『日本教育大学協会研究年報』37号、2019年、135-147ページ。

(8)Zeichner, Kenneth M., *Teacher Education and the Struggle for Social Justice,* Routledge, 2019.

(9)Ellis, Sue, Ian Thompson, Jane McNicho-ll, and Jane Thomson,“Student Teachers’ Per-ceptions of the Effects of Poverty on Learne-rs’ Educational Attainment and Well-Being.” *Journal of Education for Teaching,* Vol.42,No.4,2016,p.483-499.

(10)Gorski、前掲、注(3)。

(11)例えば、Burnett, Bruce, and Joanne Lam-pert, “Teacher Education and the Targeting of Disadvantage.” *Creative Education,* Vol.2,No.5,2011,p.446-451.

(12)安藤知子「『教師の成長』概念の再検討」『学校経営研究』25巻、2000年、99-121ページ。

(13)安藤、前掲、注(12)、99ページ。

(14)白松賢「解釈学的アプローチによる教師研究の可能」『教育社会学研究』第104集、2019年、279-299ページ。

(15)白松、前掲、注(14)、281ページ。

(16)白松、前掲、注(14)、291ページ。

(17)酒井泰斗・浦野茂・前田泰樹・中村和生編『概念分析の社会学』ナカニシヤ出版、2009年。

(18)小宮友音「構築主義と概念分析の社会学」『社会学評論』第68集１号、2017年、134-149ページ。

(19)前田泰樹・水川喜文・岡田光弘編『ワードマップ　エスノメソドロジー』新曜社、2007年。

(20)前田泰樹「ナビゲーション〈1〉」酒井泰斗ら編『概念分析の社会学』ナカニシヤ出版、2009年、3-9ページ。

(21)前田、前掲、注(20)、5ページ。

(22)有元典文「社会的達成としての学習」上野直樹編『状況のインターフェース』金子書房、2001年、84-102ページ。

(23)五十嵐素子「学習の測定作業の分析に向けて」『現代社会理論研究』14号、2004年、342-353ページ。
(24)五十嵐、前掲、注(23)。
(25)西村貴直『貧困をどのように捉えるか』春風社、2013年。
(26)前田泰樹・西村ユミ『遺伝学の知識と病の語り』ナカニシヤ出版、2018年。
(27)そのため、本研究で得られた語りはLFAでの経験を中心に構成されており、LFA以外での貧困との関わりの経験については、今後の調査上の課題である。
(28)調査対象者には、公表の際には匿名で表記することを伝えており、語りの内容については個人が特定されない程度に加工している。
(29)栗原和樹「教師教育における〈排除/包摂〉の複層性」『日本教師教育学会年報』第30号、2021年、100-109ページ。
(30)盛満、前掲、注(4)。
(31)盛満弥生「学校における貧困の表れとその不可視化」『教育社会学研究』第88集、2011年、273-294ページ。
(32)栗原和樹「教師にとって『貧困』とはどのような問題か」『教育社会学研究』第108集、2021年、207-226ページ。
(33) Coulter, Jeff, "Human Practices and the Observability of the 'Macrosocial.", *Zeitschri-ft Für Soziologie* 9,1996,p.337-345.
(34)今津孝次郎「教師の現在と教師研究の今日的課題」『教育社会学研究』第43集、1988年、5-17ページ。
(35) Whipp, Joan L, "Developing Socially Just Teachers." *Journal of Teacher Education,* Vol.64, No.5, 2013,p.454-467.

ABSTRACT

What are teachers' experiences with child poverty?
Focusing on how we talk about "learning"

KURIHARA Kazuki
(Graduate Student, Hitotsubashi University)

To gain insights into how learning about social issues can be viewed in teacher education, this study analyzes the narratives of those who have been involved in poverty issues prior to their teaching careers. Among social problems, the issue of "child poverty" has attracted significant attention in recent years. Teachers have been positioned as an important entity responsible for the inclusion of poverty. Therefore, teacher education has highlighted the necessity for teachers to learn about "poverty." However, previous studies have seldom clarified what kind of meaningful experience learning about "poverty" in teacher training and education has after becoming a teacher.

As an advanced case study, we analyze interview data from teachers who have experienced volunteer work in poverty. From an analytical perspective, we adopted ethnomethodology, which means that the analysis is conducted in line with the teacher's narrative, rather than projecting the researcher's framework. The analysis focused on two points: teachers' operationalization of the concept of poverty and their narratives of "learning."

The analysis revealed that the teacher's narrative of the "learning" of poverty is told through the "identification" of poverty and the "transformation" of the self of "knowing" poverty. The "transformation" of the self also includes the "transformation" of one's own action of caring for the "environment" of children. Such a narrative of "learning" is a method used to achieve moral order as a teacher. On the other hand, the achievement of moral order as an individual was highlighted, and indicated the need to reconsider the linkage between teachers' professional norms and "the social."

The outline of this study is as follows. First, after organizing previous studies in Japan and abroad, we examine the analytical framework for capturing teachers' experiences. The details of the object of analysis are then described. The results of analyzing how learning about poverty is talked about and how the experience of such learning is discussed in relation to the teaching profession are presented. Finally, the findings are summarized and their significance discussed.

Keywords : **Children Poverty, Teacher Learning, the Sociology of Concept Analysis**

〈研究論文〉

アメリカの幼稚園教育発展期における幼小接続重視の教員養成論の展開

――ヴァンデウォーカー（Vandewalker, N.）の論考の分析――

奥田　修史（筑波大学大学院・日本学術振興会特別研究員）

1．問題の所在と研究の目的

本稿の目的は、アメリカ合衆国（以下アメリカ）の幼稚園教育発展期においてヴァンデウォーカー（Vandewalker, N.）が展開した幼小接続重視の教員養成論の特徴を、彼女の論考の分析を通じて明らかにすることである。その上で、幼小接続を重視した教員の専門性[(1)]について考察する。

アメリカでは、1870年代以降、都市部の工業化を背景とした貧困児の増加が社会問題化し、彼らを救済する目的から、慈善機関としての幼稚園が急速に増加した。これによって、幼稚園教育に対する一般の認知度が高まると、次第に幼稚園は普通教育として受容され、各地で公立の幼稚園が設立された。それは、公立小学校の第1学年の下の「幼児学年（K-grade）」[(2)]に位置し、公立学校幼稚園（public school kindergarten）と呼ばれて、その後の幼稚園の主流となった。幼児学年としての幼稚園が普及すると、1920年代には幼稚園から小学校低学年（primary grades）までの時期（以下幼小接続期）を一括りに捉える見方が台頭し、カリキュラムや教育方法の統一が目指された[(3)]。このように、1870年代から1920年代までは、幼稚園教育が量的に拡大し、その後公立化と幼小接続重視を背景に質的転換が図られた、幼稚園教育発展期として位置づけられる。

幼稚園の公立化、それに続く幼小接続に対する意識の高まりと軌を一にする形で、その教育を担う幼稚園教員養成の面でも改革が進展した。当初、幼稚園教員養成は、個人あるいは各地の幼稚園協会によって設立された私立養成学校（private training school）が担っていた。しかし、公立学校幼稚園の普及を背景に1900年代以降は小学校教員養成を担っていた州立師範学校が幼稚園教員養成に参入するようになる。これにより、幼稚園教員養成は小学校教員養成との関連性を深め、その養成カリキュラムにおいて幼小接続が重視されるようになった[(4)]。

先行研究は、当時のアメリカにおける幼稚園教員養成カリキュラムについて、①児童研究（child study）、心理学、社会福祉等の教養科目群、②教育法、教育哲学、教育史等の教育学科目群、③幼稚園教育カリキュラム、フレーベル理論等の幼稚園教育科目群、④観察・実習科目群の4カテゴリから構成される2年制課程がその主流であったことを明らかにしている[(5)]。その上で、幼稚園教育発展期における幼稚園教員養成カリキュラムの変化として、幼稚園教育独自の内容であったフレーベルの理論に関する科目数の減少、教育学科目群の科目数の増加、小学校教育に関する科目の新設が図られたことが指摘されてきた[(6)]。このような知見から、当時の幼小接続重視の教員養成改革は、教育学一般や小学校教育に関する学修を取り入れて幼稚園教員の視野の拡大を促した一方で、幼稚園教育としての独自性を後退させたと評価されてきた[(7)]。

しかし、近年の研究では、当時の改革は、養成カリキュラムの「学問的水準の向上を図りながら、幼稚園教員養成と小学校教員養成の各内容を、幼小接続期に焦点化して位置づけ直す試みであった」[8]とも評価される。ここでは、1920年代の養成カリキュラム改革が、幼稚園教育理論や教育学理論、教育内容を幼小接続期の子どものニーズに応じて再編成することを重視していたとされる[9]。

ただし、養成カリキュラムにおけるこれらの変化を、幼小接続の重視と関連づけて説明できる理論的基盤は十分に解明されていない。当時の養成カリキュラム改革の背景としては、まず、当時のフレーベル主義的実践の形骸化に対する批判が台頭し、フレーベルの理論を科学的に検討する必要性が主張されたことが指摘される[10]。また、幼小接続重視の観点から、幼稚園教育と、小学校教育および教育学の双方に関する知識習得を通じた教育改善期待や幼稚園教員の地位向上期待があったとされる[11]。これらの知見から、当時、フレーベルの理論を再検討し、幼稚園教育と小学校教育の双方に関わる知識習得が求められていたといえる。しかし、幼小接続の観点から教育理論や教育内容を再編成することが求められる理論的基盤は明らかでない。

以上の問題意識から、本稿ではヴァンデウォーカーの幼小接続重視の教員養成論に着目する。彼女は、ウィスコンシン州立ミルウォーキー師範学校（Milwaukee State Normal School, Wisconsin）において幼稚園教員養成課程長や校長を務め、同校の幼稚園教員養成の発展をけん引した人物である。同校の幼稚園教員養成課程は、卒業生に対して幼稚園と小学校の双方で働くことのできる教員免許を与えており、幼小接続を重視した教員養成の先駆的な例といえる[12]。ヴァンデウォーカーは全米規模の幼稚園教育関係専門職団体である国際幼稚園連盟（International Kindergarten Union：以下IKU）の養成委員会長や連邦教育局の幼稚園教育専門官も歴任しており、当時のアメリカにおける幼稚園教員養成の発展に与えた影響力も大きかった。これらから、ミルウォーキー師範学校の幼稚園教員養成カリキュラムはヴァンデウォーカーの幼小接続を重視した教員養成論を基盤に構築されており、その理論的基盤はその後の幼稚園教員養成の発展において重要な位置にある。

ヴァンデウォーカーについては、彼女の著書『アメリカの教育における幼稚園（*The Kindergarten in American Education*）』[13]が、アメリカにおける幼稚園教育の発展過程を描いた基礎的史料として多く引用されてきた。通史的研究においても、幼稚園教育の理論と実践の発展に重要な役割を果たした人物の一人としてヴァンデウォーカーが挙げられている[14]。しかし、先行研究ではヴァンデウォーカーの経歴が断片的に紹介されるにとどまっており、彼女の論そのものには焦点が当てられていない。

そこで本稿では、ヴァンデウォーカーの論考の分析を通じて、彼女の幼小接続を重視した教員養成論の特徴を明らかにする。以下では、第一に、当時の幼稚園教員養成カリキュラムに関する議論の特徴を整理し、ヴァンデウォーカーの教員養成論の背景を明らかにする。第二に、ヴァンデウォーカーがミルウォーキー師範学校で実際に展開した幼稚園教員養成カリキュラムの特徴を、それまでの養成カリキュラムとの比較を通じて明らかにしたうえで、その背景にあるヴァンデウォーカーの考えを、彼女の論考の分析から明らかにする。以上を踏まえて、ヴァンデウォーカーの教員養成論の特徴を明らかにし、幼小接続を重視した教員の専門性について考察する。分析には、IKU機関誌やミルウォーキー師範学校発刊雑誌に掲載されているヴァンデウォーカーの論考のほか、IKU大会記録、その他雑誌記事等を用いる。

2．幼稚園教員養成カリキュラムの展開

当初、アメリカにおける幼稚園教員養成は、個人または各地の幼稚園協会が設立する私立養成学校で行われていた。当時は、幼稚園に関するドイツ語文献の翻訳が進まず、幼稚園教育に関する情報量が非常に乏しかった。そのため、養成方式は徒弟制が中心であり、養成学校数も非常に限られていた[15]。

その後、1870年代以降には、都市部の工業化

表１　IKU養成委員会による幼稚園教員養成に関する論点（1899年）

議論すべき項目	各項目における主な論点
1．養成期間の長さ	１年制か、２年制か／ハイスクール相当か、カレッジ相当か
2．科目構成やシステム	どんな科目を重視すべきか／誰が教えるべきか／どのように教えるべきか／心理学や児童研究はどの程度の時間を設定すべきか
3．『マザープレイ（*The Mother Play*）』	いつ扱うべきか／どの程度の時間を設定すべきか／全体的に学修すべきか、一部のみ学修すべきか
4．『人間の教育（*The Education of Man*）』	いつ扱うべきか／どのように学修すべきか／全体を把握するためにはどの章が最も重要か
5．『幼稚園教育学（*Pedagogics*）』	どの程度の時間を設定すべきか／恩物に対するフレーベルの視点と近代心理学の視点をそれぞれどのように扱うべきか／他の遊具や活動について養成教育は注目すべきか
6．教育の歴史	どの程度の時間を設定すべきか／低学年の教育方法の学修にはどの程度の時間を設定すべきか
7．音楽と芸術	どんな活動が必要か／ピアノが弾けることは養成学校入学要件の一つとすべきか
8．文学	通常の課程で扱うべきか、補習的な扱いとすべきか
9．自然科学	どんな活動が必要か、自然学習（Nature Study）が必要か
10．観察および実習	座学と並行して行うべきか

に伴って急増した貧困児の保護と教育を目的として幼稚園数が増加した。並行して、幼稚園に関する文献や翻訳書の刊行、幼稚園教育の指導者による講演の実施を通じて、一般の国民の間で幼稚園への理解が進展した[(16)]。

幼稚園数の増加と幼稚園教育に対する理解の進展は、養成教育を受けた幼稚園教員の需要を高めた。また、職業を求める女性の増加によって幼稚園教員志望者数が増加した[(17)]。しかし、徒弟制方式では多くの学生に対応できない。そのため私立養成学校は学校規模を拡大し、学生を効率的に輩出するための幼稚園教員養成カリキュラムの整備を進めた[(18)]。

この時期の幼稚園教員養成カリキュラムに関する議論の特徴は、1899年のIKU養成委員会での議論に表れている。

養成委員会はまず、幼稚園教員養成について議論すべき項目をリスト化した（**表１**）[(19)]。ここには、当時の幼稚園教員養成カリキュラムを構成する要素が示された。

「1.養成期間の長さ」「2.科目構成やシステム」以外の８項目においては、それぞれ具体的な科目内容と時間数が主な論点として提示されているものが多い。このうち、「3.『マザープレイ（*The Mother Play*）』」、「4.『人間の教育（*The Education of Man*）』」、「5.『幼稚園教育学（*Pedagogics*）』」はいずれもフレーベルの著作である。

また、このリストを基にした議論では、次のような意見が交わされた。『マザープレイ』は哲学や科学、芸術の要素を包含しているため、最も重視すべきであるという意見、『人間の教育』と心理学の学修が最善であるという意見、などである。これらにみられるように、多くの論者がフレーベルの理論に関する学修を重視している[(20)]。当時は、フレーベルの理論に関する学修を養成カリキュラムの中心に据える認識が形成されていた。

しかし、20世紀に入ると、フレーベル主義的な幼稚園教育が形骸化しているとの批判が強まった。そこでは心理学や児童研究等の科学的手法をもってフレーベルの理論を問い直すことが重視され[(21)]、幼稚園教員養成においてこれらの科目を取り入れることが提案された。また、公立学校幼稚園が普及し幼小接続に対する意識が高まると、教育学一般や小学校教育に関する科目を幼稚園教員養成に導入すべきであるという意見も提出された[22]。

ただし、このような議論が提起される中でも、依然として多くの幼稚園教員養成カリキュラムは、フレーベル主義を中核とした2年制課程であった[23]。1912年時点の調査においても、各養成機関が提供するカリキュラムは、各科目の時間数や科目構成は多様であるものの、共通してフレーベルの幼稚園教育の理念に依拠していた[24]。心理学や教育学一般に関する新たな科目は、あくまでフレーベルの理論的学修を中心としたカリキュラムにおける付加的な位置づけであった。

また、当時の養成カリキュラムにおいて、フレーベルの理論的学修とともに強調されていたのが実習であった。多くの私立養成学校は幼稚園に付属する形で開設され、学生は午前中に観察や実習を行い、午後に講義を受けていた[25]。

実習が重視されたのは、私立養成学校の運営主体である個人あるいは幼稚園協会が、自身の運営する幼稚園で働く安価な労働力を確保するためであった。多くの私立養成学校は、学校規模の拡大を通じて年々増加する運営費を確保できるだけの安定した財源を有していなかった[26]。私立養成学校における学生の実習は、そうした労働力の確保という意図で重視されたのである[27]。

以上の特徴をもつ当時の幼稚園教員養成の典型例として、ミネアポリス幼稚園協会が設立した養成学校（Minneapolis Kindergarten Association Normal School）の講義科目を示す（**表２**）[28]。同校においても、午前中は実習が行われ、午後に講義が行われていた。

このような養成カリキュラムを採用することの多かった私立養成学校は、1900年代においても多数を占めていた[29]。当時は、フレーベルの理論的学修と教育実習を重視した幼稚園教員養成カリキュラムが普及していた。

表2　ミネアポリス幼稚園協会立養成学校における午後の講義科目（1913年）

1年目	2年目
心理学	心理学
フレーベルの恩物とオキュペーションの理論と技術	フレーベルの『マザープレイ』
造形	教育史
自然学習	低学年の教育方法
ゲーム	自然学習
歌	デザイン
体育	黒板を使った描画
水彩画	プログラム
	ゲーム
	フォークダンス

3．ヴァンデウォーカーの幼稚園教員養成カリキュラム

このような状況を強く問題視したのがヴァンデウォーカー[30]であった。

ヴァンデウォーカーは、私立養成学校において実習を通じた労働力の確保が優先された結果、教員養成が副次的な位置づけとなっていると強く批判した。彼女は、学生が日々実習を繰り返し、体力を使い果たした状態で講義を受けている点、入学当初すぐに実習が課せられることで表面的な技術の習得に時間が割かれ、理論的学修の質も不十分である点を指摘し、その背景として幼稚園教員養成の意義や幼稚園教員の質の重要性が認識されていないことを問題視して、幼稚園教員養成の質向上の必要性を主張した[31]。

彼女にとって、それは幼小接続の問題と密接に連関していた。ヴァンデウォーカーは、幼稚園が公立学校制度への編入を果たしたにもかかわらず、多くの小学校教員や小学校長は幼稚園教育の価値を認めていないと指摘した。当時は、幼稚園教員という仕事の価値を小学校教員のそれより劣位に置く見方が大勢を占めており、幼稚園教員と小学校教員間の待遇の格差も大きかった[32]。彼女は、この見方の原因を幼稚

園教員養成の学問的水準が小学校教員養成のそれと比べて低いことに見出し、幼稚園教員養成の学問的水準を向上させなければ、幼稚園教員と小学校教員との対等な関係を構築し、公立学校制度全体における幼稚園教育の意義を幼稚園教員自身が理解し実践することはできないと主張した(33)。

以上のように、ヴァンデウォーカーは、幼稚園教育の量的供給が優先される中で、幼稚園教員養成の意義がほとんど認められず、それゆえに幼稚園教育の価値が小学校教育と比べて劣位に置かれている状況を問題視した。そのため、幼稚園教員の専門性を捉え直し、学問的水準の向上を図りつつ、幼小接続を重視して、公立学校制度に位置づく幼稚園教育の質を保証できるような教員養成の展開を試みたのである。

その具体がミルウォーキー師範学校における幼稚園教員養成課程である。ここでは、遅くとも1912年時点で、卒業生に対して幼稚園から小学校第３学年までの範囲を包括した教員免許が与えられていた(34)。その理論的基盤を構築したのがヴァンデウォーカーである。

ヴァンデウォーカーは1904年に、ミルウォーキー師範学校の幼稚園教員養成カリキュラムを自身の考えと併せて紹介している。彼女の幼稚園教員養成論が反映されたものとして、同年のカリキュラムを示す（**表３**）(35)。

表２と比較すると、「心理学」「自然学習」「教育史」「低学年の教育方法」の科目はヴァンデウォーカーの養成カリキュラムにおいても開設されている。また、「デザイン」「水彩画」「歌」「フォークダンス」等の科目は名称を変更して、「音楽」「絵画」「表現」に再編されて配置されている。

表２と比べた際に、ヴァンデウォーカーの養成カリキュラムに看取される変化として、①２年間を通じて実施されていた実習を２年目の科目とした点、②「作文とレトリック」「生物学」「文学」の科目を新設した点、③フレーベルの著作を検討する科目および「ゲーム」「プログラム」を再編して、「幼稚園の理論」「幼稚園の技術」「幼稚園の原則」を開設した点、④「歴史の中の子どもの生活」を開設した点、の４点が挙げられる。

表３　ミルウォーキー師範学校における幼稚園教員養成カリキュラム（1904年）

１年前期	１年後期	２年前期	２年後期
音楽10	生物学20	音楽10	表現10
絵画20	絵画10	文学20	歴史の中の子どもの生活10
作文とレトリック10	心理学10	自然学習10	心理学10
幼稚園の理論20	幼稚園の理論20	幼稚園の原則20	幼稚園の原則10
幼稚園の技術20	幼稚園の技術20	実習20	低学年の教育方法10
			教育史10
			実習20

（科目の末尾の数字は時間数（単位は週）。１週あたり５時間（１時間あたり50分）として算出されている。）

以下では、これらの変化の背景にあるヴァンデウォーカーの考えを明らかにする。

⑴教育実習の削減と理論的学修の強化

ヴァンデウォーカーは、これまで養成期間全体を通じて行われていた教育実習を２年目の科目として位置づけ、全体に占める教育実習の割合を減少させた。

先述の通りヴァンデウォーカーは、私立養成学校のカリキュラムが実習偏重で理論的学修の割合が少ないことを批判していた。そのため、幼稚園教員養成において理論的学修の時間を確保するために、実習期間の基準は１年間とすべきであると主張した(36)。

このような考えの下、教育実習は２年目に配置され、新たに「作文とレトリック」「生物学」「文学」の３科目が加えられた。**表１**の通り、作文や生物学は従来の養成カリキュラムの科目として想定されておらず、文学については補習科目とするか否かが争点であった。以上から、上記の変化は特徴的だといえる。

ヴァンデウォーカーの整理によれば、「作文とレトリック」は、学生自身の成長に必要な学修に、また「生物学」「文学」は、子どもを小学校低学年に向けて準備するために幼稚園教員が精通していなければならない科目に関する学修に、それぞれ位置づく[37]。

これらの学修を強化する背景の一つには、先述の通り、教員養成改革を通じて幼稚園教員と小学校教員の対等な関係を構築する意図があった。彼女は、理論的学修が増加しない限り、幼稚園教員は小学校教員と比較して不利な立場に置かれ続けると指摘していた[38]。

その上で注目すべきは、教育内容に関する科目を主な対象として理論的学修の強化が図られた点である。「文学」と「生物学」の各時間数は「作文とレトリック」のそれの2倍であり、特に重視されていたことがうかがえる。

その背景には、幼稚園教員の教育内容に関する学問的知識の不足を解消して、幼小接続実現を導く意図があった。ヴァンデウォーカーは、小学校教員養成が小学校以降の幅広い範囲の知識を提供するのに対して、幼稚園教員養成では、幼稚園の立場から限定的な知識のみが提供されるため、教育システム全体との連続性を意識できないことを問題視した。彼女は、幼稚園教育で築いた基礎を小学校教育において継承する方法について、小学校教員だけでなく、幼稚園教員も知らないことが問題であると主張し、幼稚園教員養成では幼稚園の教育内容の範囲を超えて学修する必要があるとした[39]。「文学」「生物学」は幼稚園と小学校にまたがる教育内容に関する学問的基盤を重視した科目であったといえよう。

つまり、ヴァンデウォーカーは、幼小接続の前提として、幼稚園教員と小学校教員の対等な関係を構築するためには、理論的学修の強化が必要であると考えた。特に、幼稚園教員が幼稚園と小学校にまたがる教育内容に関する幅広い学問的知識を習得することで、幼稚園教育の成果を小学校教育との関連で捉えることが可能になるとした。これらの理由から、教育実習の割合を減少させ、理論的学修の時間数の確保を図った。

⑵「幼稚園の理論」「幼稚園の技術」「幼稚園の原則」の開設

ヴァンデウォーカーは、従来の幼稚園教員養成の中核であるフレーベルの理論を扱う科目と、「ゲーム」「プログラム」のような幼稚園教育独自の科目を再編し、「幼稚園の理論」「幼稚園の技術」「幼稚園の原則」を開設した。

ヴァンデウォーカーは、優れた幼稚園教員の基本的条件として、①子どもの本質に対する共感的な洞察力、②幼稚園の道具を十分に使いこなす力を挙げる。①の育成のために「幼稚園の理論」が、②の育成のために「幼稚園の技術」が位置づく。前者では、子どもの観察やフレーベルの理論を含む多様な文献の検討を通じて幼稚園教育の原則を学ぶ。後者では、フレーベルの恩物やオキュペーション、ゲームや歌、物語などの使い方を学ぶ[40]。

ただし、これらは並列関係にあるのではなく、「幼稚園の理論」が各科目を関連づける中心にある。「子どもの本質に対する洞察力は真に教育的な仕事の基盤であり、これ無しに技術的な知識は価値を持たない」[41]とされ、技術的知識の表面的な習得に陥らないように、「幼稚園の理論」における議論が重視される。

2年目においても、「幼稚園の原則」で理論的学修が継続される。ここでは、幼稚園だけでなく、家庭や小学校での教育の原則を発見することもねらいに含まれている。子どもの観察と文献検討を通じた活発な議論の下、文献の原則や観察結果の再解釈が行われる[42]。

このように、これらの科目ではフレーベルの理論等について子どもの観察結果を踏まえて議論し、理論の再解釈が促される。2年目では議論の射程が小学校にまで拡張される。

ヴァンデウォーカーがこれらの科目を通じて育成しようとしている「子どもの本質に対する共感的な洞察力」とは、子どもの多様な興味関心を把握する力である。彼女によれば、幼稚園教員は観察に基づく児童研究を通じて子どもが何に興味関心をもつのかを知らなければならず、その過程で子どもの個性や発達が一様でないことに気づくという[43]。

この力を重視した背景には、フレーベル主義的な幼稚園教育の形骸化があった。彼女は当時の幼稚園教員が、フレーベルの教育方法を厳格に適用する保守派と、それを用いないリベラル派に二分されていると指摘した。その上で、前者は子どものニーズへの適応を欠いて形骸化しており、後者は幼稚園の理念を理解する手段としてのフレーベルの教育方法の価値を軽視していると両者を批判した[44]。

ヴァンデウォーカーは、幼稚園教員の関心が、フレーベルの教育方法の使用／不使用ではなく、多様な個性をもつ個々の子どもに向けられる必要性を指摘した。それによって、フレーベルの理論的知識を、実際の子どもの様子と関連させて再解釈することで、形骸的な実践を回避できると主張した[45]。子どもの自己活動の尊重、自己表現への援助というフレーベルの幼稚園教育の考え方[46]を尊重しつつ、それと恩物等の教材の使用を結びつけるフレーベルの理論については、各幼稚園教員が多様な子どもの関心に応じて再解釈して実践する必要があると指摘したのである。

その上でヴァンデウォーカーは、フレーベルの理論の再解釈こそ幼小接続に必要であると考えた。彼女は幼小接続問題の背景を、アメリカにおけるフレーベルの理論とヘルバルトの理論の受容のされ方に見出している。

ヴァンデウォーカーによれば、ヘルバルトの理論は、既存の学校教育に関する理論との間で論争となり、アメリカの学校に適合するよう修正が行われた[47]。そのため、学校教育全体に広く普及する力を有した。これに対して、フレーベルの理論は、幼稚園が従来の学校教育の対象外の領域であったため、従来の学校教育を支える教育学一般の理論とは区別して受容され、論争に発展しなかった。そのため、教育学一般の理論の観点からフレーベルの理論を批判的に検討することがなく、その影響範囲が学校外に限定された[48]。すなわち、フレーベルの理論が幼稚園教育の理論として限定的に受容され、教育学一般の理論との関連が検討されていない点を幼小接続問題の原因と考えたのである。

そのため、彼女は、フレーベルの理論を小学校教育においても適用可能なように、教育学や心理学等の観点から捉え直すことが、小学校低学年教育の改善とそれを通じた幼小接続の実現につながると論じた[49]。

ここで、フレーベルの理論の適用範囲を幼小接続期に拡張する上で重要とされたのが、子どもの興味関心を把握する力であった。

ヴァンデウォーカーの養成カリキュラムでは、2年目の「幼稚園の原則」を補完する科目として「低学年の教育方法」が位置づいている[50]。「低学年の教育方法」は同校の小学校教員養成カリキュラムにおいても開設されており、そこでは「幼稚園と小学校の関係」という科目に続くものとして位置づいている。この連続した2科目のねらいとは、第一に小学校教員志望者に対して、幼稚園の理論と技術を深く理解させ、幼稚園が依拠する基盤の上に小学校第1学年および第2学年の教育を構築できるようにすること、第二にその方法に関する実践的知識を与えることである[51]。幼稚園教員養成カリキュラムの「幼稚園の原則」と「低学年の教育方法」においても同様のねらいがあったと推察できよう。

これらの科目では、「真の教育は、連続した発達段階にある子どもの自然な興味関心と活動に基づかなければならない」[52]として、子どもの関心の変化とそれに対応した教育方法について学修する。その上で、幼稚園から小学校低学年への進級を決定づける要因として、子どもの年齢だけでなく、幼稚園での活動に対する子どもの関心や態度の変化を重視している[53]。つまり、ヴァンデウォーカーは、幼稚園教育の考え方を基盤として、多様な子どもの関心の変化に対応する形での小学校低学年の教育実践を求めていたのである。

ヴァンデウォーカーは「幼稚園の理論」等の科目において、教育学一般の理論や児童研究を通じて把握した子どもの多様な興味関心を踏まえてフレーベルの理論を相対的に捉え直すことを求めていた。その背景には、フレーベルの理論を再解釈し、幼小接続期の子どもの関心の変化に対応させることで、その適用範囲を小学校教育にまで広げ、それをもって幼小接続を実現させる意図があった。

⑶「歴史の中の子どもの生活」の開設

ヴァンデウォーカーは新たに「歴史の中の子どもの生活」という科目を開設している。同科目では、歴史的な物語教材や文献の検討を通じて、人類の発展における各段階での子どもの生活を理解し、その普遍的特徴と各段階固有の特徴を学ぶという[54]。

この科目が開設された背景には、幼稚園における歴史的な物語教材の使用に関するヘルバルト学派とフレーベル保守派の論争があった。当時、ヘルバルト学派は、人類の発展史に子どもの発達段階を重ねて捉え、各時代の文化的産物をそれに相当する段階の子どもに提供するカリキュラム構成原理として開化史段階説（culture epoch theory）を、また、その教材をコアとして各学習をこれに関連づける中心統合法（concentration）を提唱した。これらに基づき、幼稚園段階に相当する時代の物語教材として先住民に関する民話等が提供された。当時、幼稚園教育においてもこれらの原理に基づいた教育方法が普及していた[55]。

当時のフレーベル保守派の代表的論者であったブロー（Blow, S.）はこれを徹底的に批判した。ブローは、上述の教育方法では、任意に選択された中心教材と恩物や歌等が恣意的に関連づけられており、フレーベルの理論と矛盾すると主張した[56]。

この問題に対して、ヴァンデウォーカーは、ある教材の選択のみをもって、フレーベルの理論を軽視しているとはいえず、重要な点はその教材を基に子どもの関心を発展させる幼稚園教員の力量であると指摘した[57]。

ヴァンデウォーカーは、歴史的な物語教材を、子どもの社会的関心を活用する教材の一つと位置づける。先住民の生活に関する物語およびそれに基づく遊びを通じて、子どもは自身の生活と原始的生活の関連から人類の一体性に気づき、人種や肌の色を問わず他者を尊重することを学ぶという[58]。

このような教育活動を展開する際に求められたのが、歴史的な物語教材に記された原始的生活を、当時の自然環境や産業の様子と関連づけて把握する人類学的知識であった[59]。これにより人類の一体性の理解を重視したフレーベルの考えや、人類の発展と子どもの発達をパラレルにみる開化史段階説が深く理解でき、それを応用して歴史的な物語教材を適切に扱うことができるとされた[60]。

つまり、ヴァンデウォーカーは「歴史の中の子どもの生活」において、歴史的な物語教材を子どもの関心の発展に活かすことのできる人類学的知識を有した幼稚園教員の育成を試みた。人類学的知識をもって恩物の体系的使用を中心とするフレーベルの理論を相対化し、開化史段階説から導出された教材であっても、人類の一体性の理解を強調するフレーベルの考え方に基づいて扱うことを重視したのである。同科目を幼小接続期のニーズに焦点化して対応したものとはいえないが、ヘルバルトの理論との関連を意識しつつ人類学の観点からフレーベルの理論の再解釈を目指した点で、「幼稚園の理論」等の科目の意図と重なる部分があったといえよう。

4．考察

アメリカでは、1870年代以降、幼稚園教育発展期を迎え、幼稚園数が急速に増加し、また公立学校幼稚園の普及を背景に幼小接続に対する意識が高まった。しかし、幼稚園教員養成は依然としてフレーベルの理論的学修を中核としていた。また、幼稚園教育の量的供給が優先される中で、私立養成学校は学生を労働力とみなすようになり、幼稚園教員養成は副次的機能にすぎないものとなった。

この状況下では、幼稚園教員養成の意義は認識されず、幼稚園教育の価値は小学校教育より劣位に置かれたままである。ヴァンデウォーカーは、このような問題意識から、公立学校制度全体における幼稚園教育の意義を確立するため、幼小接続を重視した教員養成論を展開した。その特徴は以下3点である。

第一に、幼稚園と小学校にまたがる教育内容に関する幅広い学問的知識を重視した。ヴァンデウォーカーは、理論的学修の強化が幼稚園教員と小学校教員の対等な関係の構築に不可欠であると考えた。特に、教育内容の連続性を重視することで、幼稚園教育を小学校教育と関連づけて捉えられるとした。

第二に、教育学一般の理論や児童研究を通じて把握した子どもの多様な興味関心に基づいてフレーベルの理論を捉え直すことを重視した。ヴァンデウォーカーは、フレーベルの理論を幼稚園教育の理論として限定的に理解することが幼小接続を困難にすると見た。そのため、教育学一般の理論と関連づけてフレーベルの理論を再解釈し、また多様な子どもの関心の変化に対応させることで、その適用範囲を小学校教育にまで拡大した形での幼小接続実現を図った。

第三に、ヘルバルトの理論との関連を意識しつつ、人類学の観点からフレーベルの理論の再解釈を試みた。ヴァンデウォーカーはヘルバルト学派が設定する歴史的な物語教材を忌避せず、それを扱う幼稚園教員の力量を重視した。そのため、人類学的知識によって、人類の一体性を重視するフレーベルの考えを理解し、それを応用して歴史的な物語教材を実践で活用できる幼稚園教員の育成を図った。

すなわち、ヴァンデウォーカーの幼小接続を重視する教員養成論は、学問的水準の向上を図りながら、幼稚園教育内容に関する学修を小学校教育にまでまたがる教育内容となるように、フレーベルの理論的学修をその理論の再解釈と適用範囲の拡張が促されるように、それぞれ再編するものであった。その根底にあったのは単純なフレーベル批判や小学校教育に関する知識習得の必要ではない。

ヴァンデウォーカーが幼小接続問題の原因として捉えていたのは、幼稚園教育の理論や教育内容が幼稚園教育だけで通用するものとして、他の学校段階の教育の理論や教育内容から隔絶して把握されていることであった。幼稚園の教育内容は幼稚園教育の立場から限定的に扱われ、またフレーベルの理論は幼稚園教育にのみ有効な理論とされていた。心理学や教育学一般に関する科目の付加的導入では、この問題は解消されない。

それゆえに彼女は、幼稚園と小学校にまたがる教育内容の連続性を重視した。また、人類学や心理学、教育学一般の観点からフレーベルの理論を再解釈し、それを子どもの関心の変化に対応させることで、幼稚園から小学校低学年までの教育を総体で捉えようとした。従来幼稚園教育に限定して扱われてきた学修内容を、小学校低学年を射程に含む形で再編し、開かれた幼稚園教育を基盤として幼小接続期の教育全体を構想したのである。

特に児童研究を通じて子どもの多様な関心の変化を把握する力を重視した点は注目される。ヴァンデウォーカーは幼小接続期を一括りの発達段階と捉え、その関心の変化は年齢に基づく一様なものではなく、その都度教員が把握することを重視した。年齢に基づく学校段階を前提としない子どもの関心の変化の把握により、「幼稚園段階の子ども—幼稚園教育理論／小学校段階の子ども—小学校教育理論」という対応関係を相対化したことで、小学校低学年教育を幼稚園教育の考え方を基盤に捉える、再解釈した幼稚園教育理論に基づく幼小接続期の教育構想が導かれたといえる。

今日の日本に目を向ければ、幼稚園教員の専門性論と小学校教員の専門性論は厳然と区別されて捉えられている[(61)]。しかし、近年では子どもの発達段階の捉え直しと各段階間の連続性への着目を背景に、中央教育審議会が幼小接続期の教育について検討を進め、他方では小学校高学年への教科担任制導入を提言している[62]。従来の幼稚園および小学校という制度的枠組は弾力化している。

このような状況下では、学校段階を自明視せず、幼小接続期という子どもの発達段階に対応した教員の専門性論を構想する必要がある。本稿の成果からは、従来の幼稚園教員の専門性論に基づきつつ、それを再解釈することで小学校低学年にまで対象範囲を拡大して、幼小接続を重視した教員の専門性論を構想する可能性が示唆される。その意味で、これまでの幼稚園教員の専門性論を、他の学校段階の教員の専門性論と関連づけて検討していく必要があるだろう。

今後はヴァンデウォーカーの教員養成論が他の機関に与えた影響の解明が課題となる。

注・参考文献

⑴本稿では、教員の専門性（professionality）を、教師が教育行為を行う際に用いる専門的知識・技術と定義する（今津孝次郎『新版　変動社会の教師教育』名古屋大学出版会、2017年、47ページ）。

⑵アメリカの幼稚園は原則５歳児が在籍する。

⑶Shapiro, M., *Child's Garden: The Kindergarten Movement from Froebel to Dewey*, The Pennsylvania State University Press, 1983, pp.131-150.

⑷永井優美「アメリカにおける幼稚園の普及と展開―小学校教育との関係に着目して―」幼児教育史学会監修、太田素子・湯川嘉津美編著『幼児教育史研究の新地平　上巻―近世・近代の子育てと幼児教育―』萌文書林、2021年、176-179ページ。

⑸Lascarides, V. & Hinitz, B., *History of Early Childhood Education,* Routledge, 2000, pp.274-275.

⑹遠座知恵「コロンビア大学ティーチャーズ・カレッジにおける幼稚園教員養成―創設期におけるカリキュラム改革を中心に―」『アメリカ教育学会紀要』第26号、2015年、52-64ページ。田中優美「国際幼稚園連盟（IKU）による幼稚園教員養成カリキュラムの標準化―連邦教育局報告書Kindergarten Training Schoolsの分析より―」『アメリカ教育学会紀要』第22号、2011年、43-57ページ。

⑺Dombkowski, K., "Kindergarten teacher training in England and the United States 1850-1918". *History of Education*, Vol.31, No.5, 2002, pp.475-489.

⑻奥田修史「1920年代のアメリカにおける幼小接続期に焦点化した初等教育教員養成改革―国際幼稚園連盟（International Kindergarten Union）による議論と教員養成カリキュラムモデルの分析―」『日本教師教育学会年報』第30号、2021年、119ページ。

⑼奥田修史、前掲論文、2021年。

⑽井本美穂「米国の20世紀初頭における幼稚園教員養成―コロンビア大学ティーチャーズ・カレッジの授業科目の分析を中心に―」『国際幼児教育研究』第22号、2015年、17-18ページ。

⑾遠座知恵、前掲論文、2015年。

⑿永井優美、前掲論文、2021年、178ページ。

⒀Vandewalker, N., *The Kindergarten in American Education*, Macmillan Company, 1908.

⒁Lascarides, V. & Hinitz, B.,2000, op.cit., p.283.

⒂Hewes, W., "Historical Foundations of Early Childhood Teacher Training: The Evolution of Kindergarten Teacher Preparation", In Spodek, B. & Saracho, O.(Ed), *Yearbook in Early Childhood Education Volume 1: Early Childhood Teacher Preparation*, Teachers College Press, 1990, pp.3-7.

⒃Vandewalker, N., 1908, op.cit., pp.55-61, pp.76-102, pp.159-182.

⒄阿部真美子「アメリカ保育者養成史―幼稚園教師養成の発生及び変化の過程―」岩崎次男編『幼児保育制度の発展と保育者養成』玉川大学出版部、1995年、229-230ページ。

⒅1912年時点の調査では、調査対象となった養成機関の公私立別数は同数であったが、私立養成機関の卒業生数は公立幼稚園教員養成機関のそれの約２倍であった。また1912年度入学者数も私立養成機関の方が多かった。田中優美、2011年、前掲論文、50ページ。

⒆表１は、International Kindergarten Union, "Report of Committee on Training Classes", *Proceedings of*

the Sixth Annual Convention of the International Kindergarten Union, 1899, pp.69-71. を基に筆者が作成した。
⑳ International Kindergarten Union, 1899, op.cit., pp.71-79.
㉑北野幸子「世紀転換期アメリカにおける幼児教育専門組織の成立と活動に関する研究―領域の専門性の確立を中心に―」広島大学博士論文、2001年、143-149ページ。
㉒ Bureau of Education, *Kindergarten Training Schools, Bulletin*, No.5, 1916, p.6.
㉓ Bureau of Education, 1916, op.cit., pp.32-37.
㉔田中優美、前掲論文、2011年、50ページ。
㉕ Lascarides, V. & Hinitz, B., 2000, op.cit., p.275.
㉖ Wood, S., "The Kindergartner a Business Woman", *Kindergarten Review*, Vol.22, No.1, 1911, pp.16-19.
㉗ Vandewalker, N., "The Curricula and Methods of the Kindergarten Training School", *Kindergarten Magazine*, Vol.15, No.9, 1903, pp.570-574.
㉘表 2 は、Minneapolis Kindergarten Association Normal School, *Minneapolis Kindergarten Association Normal School Twenty-Second Year*, 1913. を基に筆者が作成した。
㉙幼稚園教員養成機関数は、1903年時点では私立135校、公立40校であり、その後1913年に私立71校、公立76校となったという。Bureau of Education, op.cit., 1916, p.7.
㉚ヴァンデウォーカーは1857年に生まれ、ミシガン州立大学を卒業後、幼稚園や小学校で教員を務めた。その後、1897年にミルウォーキー師範学校に着任し、幼稚園教員養成課程長や校長を歴任して、1920年まで勤めた。その後は連邦教育局の幼稚園教育専門官を務め、1934年に77歳で死去した。Detroit Free Press, "Miss Nina Catherine Vandewalker", 1934, November 24. Hofer, A., "Foreword", In Vandewalker, N., 1908, op.cit., pp.v-vii. The New York Times, "Nina C. Vandewalker：Kindergarten Education Expert Had Held Post in Washington", 1934, November 24.
㉛ Vandewalker, N., 1903, op.cit., pp.570-574.
㉜ Shapiro, M., 1983, op.cit., p.147.
㉝ Vandewalker, N., 1903, op.cit., pp.568-569. Vandewalker, N., "The Standardizing of Kindergarten Training", In Bureau of Education, *Kindergarten in the United States Statistics and Present Problems, Bulletin*, No.6, 1914, p.116.
㉞ The Normal School of Wisconsin, *The Normal School of Wisconsin Catalog 1911-1912*, Democrat Company, 1912, p.113.
㉟表 3 は、Vandewalker, N., *The Place of the Kindergarten in the Wisconsin Public School System, Milwaukee Normal School Bulletin*, Vol.1, 1904a, p.13. を基に筆者が作成した。
㊱ Vandewalker, N., 1914, op.cit., p.116.
㊲ Vandewalker, N., 1914, op.cit., pp.115-116.
㊳ Vandewalker, N., 1914, op.cit., p.116.
㊴ Vandewalker, N., "The Kindergarten Conference", *University Record*, The University of Chicago Press, Vol.2, No.6, 1897, p.50. Vandewalker, N., "The Kindergarten Normal Class: Pedagogy in Kindergarten Training", *Kindergarten Review*, Vol.9, No.6, 1899a, pp.369-370.
㊵ Vandewalker, N., 1904a, op.cit., pp.13-14.
㊶ Vandewalker, N., 1904a, op.cit., p.14.
㊷ Vandewalker, N., 1904a, op.cit., pp.14-15.
㊸ Vandewalker, N., "Practical Child Study in the Kindergarten", *Kindergarten Magazine*, Vol.16, No.5, 1904b, pp.271-272.
㊹ Vandewalker, N., "The Mother Plays in Kindergarten Training", *The Kindergarten Magazine and Pedagogical Digest*, Vol.14, No.10, 1907, pp.631-638.
㊺ Vandewalker, N., 1904b, op.cit., p.272.
㊻豊泉清浩『フレーベル教育学入門』川島書店、2017年、75ページ。
㊼例えばヘルバルト主義の 5 段階教授法に関しては、子どもの思考過程を尊重するため、次第に明確な形式的段階が見られなくなった。藤本和久「アメリカ・ヘルバルト主義における授業形態論の変遷」『京都大学大学院教育学研究科紀要』第46号、2000年、368ページ。
㊽ Vandewalker, N., "Froebel vs. Herbart in American Education", *Kindergarten Magazine*, Vol.11, No.3,

1898a, pp.152-156.

(49) Ibid.

(50) Vandewalker, N., 1904a, op.cit., pp.14-15.

(51) Vandewalker, N., *Outline of Course on the Relation between the Kindergarten and the Primary School*, 1899b, p.3.

(52) Vandewalker, N., 1899b, op.cit., p.4.

(53) Vandewalker, N., 1899b, op.cit., p.15.

(54) Vandewalker, N., 1904a, op.cit., p.15.

(55) 藤武「アメリカにおける幼児教育思想の発達―フレーベルとヘルバルトの綜合について―」『大谷学報』第52巻第3号、1972年、59-61ページ。

(56) Blow, S., *Educational Issues in the Kindergarten*, D.Appleton and Company, 1908, pp.1-10.

(57) Vandewalker, N., "Child Life as Recorded in History, and Its Place in Kindergarten Training and Program Work", *Kindergarten Magazine*, Vol.14, No.8, 1902, p.471.

(58) Vandewalker, N., 1902, op.cit., p.470.

(59) Vandewalker, N., "Some Demands of Education Upon Anthropology", *American Journal of Sociology*, Vol.4, No.1, 1898b, p.75.

(60) Vandewalker, N., 1902, op.cit., p.468.

(61) 小学校教員の専門性は全教科内容知識を前提として構想されてきた一方で、幼稚園教員の専門性は保育士と併せて「保育者」として構想されてきた。船寄俊雄「戦前・戦後の連続と断絶の視点から見た『大学における教員養成』原則」『教育学研究』第80巻第4号、2013年、407-408ページ。榎沢良彦「保育者の専門性」日本保育学会編『保育学講座4　保育者を生きる―専門性と養成』東京大学出版会、2016年、7ページ。

(62) 中央教育審議会初等中等教育分科会幼児教育と小学校教育の架け橋特別委員会「幼児教育と小学校教育の架け橋特別委員会―審議経過報告―」2022年。中央教育審議会「『令和の日本型学校教育』の構築を目指して～全ての子供たちの可能性を引き出す、個別最適な学びと、協働的な学びの実現～」2021年、41ページ。

［付記］

本稿は、JSPS科研費（課題番号20J20265）の助成による研究成果の一部である。

ABSTRACT

Development of Teacher Training Theory Emphasizing the Connection between Kindergartens and Primary Schools during the Period of Development of Kindergarten Education in the United States: The Discussion by Vandewalker

OKUDA Shuji
(Graduate Student, University of TSUKUBA / JSPS Research Fellow)

By analyzing the author's during the period of the development of kindergarten education in the United States, this study clarifies the characteristics of Vandewalker's theory of teacher training, which emphasizes the kindergarten-primary school connection.

The number of kindergartens in the United States increased rapidly after the 1870s, and with the spread of public school kindergartens, awareness of the connection between kindergarten and primary school increased. However, kindergarten teacher training is still centered on Froebel's theoretical studies. Additionally, with priority given to the quantitative supply of kindergarten education, private training schools began to secure students as cheap labor through teaching practice, and kindergarten teacher training took a backseat.

Considering the negative consequences of such a situation, to establish the significance of kindergarten education in the public school system as a whole, Vandewalker developed a theory of teacher training emphasizing the connection between kindergarten and primary school. First, she reduced the proportion of teaching practice and strengthened the theoretical study of educational content that spanned kindergarten and primary school. Second, by reinterpreting Froebel's theory and adapting it to children's diverse and changing interests, she sought to expand its scope of application to primary education. Third, she also attempted to reinterpret Froebel's theory from an anthropological perspective, with an awareness of its relationship to Herbart's theory.

In conclusion, by emphasizing the connection between kindergarten and primary school, Vandewalker's theory of teacher training reorganized the contents of study, which had previously been limited to kindergarten education, to include the primary grades. It also envisioned an open kindergarten education as the basis of kindergarten-primary education. At the root of this was an awareness of the problem that the theory and content of kindergarten education was viewed in isolation from that of education in other school stages.

Keywords : **kindergarten teacher training, Nina C. Vandewalker, the professionality of teachers, kindergarten-primary schools connection**

日本教師教育学会年報

第31号

4

〈研究倫理の広場〉

研究倫理の広場

教師教育研究における研究倫理の今日的課題(3)

はじめに
教師教育をはじめるための研究倫理を考える

紅林伸幸（研究倫理委員会）

本学会誌に「研究倫理の広場」が新設されて、3回目の特集になります。これまで、本コーナーでは、本学会が研究倫理に関する学会サービスを充実させる必要が高まっていることについて、会員の皆様と共通理解を図ることを目的とした特集を組んできましたが、本号ではいよいよ研究を進める上での研究倫理の具体的な課題について考える場を持つことにいたしました。

諸事業やそれらの改革改善がエビデンスに基づいて行われるようになって、研究の重要性はこれまで以上に高まっています。しかし、重要性が高まったことで、研究が特権的に、好き放題に何でもできるようになったわけではありません。研究が重要な役割を果たすことができるのは、研究が正当に実施され、厳正に結果を生み出しているという信頼があるからです。従って、その信頼を維持することが研究には強く求められるようになっています。つまり、研究倫理の遵守・徹底は、個人的な課題であるだけでなく、科学の発展や社会の前進にかかわる社会的な課題でもあるのです。言うまでもありませんが、教師教育研究も例外ではありません。おそらく多くの会員の皆様が、研究を通してそうした信頼を作り上げていることを実感されているのではないでしょうか。

私の所属機関では教職大学院の全院生が研究倫理教育を受講し、研究倫理審査を受けることになりました。彼らが研究を始めるにあたって最初にしなければならないことが、研究校の管理職に研究への同意書をもらうことです。院生は自分の計画している研究について十分な説明を行い、同意書に署名捺印してもらわなければなりません。研究を始めて数ヶ月でこれを行わなければならないのですから、簡単なことではありません。実際、研究の計画が十分でないために許可されず、研究計画を練り直さなくてはならないケースも起こっています。

研究がスタートすればそれですんなりと進んでいくわけでもありません。研究に必要なデータをつくることについてもその都度了解を求めなければなりません。分析のためにデータを校外に持ち出すことにも許可が必要です。私たちが当たり前にやってきたことが、当たり前ではないことを、院生の指導を通して私も再認識させられています。

しかし、これらのことに躓いてしまっては、研究は始まりません。とりわけ最初の契約や関係づくりは、研究の実施過程や成果の報告にも影響を及ぼす大事なものです。研究の継続や研究成果の公表を拒否することも協力者の権利だからです。

以上のような現在の研究環境を踏まえて、本号の「研究倫理の広場」では、教師教育をはじめるための研究倫理を考える特集を組ませていただきました。寄稿していただいたのは、研究倫理委員会が主催した第1回研究倫理学習会と第2回研究倫理学習会でもご講演いただいた姫野完治会員（北海道教育大学）と三品陽平会員（愛知県立芸術大学）です。

姫野会員の報告は、ご自身の研究や教職大学院での指導のご経験をもとに、教育実践研究に臨むスタンスや教育と研究の相互関係を検討し、教育実践研究を進めるうえで研究者が考えておきたいことをご提案いただいたものです。また、三品会員の報告は、アメリカ心理学会の質的研究デザインの執筆基準を用いて本学会の質的研究論文を評価した研究成果に基づき、質的研究方法を用いる教師教育研究が配慮すべき研究倫理事項とその要点をご指摘いただいたものです。両会員の報告を元に、私も改めて自分自身の研究活動を振り返ってみたいと思います。

教師教育研究を行う際の倫理的課題と心がけること

姫野完治（北海道教育大学）

1．はじめに

昨今の社会問題や今後の持続的な発展に向けて、科学が果たす役割は極めて大きい。一方、科学に対する信頼を損なうような事案も発生しており、科学研究における倫理や行動規範をいかに順守するかが喫緊の課題となっている。教師教育研究においても、研究倫理や行動規範が重要であることは、誰もが頭では理解している。それにも関わらず、倫理上の配慮が欠如した研究が後を絶たない。

本学会では、教師教育学会研究倫理規程を策定し、2019年９月開催の第30回定期総会で採択してきた。また、2020年発刊の日本教師教育学会年報第29号から、誌面上に「研究倫理の広場」を設け、研究倫理の啓発に力を注いでいる。しかしながら、学会発表や投稿論文において研究倫理上の配慮が不足しているものも散見されており、その現状が第１回研究倫理学習会で報告された（高野、2021）。

本稿では、この学習会での報告をふまえ、教師教育に関わる実践研究を進める上での課題と心がけることを検討する。

2．教師教育研究において倫理的課題が生じる背景

教師教育研究における倫理的課題を検討する上で、まずは教師教育分野において倫理的な課題が生じる背景を整理していく。

(1)教育と研究の間で

教師教育研究に関わらず、教育領域においては教育と研究の境界が明確ではない特性があり、かつては自然科学領域と比べて倫理的配慮に疎いこともあった。例えば、学校現場や大学等では、教育活動の改善のために生徒や学生を対象としてアンケートを行うことがあるが、指導者―被指導者という権力関係があるにも関わらず、インフォームドコンセントの意識はどちらかというと薄い傾向にある。また、私たちが学校現場へ授業参観や指導助言に伺うと、子どもや保護者の承諾なしに写真やビデオの撮影が許可される場合も意外と多い。今でこそ、個人情報の保護や研究倫理意識の高まりによって、こうした問題に敏感になりつつあるが、教育と研究の境目が明確ではない中で、どこまでが教育の範疇かを厳密に規定することは難しい。

その具体的な事例として、校内研修の一環として授業参観と事後協議を行う際に、子どものノートを印刷・共有する場面を考えてみる。担任教師による個人的な振り返りや、校内に所属する教師間で授業改善のために用いるのであれば、特段の配慮は必要ない。そこに他校の教師が参加する場合、もしくは学校の研究紀要に掲載する場合を考えていくと、研究倫理意識を高めていく必要が出てくる。ノートを書いた子どもの氏名がなければ個人が特定されるリスクはずいぶん軽減されるが、学外に個人的な情報が表出することには細心の注意が必要である。これは、大学等で行われるFD活動でも同様である。しかしながら、このような研究を計画し、研究倫理審査にかけようとすると、「研究倫理審査の必要はなく、教育の範疇で行うことが可能ではないか」と意見をもらうこともある。研究倫理や行動規範の重要性は高まっているものの、教育と研究の境界には、今なお曖昧な領域が存在している。

⑵教師教育実践を対象とした研究の増加

かつての教師研究は、教師の専門性や教師像を理念的に探究し、「教師はどうあるべきか」を問う研究が多勢であった。しかしながら、教師の専門性を問い出すと、「人間性と能力」、「専門家と労働者」のような異なる立場があり、はっきりとした結論には至らない。そこで、教師の専門性を問うことはひとまず棚に上げ、教育活動を実際に担っている教師の思考や信念、教師教育実践を対象とした研究が増えてきている。また、日本の学校現場で昔から取り組まれてきた校内授業研究の価値が世界的に認められ、Lesson Studyとして注目されたこと、2008年以降に教職大学院が創設され、実践に根差した研究活動が盛んになったことで、よりいっそう教師教育実践を対象とした研究が増えつつある。教師教育実践そのものを研究対象とする場合、教育活動の一環とも捉えられることから、⑴で述べたように、倫理的な課題を意識することなく調査研究が行われる場合もある。

⑶教師教育研究者の多様化と研究作法の継承

教師教育の営みは、主に大学で行われる教員養成と、教員採用後に行われる教員研修に区分される。これまでは、理論的研究を専門とする大学教員（いわゆる研究者教員）が教員養成を、実務経験の豊富な指導主事や管理職等が現職教員の研修を主に担ってきた。これが、2008年度以降に教職大学院が創設されたことを契機に、教師教育者および教師教育研究者の位置づけが大きく変わってきている。実務経験を有する教員（いわゆる実務家教員）を4割以上配置することが義務付けられたことにより、学術的な研究文化とは異なる背景を持つ大学教員が、教師教育実践や教師教育研究に関与するケースも増えている。教育現場が直面する課題解決を中心に据えた実践的な研究を行うことで、教師としての指導力やマネジメント力の向上に寄与する一方で、学術的な研究作法などが継承されていないといった課題も指摘されてきている（長谷川、2020）。教職経験を有する大学教員を増やそうとする政策的な動向もあり、教職大学院を修了した後に大学教員として勤務するケースも増えている。その中には、研究作法等を身に付けないまま学術の世界に入ってしまう場合も少なくなく、学生指導において研究倫理や行動規範を十分指導しきれない状況も生まれている。

3．教職大学院の研究指導に携わって感じること

先述したような背景を乗り越えようと、各教員が研究指導に力を入れているところではあるが、実際に学生指導に携わっていると、研究倫理上は問題なくても、教育上疑問を感じるケースも少なからず存在している。

⑴学校における研究文化と課題の問い直し

教職経験豊富な教師が大学院生として研究を行う際、自分なりに持っていた課題意識に基づいて研究テーマを決める場合が多い。ただ、そういった課題意識を深く問い直すことなく、自分自身の偏った見方のみで研究テーマとして設定してしまい、結果的に学校現場に過度な負担を強いてしまう場合が散見される。

ある中堅現職教師は、教師の多忙に対して問題意識を持って大学院に進学した。「教職員の多忙解消のため、教師各々の持っている知を伝えたい」との思いから、全教師に全授業の指導案作成を依頼し、それを蓄積することによって、多忙を解消したいという研究計画を立てた。

一般的に研究を進める場合、教師の多忙の背景には何があるのか、指導案を共有することによって多忙は解消するのか、そもそも伝えられて嬉しい知とは何か等、課題意識を問い直し、リサーチ・クエスチョンやリサーチ・デザインにつなげていく。しかしながら、当該の大学院生は課題を問い直すことなく実践研究を行い、しかも同僚の協力を得て論文にまとめ上げた。この突破力と同僚からの信頼は敬服に値するのだが、結果的に蓄積した指導案は全く使われな

いまま、教師の異動とともに廃棄されるに至った。

教師教育に関する実践研究を行う際、研究倫理に配慮をすることはもちろん重要なのだが、研究作法を無視した研究を推進することで、ただでさえ多忙な教師や学校を追い詰めることに加担してしまう場合さえありうるということを自覚しておく必要があるだろう。

⑵研究成果と教育成果のせめぎ合い

教育実践の効果を測定するためには、様々な方法が想定されるが、統制群と実験群を設け、それらを比較することによって検証する方法が一般的によく用いられる。

例えば、ICTを授業で取り入れることの意義を明らかにすべく、一つのクラスではICTを活用した授業、もう一つのクラスではICTを活用しない授業を行い、それによる成果の差を見ようというのである。こういった方法は、実験研究ではよく用いられており、研究倫理上特に問題はない。しかしながら、教育の平等を保障すべき学校教育の一環として行うとすると、配慮が不足していると考えられる。もちろんICT活用にもメリット・デメリットあるわけだが、実験群の子どもにはICTに触れる機会があり、統制群の子どもには保障されていない環境を意図的に設けることは、等しく教育を受ける機会を提供することに反している。このような場合、例えば調査以外の機会に、統制群の子どもがICTに触れる機会を設けるなど、教育と研究の両面からの配慮が求められる。

⑶研究倫理審査の現状と直面する課題

研究を進めるにあたって、研究倫理審査を受けることは、自然科学領域では当然のことである。一方、教育領域においては、研究倫理審査を担う組織が大学・学部内に設置されていないことも少なくなく、審査を受けたくても受けられない場合もある。また、現職教師など高等教育機関に勤務していない場合も、審査を受けることが難しい。加えて、審査体制が整っていたとしても、そもそも大学での研究倫理の審査基準が理系・医学系基準となっていることが多く、教育実践研究に独自の基準が設けられていないことも、今後検討していく必要があるだろう。審査体制と研究倫理にセンシティブな風土をどのように構築するかは喫緊の課題と言える。

また、筆者が指導するゼミでは、学会や大学紀要等で発表することを想定して、可能な限り研究倫理審査を受けるよう指導しているが、現実問題として、全ての教職大学院生が研究倫理審査を申請すると、審査体制を維持できなくなるという体制的な難しさもあると聞く。また、研究倫理審査を受け、調査時のインフォームドコンセントやデータ管理等を厳格にしたとしても、現職大学院生の場合、一般的に所属校＝調査校であるため、所属を示すことで調査対象が特定されやすいという事情もある。研究倫理審査を受ける体制を整備するとともに、審査を受けたから万全という意識ではなく、教師教育研究に特有の事情があることに細心の注意を払う必要があると考える。

4．おわりに

研究倫理に関しては、日本学術振興会が研究倫理教育のためのe-Learning教材eLCoReを開発し、各大学でも研究倫理のセミナーを開催する等、年々強化されている。ただ、教師教育研究においては、教育界特有の難しさもあることをふまえた倫理教育やFDの充実を図っていく必要があるだろう。

【付記】

本稿は、日本教師教育学会研究倫理学習会（2021年6月4日、オンライン開催）における報告「教育実践研究を進める上での課題と心がけること」をベースとして、再構成したものである。

参考・引用文献

・高野和子「大会発表要旨原稿からみえる研究倫

理上の課題」『日本教師教育学会第１回研究倫理学習会』2021年
・長谷川哲也「『教員育成』がもたらす共同の姿と研究倫理の意義」『日本教師教育学会年報』第29号、pp.98-101、2020年

質的研究論文における方法論明示の必要性

三品陽平（愛知県立芸術大学）

「研究倫理」といわれるとき、通常は研究参加者の保護等が念頭に置かれるが、そのほか、研究の「社会貢献」や「学問の質」もその範疇に含まれる。そして「学問の質」には、研究不正に関することだけではなくて、研究の方法上の徹底性も含まれる。

本稿では、研究倫理のうち、研究の方法上の徹底性に着目し、質的研究論文における方法論の明示が、方法に関する適切な記述につながることを示唆したい。

１．質的研究方法に関する論文読者の困惑

質的研究は少数事例（例えば、少人数から得たインタビュー）をデータとすることが多く、かつ、われわれが日常用いる言葉に基づいて分析を進めることができる。こうした外見上の特徴は、統計的手法を用いる量的研究と比較して手軽でとっつきやすい印象を研究者に与える。この印象は、「質的データでなければならない」といった積極的理由によってではなく、「量的データを取り扱えないから」「簡単そうだから」といった消極的理由によって質的研究が選択される要因になっているかもしれない。

ただ、質的研究を選択する理由が何であれ、その質的研究論文が研究としての体をなしていれば問題ないとも言える。問題なのは、その論文を読んだとき、「なぜこの研究は質的データでなければならないのか」「データ数はなぜこの数（例えば、２や３）でなければならなかったのか」「どうしてこのデータ分析手法を採用したのか」といった方法選択の理由が読者にとってわからない場合である。

ここでいう方法とは、「研究参加者の選択方法」や「データ取得方法」、「記録データの取り扱い方」、「データ分析手法」などを指す。この方法の説明には、データ取得上の倫理的配慮に関する記述や、データ取得をおこなう調査者およびデータ取得される研究参加者の情報の記述、両者の関係性についての記述なども含まれるだろう。

こうした、方法に関する記述が適切になされていない場合はもちろんのこと、その方法が論文の目的（そして結論）と整合していない、あるいは方法間に整合性がないと感じられる場合、私たちはその論文の結果を受け入れがたく感じる。

ところで、方法に関する記述の適切性や整合性について、私たちは何に基づいて判断することができるのだろうか。この問いを念頭に置きつつ、次に、2020年度日本教師教育学会大会「課題研究Ⅰ部会」での私の報告、「教師教育領域における質的研究論文の質について―方法（論）的要件の観点より―」の要点に触れたい(1)。

２．『日本教師教育学会年報』に掲載された質的研究論文の分析結果

この研究において私は、『日本教師教育学会年報』第１号から第28号（2019年発刊）で掲載された質的研究論文39本の、方法上の記述の有無および適切性を36項目に分けて分析した。その結果、記述されるべき方法上の記述を欠く割合が、項目ごとの平均で５割をこえていることが明らかとなった。これは、掲載された質的研究論文の中には方法上の記述が適切とは言い切れないものがあるかもしれないことを示唆している。しかし、本稿ではそれよりも、評価項目「探究アプローチ」と「調査デザイン」に関する記述のない論文の割合がそれぞれ、79%、67%であったという事実に注目したい。

「探究アプローチ」とは、「調査の依拠する伝統あるいは戦略に関する理解を描写する哲学的

諸前提に関係するもの」であり、「記述的、解釈的、フェミニスト、精神分析的、ポスト実証主義的、批判的、ポストモダン、あるいは構成主義」などが例として挙げられる（Levitt et al. 2018: 32）。また、「調査デザイン」とは、上述の「探究アプローチ」に加えて、それに基礎づけられたデータ収集戦略・データ分析戦略の組み合わせのことである。例えばグラウンデッド・セオリーやナラティブなどがそれにあたる（Levitt et al. 2018: 32）。

つまり、これら項目は、調査目的との関連においてなぜその方法を選択したのかに関しての読者の理解を助ける情報に関するもの、言い換えれば、その研究論文の依拠する方法論に関するものである。「探究アプローチ」や「調査デザイン」の記述があれば、その論文に書かれるべき方法上の内容が読者にもかなり明白となる。例えばポスト実証主義的な（初期の）グラウンデッド・セオリーと書かれていれば、それだけで、研究参加者の選択方法やデータ収集停止のタイミング、データ分析手法に関して当該の論文が適切な記述をしているか否かが判断しやすくなる。

ところで、各質的研究論文を分析した際、ある方法に関する記述が必要であるか否かや、記述内容が適切であるか否かについて、自信をもって判断できないことがしばしばあった。なぜならば、多くの論文において「探究アプローチ」や「調査デザイン」に関する記述がなかったからである。ではそれら手がかりがなかった場合にどう分析したのかといえば、私は主に調査の目的を頼りにした。例えば目的として「一般化」が目指されているならば、「少なくない量のデータ数が必要であろう」とか、「調査者の中立的立場を確保するデータ収集手法、データ分析手法がとられているだろう」とかと予測できる。また、「研究参加者の内的経験の理解」が目指されているならば、「少数の研究参加者から取得したデータ数でもよさそうだ」とか、「データの質に影響しうる調査者の特徴に関する記述が必要だろう」とかと予想できる。しかし、例えば、上述した調査者の特徴をどの程度詳しく記述すべきかについては、その論文が現象学的立場なのか批判理論的立場なのか等で変わりうる。そのため私は、「探究アプローチ」や「調査デザイン」に関する記述がない論文に関しては、主に調査目的を頼りに、推測というよりは憶測によって分析を進めざるを得なかった。このことは、私の分析の信頼性（再現可能性）を損なうものであったと考える。ただ、「探究アプローチ」や「調査デザイン」の記述、つまり、方法論に関する記述がないため、そもそも方法上の適切性を判断しづらい論文が多い、という分析結果は確かであると考える。

3．方法論を明示することの必要性

方法に関する記述の適切性や目的と方法の整合性、および方法間の整合性について、私たちは各論文に記された調査の目的に依拠してある程度判断することができる。ただ、それは「ある程度」であるにすぎず、あいまいな点が残る。そしてこのあいまいさは、研究方法や研究結果の解釈に関して読者を迷わせるものとなりうるし、査読者にとっては論文評価を難しくするだろう。

したがって、質的研究論文の方法上の徹底性の点からすれば、調査の目的のほか、方法論を論文中に明記することが必要であると言える。それらは、読者が論文の方法上の適切性を評価する際の基準となる点で不可欠なのである。

ただ、研究遂行の面から言って、論文執筆時に方法論を意識したのでは遅い、ということを付け加えておきたい。方法論を検討しないまま研究を進め、論文執筆段階においてその必要性に気付き、それらしいものを書き、それに合わせて論文全体を作り変えるようなことは、かえって研究倫理にもとる行為である。方法論は研究計画段階でいくらか固めておく必要がある。そうすれば、論文執筆段階で困ることがないのはもちろん、調査目的を達成するために必要な方法選択の助けとなる。つまり、方法論は質的研究論文にとって欠かせない情報であるが、それ以上に、研究プロセス全体にとって重要なものであると言える。

4．おわりに

教師教育研究において質的研究は魅力的である。なぜならば、量的な分析では接近しがたい問いに踏み込むことができるからである。また他方、質的研究は、簡単に手が出せそうに見える点で研究者を魅惑する。さらに、研究を前提としたわけでも倫理的手続きを踏まえたわけでもない、たまたま手元にある教育実践データを研究論文に仕立てることができそうに見える点でも、質的研究は研究者を惑わすものとなりうる。

質的研究の計画段階から、あるいはそれ以前から方法論について検討することが求められる。なぜならば、質的研究の遂行がその外見以上に困難であることを気づかせてくれるし、同時に、方法上の迷いをいくらか払しょくしてくれるからである。そしてさらに、質的研究論文における方法上の徹底性を確かなものにしてくれるからである。

注

⑴詳しくは三品（2021）。

引用・参照文献

三品陽平（2021）「教師教育学領域における質的研究方法を用いた論文の質の分析―方法または方法論に関する要件より―」日本教師教育学会第10期研究部　課題研究Ⅰ部会（編）『研究活動報告書　教師教育研究の成果と課題―新たな地平を切り拓く―』

Levitt H. M., Bamberg M., Creswell J. W., Frost D. M., Josselson R., Suárez-Orozco C.（2018）“Journal Article Reporting Standards for Qualitative Primary, Qualitative Meta-Analytic, and Mixed Methods Research in Psychology: The APA Publications and Communications Board Task Force Report,” *The American Psychologist*, Vol. 73（1）, 26-46.

情報提供
研究倫理を学ぶ人のために

研究倫理委員会

研究倫理委員会では、「会員の研究倫理の啓発並びにその学習機会の提供に取り組む」という本委員会の設置趣旨に基づき、⑴研究倫理学習会の企画運営、⑵年報「研究倫理の広場」の企画、⑶HP等を通じて研究倫理関連事項の情報提供に取り組んでいます。特に、研究倫理学習会の企画運営では、受け身的な参加にとどまりがちな講演会ではなく、参加型の学習会にすることを目指して企画運営を行っています。

新型コロナウイルス感染症の影響によりオンラインでの実施となった第1回学習会（2021年6月4日）では高野和子会員（明治大学）と姫野完治会員（北海道教育大学）にご報告いただいた後、参加者の意見交流の時間を設けました。そこでは、研究環境の変化による倫理問題の複雑化や、教職大学院の現職教員院生が自分自身の実践を研究する際の倫理的配慮など、研究倫理を扱う難しさについて議論が交わされました。また学習会後には、学習会参加者および録画視聴者を対象にGoogleフォームを使ったアンケート調査を実施しました。アンケートでは、所属機関の研究倫理審査が理系基準となっており教育実践研究の倫理審査体制が確立されていないなどの指摘がありました。また、自分自身の研究活動を振り返りながら研究倫理について考える機会になったことや、学習会の敷居を低くして学会員への啓発活動を地道に行っていく必要があることなど、学習会の企画運営への意見も寄せられました。

第2回学習会（2022年2月15日）では、吉岡真佐樹会員（京都府立大学）と三品陽平会員（愛知県立芸術大学）の報告の後、後半はブレイクアウトルームを使って小グループに分かれて意見交流を行いました。そこでは、主として教師教育実践の当事者の視点からの議論が展開されました。研究倫理の利益相反の観点から、大学や教職大学院の授業での学生レポート等を研究資料とすることが難しくなっていること、倫理審査で承認された研究計画に沿った実践報告にならざるを得ないことなど、研究倫理を基に実践研究を遂行する上での課題を共有することができました。また、学習会後には、学習会参加者および録画視聴者を対象にGoogleフォームを使ったアンケート調査を実施しました。報告に対する意見や質問だけでなく、倫理的配慮がなされた実践研究の方法や報告における倫理的配慮の適切な方法、学会に期待することなどの意見が寄せられました。今回は本委員会の検討事項として受け止め、それらの公開は行いませんでしたが、今後は学習会で交わされた議論を会員が共有できる方法も検討していきたいと考えています。

今後も参加型の学習会として充実させるために企画運営の改善を図っていくつもりですので、会員の皆様には、研究倫理学習会への積極的な参加をお願いいたします。

〈研究倫理に関するeラーニング・サイト〉

◇一般財団法人公正研究推進協会（APRIN）提供　研究倫理教育eラーニング
APRIN eラーニングプログラム（eAPRIN）
【APRIN e-learning program（eAPRIN）】
https://edu.aprin.or.jp/

◇独立行政法人 日本学術振興会
研究倫理eラーニングコース（e-Learning Course on Research Ethics）［eL CoRE］
https://elcore.jsps.go.jp/top.aspx

◇国立研究開発法人 科学技術振興機構
THE LAB 研究公正ポータル
http://lab.jst.go.jp/index.html

〈研究倫理に関する参考資料〉

◇「科学者の行動規範」　日本学術会議
https://www.scj.go.jp/ja/scj/kihan/

◇「科研費ハンドブック（研究者用）」　日本学術振興会
https://www.jsps.go.jp/j-grantsinaid/15_hand/index.html

◇「科学の健全な発展のために―誠実な科学者の心得―」　日本学術振興会
https://www.jsps.go.jp/j-kousei/data/rinri.pdf

◇「研究に関する指針について」　厚生労働省
https://www.mhlw.go.jp/stf/seisakunitsuite/bunya/hokabunya/kenkyujigyou/i-kenkyu/index.html

◇「研究機関における公的研究費の管理・監査のガイドライン」　文部科学省
https://www.mhlw.go.jp/stf/seisakunitsuite/bunya/hokabunya/kenkyujigyou/kanrikansa/index.html

◇「研究活動における不正行為への対応等に関するガイドライン」　文部科学省
https://www.mext.go.jp/a_menu/jinzai/fusei/index.htm

日本教師教育学会年報
第31号

5

〈書評・文献紹介〉

〈書評〉

船寄俊雄・近現代日本教員史研究会 編著

『近現代日本教員史研究』

長谷川　鷹士（早稲田大学）

本書は船寄俊雄氏が神戸大学大学院人間発達環境学研究科を定年退職するにあたり、その指導を受けた修了者を中心として編まれた研究書である。しかし、「退職記念」という位置づけにとどまらず、現在の教員史研究の到達点を示す意欲的な研究書でもある。船寄氏の「教員像を軸として教員総体を視野に入れた教員史研究が進んでこなかった」という言葉にその問題意識は表れている（p.ii）。

近代から現代までの100年以上にわたる教員史を編むことが目的とされていることもあって、序章、終章を除いて10章構成、節ごとに独立した内容を扱っているので29のユニットから構成されている。その内容を簡潔に示すのは難しいが、可能な限り要約してみたい。

序章では油布佐和子氏の研究で明らかにされた「二〇〇九年型教職観」(①仕事と私生活の切り離し、②仕事の範囲限定、③管理職の指導の下、④学力向上を目標にする、「教職の矮小化」ともされる教職観）を手掛かりに、その形成過程と超克の可能性を歴史に探るという本書の基本的スタンスが示されている。

第1章では「『啓蒙』の時代と教師」として、「小学教師心得」、伊藤忍「授業日記」、「小学校教員心得」といったよく知られた政策、史料に「開明主義的小学校教師像」の連続という位置づけを与えている。

第2章では「国家の規範と教職意識」として、教師聖職論を中心としながら、森有礼、井上毅、沢柳政太郎それぞれの教師論の特徴を論じている。特に沢柳の教師論が現場の教員に広く受け入れられたことに着目し、教師論の「下から」の形成をも論じている。

第3章では「小学校教師像の再定位」として教職の社会的地位の低下や、国定教科書の導入による「しごとの矮小化」など、明治後期に進展した社会状況に、小学校教員がどのように対応したのかを論じている。教育雑誌『日本之小学教師』や加藤末吉の教師論などに着目しながら、困難な状況の中、小学校教員の「生きがい」をどこに位置づけようとしたのかを論じている。

第4章では「教師における人間と制度」として、研究の蓄積の厚い大正新教育を対象としながら、「教育実践史研究」ではなく、「教員史研究」であるという本書の立場から、「教師の人間性と眼前の制度との矛盾に焦点化」して論じている（p.12）。芦田恵之助などの修養論に着目し、小学校教員が社会に目を閉ざす傾向を指摘する一方で、国家・社会批判を踏まえた教師論として志垣寛の論を取り上げ、社会に目を開く教師論の可能性を論じている。同時に志垣の戦時体制への協力を指摘し、志垣に代表されるこの時期の「教職意識」の在り方そのものを問い直す必要にも言及している。その他、「白樺派教師」「女性教師」についても論じている。

第5章では「教師の労働者性の自覚と教職意識の深まり」として、労働者性の問題を上田庄三郎を対象に選択し、教職意識の深まりを学年別教育雑誌『教材王国』と、斎藤喜博の教育実践を対象に選択し論じている。上田と斎藤は戦前期の教育実践家として著名であるが、その国家・社会へのかかわり方の違いが「天職意識の克服」と「『求道』としての教職意識」の対比として描かれている。また『教材王国』、斎藤は共に授業に関わる教職意識を分析されているが、前者は「授業技術」、後者は「教育実践」概念に焦点づけられている。

第6章では「戦時下の教師たち」として野口援太郎、上甲米太郎などをとりあげてその植民地認識の対立を論じ、また教師の思想対策の具体例を兵庫県御影師範学校付属小学校を事例として論じている。野口、上甲共に師範教育を受けているが、上甲は社会科学の文献なども読んでいたため、植民地教育を批判する視点を持ちえたと論じている。

第7章では「教師像の模索と再生・創造」として、敗戦後の教師の教職意識の刷新について、①民主教育への認識、②労働者性への認識、③戦争責任への認識の3点から考察している。この3点について、大勢としては主体的に選び取っていった教師は少なかったことが指摘されているが、①については松本瀧朗、③については金沢嘉市などを取り上げて、主体的な教師像模索の足跡を跡付けている。

第8章では「『逆コース』と教師の自由を求める教師たち」として、日教組教研集会や民間教育研究サークルといった教育研究活動や、教科書裁判、勤評闘争といった政治闘争を取り上げている。こうした活動を通じて、教師に国家・社会と結びつけて教育実践を捉える教職意識が形成されたことを論じている。

第9章では「高度経済成長下の競争主義的教育を超克する教師たち」として、1970年代の経済成長のための教育と対決した岸本裕史、1980年代の管理主義教育を相対化した能重真作、この時期に障害児教育に携わった青木嗣夫を取り上げ、検討している。時期ごとに耳目を集めた「教育問題」への取り組みを通じて、それぞれの教師がどのような「教職意識」を持つに至ったかが論じられている。

第10章では「新自由主義教育を超克する教師たち」として、1990年代以降進展した「新自由主義教育」とその結果、生み出されたとされる「二〇〇九年型教職観」を超克する教職観を津田八洲男、金森俊朗、徳水博志の実践を事例として描き出している。それは子どもを理解し、社会構造を批判的に考察できる教師であるとされている。

終章では各章の内容を再度まとめ、最後に「知の足腰の強い教職観」を提起し、そうした教職観を下支えする教育史的教養の重要性を主張している。

以上が本書の内容の簡単な要約である。評者の力量不足もあって、不適当な要約もあるかと思うが、ご海容いただきたい。

さて本書は明治維新以降、今日までの教員史を、教員たちの「教職意識」という観点から整理した労作であるが、その意義は大きく以下の2点にあると評者は考える。

(1) 史料の位置づけを明確化した。

序章で述べられているように本書の構成は、寺﨑昌男編『近代日本教育論集6 教師像の展開』(1973年) と叢書『日本の教師』第22、23巻、寺﨑・前田一男編『歴史の中の教師Ⅰ・Ⅱ』(1993、1994年) に多くを負っている。特にこうした資料集に採録され、解説を付された史料を意識的に使用し、「教職意識」という観点から歴史的位置づけを与えているのが本書の一つ目の意義であろう。

(2) 近年の教育実践を教員史に位置づけた。

序章で述べられているように戦後教員史研究は立ち遅れており (p.6)、特に高度経済成長期以降をどのように描き出すかは喫緊の課題であった。高度経済成長以降は、前田一男氏などが指摘しているように、教師は教育実践にあたって国家や産業界との関係だけではなく、経済的に豊かになり、子どもの学歴取得に熱意を持つ家庭との関係にも悩むようになったのである。そうした状況は1990年以降の新自由主義教育によってより「深化」しているであろう。そうした「現代的課題」への教師の取り組みを描き出している。

もちろん高度経済成長期の教師については寺﨑・前田『歴史の中の教師Ⅱ』でも扱われているが、一人一人の教師の「教職意識」にまで迫れるものには必ずしもなっていなかった。本書では岸本裕史、能重真作、青木嗣夫と対象とする教師を絞ることで、一人一人の教師が高度経済成長によって変化する社会状況にどのように向き合ったのかを説得的に描き出している。

また『歴史の中の教師Ⅱ』以降、通史的な教員史が編まれていなかったため、研究上、空白になっていた新自由主義教育に立ち向かった教師の実践についても津田八洲男、金森俊朗、徳水博志といた教師たちに着目することで、一人一人の教師がどのように立ち向かったのかを描き出していると言える。

以上のように本書は多くの意義を持っている。そのうえで評者の視点から気になった点を特に1点、指摘しておきたい。

評者は戦前の初等教員養成機関であった師範学校における教員の資質能力形成について研究を進めている。そうした評者の視点からすると本書での教員養成の扱いにやや疑問を抱かないでもなかった。たとえば序章で寺﨑「教師像の展開」の章構成を「Ⅰ 師匠から教員へ」「Ⅴ 教育実践の探究」までの「五つの柱」からなると紹介しているが（p.4）、実際には存在する「Ⅵ 師範教育への批判」を除外しているのは奇妙である。教員養成史は教員史で扱う必要はないということであろうか。しかし、寺﨑氏の「総じて近代日本の教師の歴史を政策・法制・実践・生活・養成・教師論などの諸側面から総合的に研究する仕事は今後に残されている」という指摘を踏まえて、「本書は五〇年ぶりにその空隙を埋めようとする試みである」（p.6）とまで述べている以上、教員養成をよりしっかりと叙述の中に位置づける必要があったのではないだろうか。

もちろん、上田庄三郎や斎藤喜博、金森俊朗などを扱った節で簡単に養成経験に言及してはいる。しかし、教師になってからの自己修養の記述と比べると、その記述は薄いように感じられる。また上田、斎藤の際の「師範タイプ」への言及に顕著なように画一性などの養成教育のマイナス面への着目に重点が置かれている点も気になる。市川昭午氏が「教員の望ましくない性格は養成機関で形成され、学校現場ではもっぱら望ましい傾向だけが伸展するという主張」[1]と整理したような叙述になってしまっている側面はないであろうか。

「昭和の時代には、戦前師範学校教育と学校現場において育った教師の活躍とその継承が続いたことによって、社会における学校と教師の役割が果たされてきたが、平成の時代を迎えて世代交代によってその継承が弱まり、途切れたことにより、公教育においてさまざまな弱点が露呈するようになった」[2]という師範教育を一定程度、肯定するような認識を、教職課程コアカリキュラムを推進した横須賀薫氏が示している。こうした認識と批判的に対峙する教員史は、先に見た寺﨑氏の指摘にあるような教員史を「総合的に研究する仕事」によってこそ可能であろう。その点は本書の登場をもってしても、なお課題として残されているように評者には感じられた。

以上のような疑問点はあるものの、近代から現代までの教員史を「教職意識」に着目して総覧した本書の価値は揺らぐものではない。特に日々の教育実践に格闘している現場教師の皆様にこそ手に取ってほしい好著である。

注

(1)市川昭午「師範タイプからの脱却」『教職研修』2014年11月、116ページ。
(2)横須賀薫監修『教職課程コアカリキュラム』ジダイ社、34ページ。

（風間書房、2021年12月発行、A５判、800頁、本体4,500円＋税）

〈書評〉

秋田喜代美・藤江康彦 編著

『これからの教師研究——20の事例にみる教師研究方法論——』

高井良 健一（東京経済大学）

1. 本書のオリジナリティ

本書は、教師についてもう一歩深く学問的に研究したいと考えている学徒に向けた福音の書である。これまで教育研究における多様な方法について論じた入門書はあっても、とくに教師研究に焦点をあてて、教師に関連する多様な問題領域を、多様なアプローチで解明する方法を論じたガイドブックは存在しなかった。

教師研究のみに焦点化して、専門学会誌に採択される水準の学術論文を執筆した著者自らがその探究の過程を詳細に開示した研究のガイドブックの刊行というのは、画期的なことである。おもに教師の教育活動の中心に位置する授業に着眼しながら教師研究を幅広くリードしてきた編著者の目の付けどころには、脱帽である。

2. 本書の構成

本書は、「第Ⅰ部　理論編」と「第Ⅱ部　研究事例編」から構成されている。両者の分量のバランスをみると、前者が25頁、後者が290頁であり、本書の中心を占めているのは後半の研究事例編である。

「第Ⅰ部　理論編」において、読者は編著者の二人によって教師研究の世界へと誘われる。はじめに秋田喜代美氏が、教師を対象とする研究領域と方法論の射程を示した上で、教師研究に求められる課題を、現代の教師のあり方を規定している時代の文脈と、いつの時代も変わらない教師であることの難題（アポリア）という二つの視点から照らし出している。まだ十分には研究テーマが定まっていない読者も、この節を読むことで自身の問題関心に輪郭が与えられるのではないだろうか。

続いて藤江康彦氏が、教師研究における研究データの収集方法、データ分析の枠組みと方法、研究倫理などの、研究の共通土台を、わかりやすく叙述している。研究指導の経験も豊富な編著者の筆による第Ⅰ部の叙述は、教師研究を志す者のみならず、教師研究を志す者を指導する際に教育研究者が押さえておくべき内容が凝縮されている。とくに研究倫理は、研究に臨むにあたって心に刻みたい。学校の教育活動の要に位置する「教師個人から得られたデータはすべてが極めて高度な個人情報」（p.21）であり、教師研究では、研究対象者の「調査者への信頼が基盤となる」（p.23）からである。

「第Ⅱ部　研究事例編」は、以下の五つの章から成り立っている。「第1章　教師の認知や情動をとらえる」／「第2章　教師としての自己をとらえる」／「第3章　教師の経験をとらえる」／「第4章　教師の学習をとらえる」／「第5章　教師の文化や組織をとらえる」

これらの五つの章は、それぞれ四つの節から構成されており、さまざまな研究領域、手法を専門とする著者によって執筆された論文の生成過程が紹介されている。計20本の論文の誕生秘話を満喫できる圧巻のボリュームである。

論文掲載誌によって、研究領域ならびに方法を分類すると、「教育心理学」と「教育方法学」がそれぞれ4本、「教育工学」と「教師教育学（教師学）」がそれぞれ3本、「教育社会学」が2本、「学校臨床」「発達心理学」「教育行政学」「比較教育学」がそれぞれ1本となる。教育や人間を対象とする幅広い領域と方法にわたって研究事例が収集されていることがわかる。

これらの研究事例の概要を紹介しよう。

3．研究事例

「第Ⅱ部」の「第1章　教師の認知や情動をとらえる」では、まず第一節で「教師はいかに授業を認知しているか？」という問いの下、一つの授業から授業展開が伝わるような100枚の写真スライドを作成し、教師たちのスライドへの注目の諸相に焦点をあてて教師の授業理解を考察した研究が登場する。第二節では「グループ学習中における教師の子どもへの支援」の方法を、ビデオで授業を振り返りながらインタビューを行う再生刺激法によって分析した研究が紹介される。続いて第三節では「教師の感情経験と専門性の発揮・発達」をグラウンデッド・セオリー・アプローチによって厚く描き出した研究が登場し、最後に第四節では「教師の授業研究へのモチベーション」というタイトルで、談話分析による研究が紹介されるとともに、教師研究の倫理が語られている

これらの研究は、目には見えない教師の認知や情動が、教育活動に深く関与していることを明らかにし、教師の仕事に対する理解を深めるとともに、教育の質に心を配っている教師たちをエンパワーメントするものとなっている。

「第2章　教師としての自己をとらえる」では、まず第一節で「教師の子どもに対する関わりを探究する」というテーマの下で、子どもに肯定的な変化を促す教師の関わりをその厚みを保ちながら類型化することを試みた研究が登場する。次に「教師の自己内対話」を焦点化し、教師の授業省察を内側から構造的に捉えることを試みた研究が紹介される。続いて、「教師の〈語り〉を読み解く」というチャレンジの下、「教師の〈語り〉」を産出する研究過程そのものを省察しつつ、教師の個別性と多元的な現実を開示する可能性を探った研究が登場し、最後に、「セクシュアル・マイノリティの教師の語り」から、性の多様性を包摂する教育実践の新たな枠組みを描出する研究が紹介されている。

これらの研究からは、教師としての自己が教師の教育活動と密接な関係にあること、そして、教師研究において、教師の自己をその個別性、多様性をそのまま保持しながら掬いとることの難しさと重要性が示されている。

「第3章　教師の経験をとらえる」では、まず第一節で「新任小学校教師の経験過程」を探究した研究が登場する。修士論文のテーマ決定から執筆、その後の学会誌への投稿に至る研究者としての模索と成長の物語は、教育研究を志す人々の道しるべとなろう。次に第二節では「異動という経験」に焦点化して、教師たちへのインタビューを通して、日本の公立学校の教師たちが経験する異動という経験が与えるネガティブな面への理解を深めた研究が紹介される。続いて第三節では「ライフヒストリーと語りのスタイル」というテーマで11名の「昭和20年代に教壇に立った女性教師」の経験を叙述した研究が登場する。この研究で用いられた「語りのスタイル」に注目する分析枠組みは、インタビューの前に準備されたものではなく、インタビューを繰り返し聴くなかで立ち上がってきたものであるという。最後の第四節「多職種協働のプロセスを記述する」では、スクールカウンセラーである著者が自らの専門家としての職務を行いつつ、子どもたちを支えるために教師たちと協働する過程のなかで、教師たちの問題の語り方に注目した研究が紹介される。まとめで語られている「一見するとそれをしている教師個人の問題のようなことも、学校内の人間関係の構造のなかで顕在化していくものであることが見えてきます。学校のなかで協働する体制をつくることは、問題を解決するというよりは、むしろ学校に潜在的にある葛藤を明るみにだすことだという観点を導くこともできます」（p.201）という知見は、学校や教師に対する常識的な見方を大きく揺さぶるものではないだろうか。

「第4章　教師の学習をとらえる」では、まず第一節「教師の経験学習をモデル化する」で、

ベテラン教師のインタビューの語りから生成した教師の経験学習を構成するカテゴリーを、さらなるライフヒストリーの手法によって検証した研究が登場する。次に第二節「教師の協同的学習過程をモデル化する」では、授業研究において教師たちが協同的に学習を深める過程を談話分析の技法によって分析するとともにモデル化した研究が紹介される。続く第三節「教師の経験と学習」では、同じく授業研究の事後協議会の教師たちの語りに注目して、質的なカテゴリー分析を行った上で、量的な統計分析も併用して、協議会においてさまざまな教師たちが何を資源としてどのような学習を経験しているのかを明らかにした研究が登場する。最後に第四節「子どもの生活づくりをカリキュラムの中核に据えた学校における教師の専門性」では、戦後初期の教育実践を対象とした歴史研究において、研究者の教師の仕事、教師の専門性に対する認識の深まりが、過去の教師たちの経験に対する理解の深化を促すことが示される。この章の研究事例もまた、その一つひとつが興味深く、このように研究を並べることで、教師の学習の諸相をどのような次元で叙述するのかは、ひとえに研究者の枠組みに拠っていることが浮き彫りになる仕掛けとなっている。

「第5章　教師の文化や組織をとらえる」では、まず第一節「教師間の相互行為分析」で、エスノメソドロジーの手法によって、曖昧な校則の下で厳格な指導を行ったことを教師がどのように論じたのかを明らかにした研究が登場する。この研究では、部外者のみならず教師たちにとっても説明しがたい、学校組織のなかで生成される教師文化の論理が解き明かされる。このように状況のなかの理（ことわり）を見出し、叙述する営みもまた、教師研究の重要な課題である。状況の変容は、何よりも状況の理解から始まるからである。次の第二節「『教員間の協働』の計量分析」では、「教員の経験や学校での役割等に応じた教員配置がなされる学校ほど、『教員間の協働』が適切に行われ易い」「学校運営や指導方法に関する教育委員会の指導助言が、その学校の実態や課題に見合ったものであるほど、『教員間の協働』が適切に行われ易い」という作業仮説を立てて、これらを検証するスタイルの研究が紹介される。この研究からは作業仮説を超えたいくつかの貴重な知見が産出されており、すぐれたデザインをもつ量的研究の価値を再認識させられる。続く第三節「教師の学習を支える学校組織」では、校内授業研究におけるリーダーシップの類型と教師の学習の関係を分析した研究が登場する。授業研究の分析を学校組織、文化まで架橋するのは、容易なことではないものの、重要かつ意義ある研究である。最後に第四節「教師コミュニティの比較教育学研究」では、インドネシアの中学校教師の日常と葛藤にエスノグラフィによってアプローチした研究が登場する。教師の仕事の「官僚化」と「脱専門家」という潮流が、世界中に広がっていることに驚かされる。

4．実りある教師研究に向けて

教師研究は、教室での相互作用というミクロな視点から、国際的な比較文化研究というマクロな視点まで、幅広い射程をもっている。本書とともに原論文を繙くことで、日本の教師研究の最前線の広がりと深みを知ることができる。

また、教師研究の切り口は、しばしば著者の教師をめぐる固有の物語と深く関わっている。研究テーマ、研究対象ならびに研究枠組みの選定の向こうには、さまざまな教育と研究の物語が存在する。本書を通して、教師研究者一人ひとりの教育と研究の物語から学びつつ、自分自身の教育と研究の物語を省察し、これをより深く理解することも、教師研究者としての自己をより大きなものに育てることにつながる。

そのような意味でも、本書は教師研究を志す者たちの必携の書であり、多様な教育と研究の物語が触媒となって、挑戦的な教師研究が創造されることを楽しみにしている。

（東京図書、2021年6月発行、A5判、322頁、本体3,000円＋税）

〈書評〉

岩田康之 著

『「大学における教員養成」の日本的構造 ――「教育学部」をめぐる布置関係の展開――』

福島　裕敏（弘前大学）

1．はじめに

本書は、2019年に神戸大学大学院人間環境学研究科に提出された博士論文「近代日本の「大学における教員養成」の布置関係―「教育学部」とその質保証の展開―」に基づき、2022年2月に刊行されたものである。

戦後日本においては、「大学における教員養成」「免許状授与の開放制」という二大原則のもとで、多種多様な大学がそれぞれに入職前の教員養成プログラムを提供してきている。本書は、この教員養成に関わる大学人の多くが抱える「息苦しさ」を、教員養成に関わる諸アクター（中央政府、地方政府、養成機関等）の力関係＝「布置関係」に着目し、主に歴史的な視角と国際比較的な視角双方から解明しようとしたものである。

TEES研究会等の先行研究の知見を踏まえつつ、1980年代以降、特に21世紀初頭以降の新自由主義的改革下の教員養成の「質保証」をめぐる動向を視野に収め、今日までの教員養成制度・政策の歴史的展開と、その現代的展開を検討し、「大学における教員養成」の日本的構造のトータルな解明を目指している。

2．本書の構成と概要

本書の構成は以下のとおりである。

序章　日本の「大学における教員養成」
　　―何が問題か
第1章　教員養成論の日本的位相
　　―近代の教師像を辿る
第2章　「大学における教員養成」理念の比較史的検討
第3章　日本の「教育学部」と教育学
第4章　日本的「教育学部」の現代史的展開
第5章　「質保証」と「開放制」
　　―その日本的相克
第6章　教員養成の「質保証」と「布置関係」
　　―東アジアの中の日本―
第7章　「開放制」と規制緩和―「教育学部」と小学校教員養成の構造変容―
終章　日本の「大学における教員養成」
　　―その展望―

序章では、日本の「大学における教員養成」に関する諸課題を概括し、その構造的解明のための視角と方法について述べている。近年の日本の教員養成政策において、教員養成を行う大学がその施策のターゲットにされる傾向にあり、中央政府・地方政府との「歪んだ」布置関係が生じている。こうした日本的構造を、教師像、大学と教員養成・教育学の在り方をめぐる歴史的検討と、日本特有の「開放制」と教員の「質保証」に関わる比較研究的視点を含めての検討、という二つの方法論により解明するとしている。

第1章では、近代日本の教師像と教員養成制度を概括し、教員養成改革の「日本的特質」を素描している。日本では、その資質を学識よりも人間性や経験に求める前近代的な「師表としての教師」像は根強く、21世紀初頭の新自由主義的改革における、戦後の二大原則下の教員養成・免許制度に対する「質（実践的指導力）」批判も、この「師」像に関わっている。ただし、制度の改善を目指す文部科学省側と改善よりも多様化を目指す官邸側の相反する思惑が錯綜する中で、諸施策の実際を担う地方教育行政の権限が強化されつつあり、各大学は中央政府・地方政府に対して劣位に置かれることとなった。

第2章では、教員養成を行う「大学」の在り方について、日中比較を軸に検討している。「大学」と「教員養成」との学問の蘊奥を極める場としての「大学」と実践志向の「教員養成」との間には理念的葛藤があり、特に全教科担任制の日本の初等教員養成においてその葛藤はより顕著となる。香港教育学院との比較では、初等教員養成機関の大学昇格に際して、香港では教育以外のディシプリンが、日本ではリベラル・アーツが最優先とされた。結果、日本では、教員養成大学・学部でありながらも、教育学が統合の軸とならず、教育学のディシプリンを持たない教員が多数を占める奇妙な組織が生まれることとなった。

第3章では、戦後改革期の日本における「教育学部」と「教育学」との葛藤を検討している。戦時下までの日本の大学において「教育学」は教育研究面において独立した領域とは認知されておらず、また師範学校を包摂して新制大学の「教育学部」が発足したため、教育学についての学部内における位置づけの曖昧さを残しつつ設置認可（チャタリング）が行われた。また旧制大学の大学観を色濃く引きずるアクレディテーションの下では、日本の大学における教育学のディシプリンやそれと教員養成の関係についての内実が突き詰められないままであった。

第4章では、主に国立の教員養成系大学・学部に関わる1980年代以降の動向を検討している。「開放制」原則下における計画養成の破綻を底流とした、80年代以降の国立教員養成系大学・学部における新課程創設と大学院の拡充がもたらした構造的な問題は、その後の「在り方懇」報告書・国立大学法人化、「開放制」原則下での規制緩和や競争的環境の強化、さらに教職大学院の制度化といった一連の政策下において、各大学が対応すべき課題とされ、相当に疲弊し組織的にも弱体化した一方、生き残り策を講じる必要性にも迫られた。また一連の政策は教員養成機関のアカデミック・ディシプリンの衰退を招き、「大学による教員養成」「主体性」を殺ぐものであった。

第5章では、「開放制」を「免許状認定に関わる主体の参入に制限の少ない制度」と再定義し、特に21世紀初頭の新自由主義を基調とする「質保証」策の動向を検討している。戦後の「開放制」は、戦前の中等学校教員無資格検定許可学校制度を原基とするものの、その「質保証」は各大学に実質的にゆだねられており、また多様な主体が各自の理念の下で授与している様々な免許を統一的な枠組みで「質保証」することが難しく、一般大学・学部ではオプションの「機能」、小学校教員養成は特定の組織の「領域」とされ、大学全体が主体的に取り組む事業として認知されにくいといった「質保証」面での不充分さを抱えていた。21世紀初頭の新自由主義的改革は、この点を問題としつつも、官邸側による大学以外の多様な養成ルートを求める「開放制」の進化・拡充が、文部科学省側による課程認定行政の運用強化や「教職課程コアカリキュラム」による統制管理強化による「質保証」強化が進められていった。その下で、教員養成を行う各大学・学部はより競争的な環境に置かれ、教員養成の質についての説明責任を負わされる一方、カリキュラム改善へ向かう主体的な動きは制約・抑圧される傾向にある。

第6章では、東アジア諸地域との比較から、教員の質保証に関わる日本独自の「布置関係」の特質を明らかにしている。日本の質保証は、中央政府による量的コントロールと統一的な資格試験の不在、質保証における課程認定行政によるプログラムのチェックへの依存、教員入職者の資質の管理の実際面での教員採用への依存といった特徴をもつ。これらを背景として、カリキュラムコンテンツによる事項的統制による「質保証」を図る中央政府、教員の質的管理策実施に向けた細部の設定を「丸投げ」された形で担っている地方政府、その両者からのプレッシャーに晒される教員養成機関という現代日本の布置関係が生まれている。その下では、「大学における教員養成」を通じて学問的な見識を教員入職者に確保することの比重は下がらざるを得ず、多様な教員養成機関がそれぞれに教員養成を展開しているため大学間の連携・協働も難しい状況にある。

第7章では、抑制策撤廃後の小学校教員養成における構造変容とその影響を考察している。「開放制」原則下で例外的存在であった小学校教員養成における抑制撤廃策が2005年から行われた。結果、それと同時に進んだ課程認定行政の運用強化の下で、小学校教員養成に関してより閉鎖性で、教育学研究のディシプリン不要の「教育学部」が生成された。また抑制撤廃策が企図した市場原理の導入による競争活性化を通じた全体水準の向上は見られず、むしろ伝統的プロバイダの「離反」や教職入職者の質の低下への対応としての行政による組織適応指向の管理強化が教職離れをもたらすという「負のスパイラル」が生じているとも捉えられる状況が生じている。

終章では、日本の「大学における教員養成」の展開過程を振り返り、日本の教員をめぐる布置関係を捉え直し、その先を展望する際の論点を提起している。「教員養成システムの劣化」「負のスパイラル」を反転するためには、入職後の教師たちが直面する諸課題を自ら発見し分析し対応し解決に導く理論と実践の往還に基づく学びを教員養成カリキュラムの基本に据えること、そのために教育学が「教員養成プログラムを含む学士課程」全体のコーディネーターとして諸学問の連携・協働の触媒となり教員養成プログラムを政策科学的でなく自律的に創造していくこと、さらに政策誘導に従う形の「純化」ではなく外向きの展開を各大学が自らの見識の基に行い「開放制」の持ち味を活かしていくことを挙げている。

3．本書の意義と布置関係の行方

本書は、「まえがき」にあった「スッキリ感」と「今後の教員養成の実践や研究への活力」を十分に与えるものであった。それは、①理論・歴史・比較・実証に基づき、現代の教員養成をめぐる制度的・政策的状況を分析していること、②教員養成をめぐるアポリアを、その再定義を含めて概念的に把握し、かつ歴史的・比較的に検討していること、③諸アクターの布置関係という構図の下、そのアクターが置かれた状況と『主体的』対応について、教員養成の組織運営に関わる学内外の広範な仕事に関わってきた筆者の「アクション」の蓄積に裏打ちされたリアリティをもった動向把握と分析がなされていること、④制度・政策的（教育経営的）なアプローチを採りながらも、政策がいかなる教員の「質」や「学び」をもたらすのかを問う教師教育的視角が意識されており、教員養成についての実践的展望を提出していること、等によると考える。

一方で、今後の布置関係の在り方とその可能性について、議論を重ねていく必要があると考える。「大学における教員養成」を政策誘導に従う「純化」ではない外向きの展開は、他のアクターとのいかなる関係の組み替えをもたらすのか、あるいは本学会の設立趣旨にある広い意味での「教師」・市民・大学人等との連携・協働による第四のアクターの可能性について、地方国立教員養成学部における教師教育のアクション・リサーチャーとして考えていきたい。

教員養成に関わる大学人の多くにとって、1980年代以降の布置関係が「所与」となっている中、大きな構図の中で自らの立ち位置を振り返り、今後の教員養成を展望する上での必読の書と考える。

（学文社、2022年2月発行、A5判、208頁、定価3,100円＋税）

〈文献紹介〉

ダン・ローティ 著、佐藤学 監訳
織田泰幸・黒田友紀・佐藤仁・榎景子・西野倫世 翻訳
『スクールティーチャー――教職の社会学的考察――』

川村　光（関西国際大学）

本書はダン・ローティ（Dan C. Lortie, 1926-2020）の名著、*“Schoolteacher: A Sociological Study”*（1975）のSecond Edition（2002）の全訳書である。Second Editionは、「序文―2002年」の追加以外はすべて初版と同じである。

原著は、教師研究の先駆者であるウィラード・ウォーラー（Willard Waller, 1899-1945）の*“The Sociology of Teaching”*（1932）（＝1957、石山脩平・橋爪貞雄訳『学校集団―その構造と指導の生態―』明治図書）に続く大著であり、世界の教師研究への貢献は計り知れない。まさに、教師研究の最重要古典の一つとして位置づけられる。そのため、本書は、原著を読破した研究者が内容を再確認するためだけでなく、原著の読書経験のない研究者、これから教師研究に着手する研究者、教師、その他の教育関係者が教職の特徴について理解を深化させるために読んでもらいたい文献である。

本書には、「序文―2002年」「序文―初版1975年」「謝辞」「第１章　歴史的概観」「第２章　リクルートとその追認」「第３章　社会化の限界」「第４章　キャリアと仕事の報酬」「第５章　目的に関する視点」「第６章　風土病的不確実性」「第７章　教師の感情の論理」「第８章　感情と対人関係の嗜好」「第９章　変革についての総合的な思索」「付録A　サンプル説明」「付録B　質問項目」「文献一覧」というSecond Editionのすべてが収録されている。

原著は約50年前に出版されたものだが、そのなかでは実証的データに基づきつつ、教師の文化、職業的社会化、専門職性、同僚性等について多角的考察がなされており、ローティの並外れた洞察力を窺い知ることができる。原著の登場により、彼が用いた概念のいくつかは教師研究領域の共通言語となり、今日に至っている。彼は、「卵のパッケージ構造」「観察の徒弟制」「精神的報酬」「風土病的不確実性」といったユニークで的確な概念によって、教師のエートス「教師に特有で、別の職業メンバーと教師を区別する志向性（オリエンテーション）と感情のパターン」（p.16）の構成要素である「保守主義」、「個人主義」、「現状主義」を検討し、現在に通じる教職の特徴を遜色なく捉えている。

訳文はそうした原著のニュアンスを損ねないように配慮されており、訳注にも読者の理解を深める工夫が感じられる。翻訳された研究者たちの努力とチームワークに敬意を表する。

なお、本書にはSecond Editionの全訳の前に、監訳者である佐藤学による「序：訳書解説―教師研究の最高の名著」が掲載されている。そこでは、原著に関わる諸背景（著者の経歴、アメリカの教師と教師教育事情、時代的制約等）、教師研究における原著の意義と影響、内容の要点が端的に述べられている。読者は、全訳の内容を理解するための事前学習として、序を読むことができる。あるいは、全訳を読んだうえで自身の解釈をもとに、序の内容と対話するのも一つの読み方であろう。

本書は秀逸な全訳書と言える。この発行により、我が国における教師研究がますます発展していくだろう。

（学文社、2021年11月発行、Ａ５判、384頁、本体4,000円＋税）

〈文献紹介〉

子安　潤 著
『画一化する授業からの自律 ──スタンダード化・ICT化を超えて』

高橋　英児（山梨大学）

2000年代中頃から始まった教育のスタンダード化の波は、教育の画一化とともに学校・教師の専門性と自律性を脅かす事態を生んでいる。本書は、この教育の画一化の背景と要因、またその問題性を明らかにし、これらの問題の克服の可能性を指摘するものである。

本書は終章を含め全部で11章から構成される。私見であるが、その構成は大きく3つに分けられると思いながら読んだ。

第一は、教育の画一化の現状とその構造的な問題を様々なデータから浮き彫りにし、国家レベル、地域レベル、学校・教師レベルで画一化の展開とその課題を詳細に検討したもので、第1章「教育の画一化の現在と教育実践」から第5章「真性の探究学習へ」がこれにあたる。

第二は、COVID-19に対応する形で進む画一化の現状を検討したもので、第6章「感染症と教育課程の組み替えとオンライン教育」から第8章「AIと個別最適な学びの不可能性」がこれにあたる。これらは、GIGAスクール構想などCOVID-19前から計画されていた教育のICT化・デジタル化がもたらす画一化の姿とその問題を検討しており、今後の実践の課題を考える上で重要な問題提起となっている。

第三は、教育の画一化を乗り越えていくような教師の自律性のあり方を追求するもので、第9章「韓国の教師調査から自律する教師を考える」から終章「今をまなざす自律的教師」がこれにあたる。第10章「同化としてのアイデンティティから対象との関係選択へ」は、一読すると他の章とは異質な印象を受けるものであった。だがこの章は、これまでの教育の画一化を進めてきた政策がめざす国家主義的な教育への同化の圧力の問題とともに、教育のICT化がもたらす新しい画一化の問題に対抗する実践の可能性を、教師と子どもとが織りなす固有の意味の構築（「物語」）の中に見いだそうとする提起となっており、全体を貫く思想的中核を示す重要な章であると感じた。

本書には、教育の画一化に対する批判的なまなざしにとどまらず、「仮に教育方法学的真理がすべて解明されたとすれば…学習する側の条件に応じて最善の授業がいつでも構成できることになるのか」（185頁）という教育方法の学的性格に対する根源的な問いがある。著者のこの問題意識に目を開かれる思いを抱くとともに、本書が、教育のスタンダード化およびICT化がもたらす画一化への批判の書にとどまらない深さをもつものであることを実感した。「教育の画一化は人を束で捉える思想として容認しがたい」が、そうであれば「方法学的知見はどこまで一般化できるのか。その性格をどうとらえるのか」（186頁）という問いは、教育のスタンダード化を批判する者だけでなく、著者世代に続く世代の研究者に対する重要な問いかけとして受け止めたい。

現在の教育改革の中で進行する教育の画一化に抗し、多様性にひらかれた教育実践とそれを可能とする教師の自律性のあり方を考える上で、本書は重要な手がかりとなるだろう。是非一読を願いたい。

（学文社、2021年9月発行、A5判、196頁＋8頁、定価2,200円＋税）

〈文献紹介〉

寺町晋哉 著
『〈教師の人生〉と向き合うジェンダー教育実践』

木村　育恵（北海道教育大学）

本書は、ジェンダーをめぐる教育課題に対抗・変革するための相対的な取り組みを「ジェンダー教育実践」と定義し、教師がこの担い手になっていくための困難や課題を明らかにしようとするものである。その際、教師が個人としてジェンダーを含む様々な経験を重ねて人生を歩んできていることに寄り添って、彼ら彼女らを〈教師〉と表記し、ジェンダー平等な学校をつくるために〈教師〉たちができることについて、７章構成で論じている。

第１章「ジェンダーをめぐる教育課題と〈教師〉」では、性別が不可避的に人々へ付与される現代社会においては、誰もがジェンダーをめぐる教育課題の当事者になる現実を踏まえ、〈教師〉がジェンダー教育実践を進める上で直面する困難や課題等について明らかにすることの必要性が示される。

本書では、〈教師〉が直面する困難や課題として、質問紙調査やフィールドワーク、インタビュー調査をもとに５つの実態及び課題に迫っている。これらは、第２章から第６章で詳しく描かれていく。

例えば、第２章「教師教育は『変革の担い手』育成に寄与しているか」では、「変革の担い手」育成の土台づくりとして大学の教職課程に着目し、ジェンダー教育実践に関する制度化された学習機会の現状が明らかにされる。

第３章「女子のトラブルを『ドロドロしたもの』と見なしてしまう文脈」では、〈教師〉自身の人生経験のみならず、勤務校の文化や方針、教育実践に対する歴史的・制度的理念や制約が複雑に絡み合いながら、結果的に〈教師〉がジェンダーの再生産の担い手となる態様が描かれる。

第４章「〈教師〉であることとジェンダー教育実践」及び第５章「〈教師〉集団だからできること／難しいこと」では、ジェンダー教育実践に取り組む〈教師〉へのインタビュー調査をもとに、ジェンダーをめぐる〈教師〉のありようが描かれる。そして、〈教師〉が集団としてジェンダー・バイアスにセンシティブになることを協働的に実現することの難しさに迫っていく。

第６章「〈教師〉たちと研究者の授業作り」では、前章までの〈教師〉の困難を踏まえつつ、研究者が学校教育現場や教師のジェンダー教育実践で果たせる役割とは何か、実際に筆者が現場の教師と取り組んだ実践事例をもとに、議論を深めていく。

以上をもとに、第７章「〈教師〉の人生と向き合う」では、ジェンダー教育実践を推進する上で必要な視点や課題が整理される。

本書は、ジェンダー教育実践をめぐる理論と実践の架橋に関して研究者が果たす役割についての示唆にも富んでいる。本書をきっかけにして、ジェンダーをめぐる教育課題の変革の担い手や教育実践の輪を広げる研究や取り組みがさらに活発になり、理論と実践がいっそう深まっていくことを期待したい。

（晃洋書房、2021年８月発行、四六判、216頁、本体2,500円＋税）

〈文献紹介〉

荒井文昭 著
『教育の自律性と教育政治
――学びを支える民主主義のかたち――』

池田　考司（北海道教育大学）

本書は、著者が前著『教育管理職人事と教育政治―だれが校長人事を決めてきたのか』（大月書店、2007年）を出版後に書いてきた論文を中心に、大幅な加筆修正を行い、まとめられたものである。

第１部は、３章で構成された「『民意』拡散と教育政治の変容」、第２部は３章で構成された「『公正な民意』と教育政治のかたち」である。

第１部の第１章では、2000年以降の教育政策について大阪、東京都における教育政策、教育再生実行会議による教育改革の全体像を示し、検討が行われ、第２章では、教職課程コアカリキュラム導入までの動きとコアカリキュラムの内容を中心にした検討が行われ、第３章では、学習権保障における教育の中立性の問題について「教育自治」の検討を中心に論を展開している。

第２部の第４章では、前著の東京都教育管理職人事研究を活かしながら、「公正な民意」を反映した教育自治が切り崩されていった過程が分析され、第５章では、学校運営協議会（コミュニティ・スクール）設置が教育委員会の努力義務とされ、急速に増加している現状の中、その課題を三者協議会、PTAの歴史も紹介しながら検討し、第６章では、校長人事に関する言及の後、ミドルリーダー（副校長、主幹教諭など）導入政策とその課題が論じられている。

著者は、序「教育に求められる自律性と教育政治」において、「教育政治」を「教育をめぐる、紛争をともなう集合的な意思決定」と定義している。

1956年、教育委員会法廃止と地教行法の導入が政治的対立の中で行われたが、やがて教育委員会が教育の自律性を一定確保する機関として機能する状態に移行していった。

それは著者の言う「紛争を伴う集合的な意思決定」については不十分なものであり、決定に関与する直接の回路を持てなくなった住民（保護者）の教育への参加を学校選択という限定的なものにし、子どもの学校運営への参加、意見表明権が保障されずにきたという課題を抱えることになった。

著者は、本書で「教育における自律性」をもう一つの重要概念として論じており、その自律性が求められるのが、生徒の多様性を保障しながら生徒の学習権を実現するための機関として憲法上位置づけられている学校なのである。

しかし、教師が専門性を持つ自律的な存在になっていない場合、学校は生徒の学習権を保障するという本来機能を果たせない状態になってしまう。残念ながら、日本の学校の多くはそのような状況にある。

学校の役割を支える教育行政の自律性・機能が2006年教育基本法改定以降、変容し、政治の侵食に振り回される事態が相次ぐ中、本書は教育行政の性格の変化、学校・教員（養成）政策への政治関与・統制を意識し、考察するための貴重な文献である。

（大月書店、2021年９月発行、A５判、291頁、本体4,000円＋税）

日本教師教育学会年報
第31号

6

〈第31回大会の記録〉

第31回大会　公開シンポジウムの記録

大会テーマ 教育者の資質・能力と力量を考える
—教育現場と教師教育研究との間—

1．企画の趣旨

本シンポジウムでは、標記大会テーマの下で、教育現場と教師教育研究のあるべき姿について検討した。具体的には、1）コロナ禍において新しい生活様式が生まれる中、教育者に何が求められているのか、2）GIGAスクール構想をふまえたICT教育の充実に対して、教育者はどのような実践を行うとともに課題を感じているのか、3）目指す人間像や周囲の状況が多様化する中で、教師の専門性研究の観点から教育者の資質・能力と力量をどのように考えれば良いか、4）これからの時代における教育者の育成や力量形成の方法と課題は何かといった問いを立てた。司会は、高谷哲也氏（鹿児島大学）と樋口が務め、以下の4名にご提案いただいた。

2．報告の概要

1）荒瀬克己氏（独立行政法人教職員支援機構）「教師の主体的・対話的で深い学びの実現を——2021年1月26日答申を受けて——」

「『令和の日本型学校教育』を担う教師の養成・採用・研修等の在り方について」の審議まとめ（案）においては、教師に対しても学びのスタイルの多様性や個別最適な学び、協働的な学びの充実を通じて、主体的・対話的で深い学びが実現することが強調されている。その前提には、「『令和の日本型学校教育』の構築を目指して」における、質の高い教職員集団の実現や、教師が創造的で魅力ある仕事であることの再認識といった考え方がある。教員免許更新制後のあり方について、教職員支援機構において教職員の職能向上を図る研修の開発と充実に向けて準備を進めている。その際、振り返りや参加者どうしの交流が重要であり、教師の学びの軸は学校にあると考えている。働き方改革については、教師が教育という仕事をおもしろいと感じ探究心を持てるようにするために、安心して主体的に学べる環境を作ることが重要である。

2）小柳和喜雄氏（関西大学）「教育の情報化と教育者の役割」

1985年以降、情報活用能力の育成をすることの必要性は語られてきたが、実際にはコンピュータの使い方、基本アプリケーションの操作、情報モラルの指導という取り組みが多かった。それがGIGAスクール構想により学習環境が整えられ、Covid-19の影響によって大きく変わりつつある。そうなると、教員が情報端末と学習活動の関係をどのようにとらえ、学習具として活用するかといった点について関心が向けられた。教師教育者の役割についても、大学、学校、地域を基盤とする教育者が、問題解決に向けて情報の収集や共有、コミュニケーションを丁寧にするとともに、情報端末が意思決定に役立つことを経験してきた。これからの時代における教育者の育成や力量形成の方法と課題という問いに対しては、様々なデータの利用方法、それとの向き合い方、活かし方等を語る役割が、教師教育者には求められるだろう。

3）安藤知子氏（上越教育大学）「今、教師には何が期待されているのか——目指したい『新たな教師の学びの姿』とはどのようなものか——」

中教審特別部会では、教師の資質能力の全体像が〈複数コンテンツの構造的関係〉としてとらえられている。そこでは、資質能力を高める「学びの在り方」のイメージの中に職能発達の視点が欠落しており、〈コンテンツの量的・内容的熟練〉モデルでとらえられているという問題がある。保護者や地域住民による消費者的発想での教育要求や、「令和の日本型学校教育」を堅持する中での伴走者としての役割といった、過剰ともいえる期待がされている。その下で、教員自身は何をどのように学び、どのような学びの機会が欲しいと考えているのかといった認識をしっかりと踏まえる必要がある。それがなければ、更新講習を廃止したり、管理職との対話を重視したりしたところで、教員自身による主体的な学びは生まれようがないと思われる。

4) 渡辺貴裕氏（東京学芸大学）「教師に説いたり求めたりすることをわれわれ教師教育者は行えているのか」

「実践の中の理論」といった立場の登場によって、教師が日常的に行う実践そのものの中に理論が存在するとみなされるようになったが、教師の営みに理論を見出すのならば、研究者の営みにも実践性が問われてしかるべきであろう。そのために、所属先の教職大学院では、同僚らとともに「対話型模擬授業検討会」の取り組みを進めており、大学教員どうしも参加した検討会の様子を授業後に語り合うといった「同型性」を重視している。それは大学での教員養成に限らず、例えば演劇的手法を用いた授業改善をテーマとした校内研究や公開研究会のあり方にも適用できる。子どもと教師たち、教師たちと大学教員（外部講師）、教師たちと他校の教師たちというように、さまざまな層での同型性をこのような実践には見ることができる。

３．討論

討論においては、シンポジスト相互の討論に、フロアからの質疑を関わらせていった。

荒瀬氏に対しては、1）環境整備の意味する内容、2）教師による文科省政策に対する批判、3）個別最適化による教員研修の単純化、4）大学・大学院での学びの重要性といった質問が出された。これらについて、学校組織として研修に専念する機会をどう保障するかが重要であり、例えば教員のサバティカル制度も考えられてよいのではないか、また研修等の場においては思っていることを校内で出し合い、話し合うことが重要であるという回答があった。

小柳氏に対しては、1）自治体・学校間の格差、2）教師に対する保護者や地域の見方、3）個の教師とは異なる視点からの資質・能力の育成に関する質問があった。これらについて、教育委員会が主導して教師のニーズを掘り起こす必要があることや、保護者からの要望や教師の課題解決の手段としてICT活用の意味はあること、個の教師がストレスを感じていれば、環境的基盤を整えることで対応もしやすくなるのではないかといった回答がされた。

安藤氏に対しては、1）ICTに対する教師の受け止め方、2）学校単位で教師集団の能力を考えるという発想、3）中教審における能動性や職能発達に関する質問が出された。これらについて、ICTに関する知識やスキルではなく環境の変化に柔軟に応じられる研修を構築することや、「教師の学びの転換」といった核心部分が異なる解釈で育成指標や教職コアカリキュラムに反映されることへの危惧、職能開発のしくみを作りながら教師教育者も教師の学びの伴走者となる必要があるといった回答がされた。

渡辺氏に対しては、1）オンライン研修における一方通行性、2）実践と距離のある専門分野における同型性と個人の視点に関する質問が出された。これについて、自分たちが出会う事象に対して研究的視点を働かせることが問われていることや、授業場面に限らなければ他分野の研究者でも関わることは可能であるとともに、異なる専門分野が集まる教師教育学こそ同型性を考える必要があるという回答があった。

高谷氏による整理とともに活発な議論が行われ、充実したシンポジウムとなった。

（文責・樋口直宏／筑波大学（第31回大会実行委員長））

課題研究Ⅰ

変動する社会の中の学校・教師の再定義
――COVID-19 のインパクトを問う――

1．第1部会　課題設定の趣旨

質の高い優れた教師の育成は、教育政策においても、養成機関としての大学においても喫緊の課題であり、教師教育学会にとっても長年にわたる中核的なテーマとなっている。

近年、「令和の『日本型学校教育』の構築」が答申され、「GIGAスクール構想」などの新たな教育政策が導入され、また10年ごとに改定される学習指導要領も学校での学びについて＜思考力・表現力・判断力＞＜深い学び＞などを重視する大きな転換を図っている。こうした状況を背景に、それらが教職の履修内容に反映され、また現場でも評価基準の作成や指導技術・スキルの向上などが研修の重要項目になるなど、対応が否応なく求められている。

こうした改革の中で、教師はもちろん研究者も、与えられた枠組みの中で、それをいかにこなすかで精いっぱいになり、こうした趨勢が、学校や児童生徒の「学び」や教師の自律性にどのような影響を及ぼすかを考える余地が奪われている。これは、政府によって提示された未来や教育像への疑問が実質的に封じられているに等しく、教師の自律性をますます狭め、専門職とは名ばかりの「考えない教員」「狭視野的教師」「目的なしの技術論に傾斜した教師」を輩出することにつながる危険性もはらんでいる。

社会の変容が大きく転換期にある現在、どのような教育を構想するかは、政府のみが考えるのではなく、教育の専門家集団が担う課題でもあろう。

本部会は、順応・適応的な教師教育ではなく、社会変化を視野に入れながら、与えられた枠組みそのものをも相対化して検討するという基本的なスタンスに立ち、教師教育を多様な領域から考察することを目的としている。

2．大会での課題研究Ⅰの狙い

1．で述べた基本的なスタンスに立ち、3年にわたる本課題研究の一年目として、今回はまず、現代の教育を取り巻く社会状況をコロナ感染症のインパクトという点から検討した。

ICTの導入は政府が推進する最重要課題であるが、COVID-19の感染拡大は、期せずしてこの政策を後押しし、学校教育には急速に重大な転換がもたらされることとなった。このような状況を踏まえ、第一に、COVID-19下で加速するICT導入を、マクロな視点から考察し、これが学校の未来に及ぼす影響について検討すること、第二に、現場教員がこうした現状と課題をどう受けとめているのかをデータを通して読み解くこと、第三に、COVID-19下で改めて「居場所」として再発見された学校の、ケアや平等・公正の実現といった役割について、それぞれの論者に報告してもらうこととした。

それぞれの報告をもとに、COVID-19とICT導入という施策のなかで、マクロとミクロをつなぐ議論を参加者との間で共有しながら、現代の学校教育・教師役割の課題を明らかにする。

3．報告の概要

第1報告は「第4次産業革命と教育の未来」と題して、佐藤学氏（東京大学名誉教授）によって行われた。佐藤氏は、AIやビッグデータに代表される第4次産業革命が、世界を席巻しており、文科省・行政機関の施策もこれに追随するものであるが、現実的には行政の思惑を超え、これがビッグビジネスとして「教育産業」

となっていることを、最近の諸外国における研究成果やデータを示しながら紹介した。またこうした状況を踏まえ、このような時代には、「平等公正な教育」と「学びの再革新」が求められるが、行政が描く学校の未来像は独善的で科学的根拠に乏しく、また担い手としての教育委員会や教師も、新しい改革を担うための自律性の条件に欠けていることが問題であると述べた。そして、新しい時代に対応した教師教育の未達成こそが、展望を切り開く改革の遅滞の原因であると指摘した。

第2報告は、東京大学大学院学生による「コロナ禍における学校・教師の問い直し」と題する調査報告を得た。ここでは、「コロナ禍が教師の校内研修や研究に及ぼす影響」と「コロナ禍を契機として教師は学びの在り方をどのように模索したか」の2点について考察されている。前者については、校内研究が実施されなかったことによって、学校のビジョンを共有する意識が希薄化する問題状況を生み出した側面はあるものの、校長の裁量や、意欲的な教師たちの「学校の教員文化を途絶えさせない」という意識が校内研究を支えており、またそうした学校では「学校全体で子どもを育てる」という志向が存在していることが示された。後者については、授業で、「子どもと子ども」「子どもと教師」の関わり合いが限定的になったことを受けて、子ども同士の関わり合いを深める工夫をしたり、外部資源に積極的なアクセスを図るなど、従来の実践に新たな方法を取り入れて実践を再構築する試みがなされているとの指摘があった。協同的な学習で子どもたちの主体性を育てる実践を追及している教師は、コロナ禍を契機として、学校を「居場所・人とのかかわり」の場として再考しているのである。

第3報告は、柏木智子氏による「学校における公正・ケアの促進と『学び』の展望」で、ケアを基盤とした教育を推進する意義と教師の役割を考察した報告であった。COVID-19下で、学びへのアクセスが制限されているばかりか、食事や栄養サービス、暴力や虐待に苦しむなど、とりわけ困難を抱える子どものリスクが高まっており、これへの対応と教師の役割についての考察がなされた。現在、子どもの生と学びを保障する方策としては、ICT活用と学校の福祉的機能が再評価されているが、前者すなわちICT活用に関しては、学びがスタンダード化され、子どもが豊かな学びから疎外される可能性が高く、結果として格差の拡大や社会的分断が促進されかねない。これに対して、「良心の呼び声に従い、状況に即してなされる固有本来的な応答」というケアの概念を中心において、教師は子どもの多様な呼び声に呼応し、新たな役割を担い、学校における公正の実現に貢献すべきであると指摘した。ここでは「ケアを基盤とする学び」とは「脆弱と依存からなる人間が、他者とのかかわりを通じて新たな知を構築し、それによって自己の内面と人格を不断に更新し、参加へと誘われる学び」であることを明確に示し、今後の教師教育がこうした認識のもとに構成される必要があることが示された。

4．ディスカッションと振り返り

本部会では、COVID-19とICTの導入という状況を踏まえて、現在の学校教育で何が問題なのか、また、当事者として教師がどのようにこれに対応しているかを明らかにすることが、第一の目的であり、そのうえで教師教育にとっての重要課題を浮かび上がらせるというストーリーを考えていた。ただしそれぞれの報告で提示された情報量が多く、時間内で、相互を関連付けて議論するところまでには至らなかった。

しかしながら、報告の中では、従来の学びとは異なる新たな学び（＝平等・公正、協働的な学習と主体性の形成、他者とのかかわりを通じた新たな知の構築などの用語で示された）の輪郭も示され、今後の焦点化した議論へとつながる可能性がみられた。

（文責・油布佐和子／早稲田大学）

課題研究II

日本の大学における教員養成と教育学
―多様な「場」をつなぐ論理を探る―

1．課題の設定

第11期の課題研究II「大学教育と教師教育」部会によるセッション「日本の大学における教員養成と教育学」は、第31回大会の二日目（10月3日）の午後1-4時に、オンライン（zoom利用）にて行われた。参加者は開始時点で約70名、その後多少の出入りはあったが70-80名程度で終了まで推移した。コーディネータは、この部会の世話人である鹿毛雅治（慶應義塾大学）・勝野正章（東京大学）の両理事が務めた。

本部会では、「大学における教員養成」が原則とされながらも、「教職課程コアカリキュラム」（2017年）が課程認定行政と連動する形で設定されるなど、教員養成を行う大学を外側から規定する動きが強まっている状況を踏まえ、実際に大学（主に学士課程）で展開されている教員養成の実態に即して、そのカリキュラムを策定・運用していく際のグランド・デザインを描くべく、科研費（21H00823）も得て研究に取り組んできている。

今回のセッションでは「教員養成」と「教育学」のありようについて、日本学術会議の「大学教育の分野別質保証のための教育課程編成上の参照基準」の一環として2020年に教育学分野の参照基準が公表されたことを受け、四つの異なるタイプの大学（教員養成系単科大学＝東京学芸大学／教育学部を含む総合大学で教職系センターを併設するところ＝岡山大学／教育系以外の単科大学で教職課程を有するところ＝女子栄養大学／2005年の抑制策撤廃以降に小学校教員養成に新規参入した一般大学の教育学部＝開智国際大学）に属する会員から、それぞれの学士課程教育・教員養成と教育学の関連についての報告をしてもらい、それらを基に共通点を探っていくことを企図した。

「参照基準」では教育学教育と教員養成の関係について、「教員免許の取得を主たる目的とする教員養成系学部」「教員免許取得を学生の自由意志に委ねている一般大学・学部」それぞれの「教育学主専攻」「教育学以外の主専攻」という四類型に分類しているが、前半ではこれとの関係を念頭に置きつつ報告がなされた。

2．報告の概要

報告1（岩田康之「教員養成系単科大学における教員養成と教育学―東京学芸大学の組織とカリキュラムから考える―」）においては、教育学の系統性以前に教育職員免許法によって学士課程カリキュラムの外枠が規定され、その時々の免許法（および同施行規則）の科目区分に従属せざるを得ないという前提が紹介された。その上で、1980年代以降の新課程の展開の中で生じた特徴的な現象として、(1)教育学部の中に免許取得にも狭義の教育学にも直結しない教育組織（「参照基準」の四類型のいずれでもない）が設けられていること、(2)新課程を教員養成課程と別に設ける際に教育学関係のスタッフを「学校教育」と「学校外教育」とに分離せざるを得ず、このことが教員養成課程における教育学の矮小化を生んだ、という二点が指摘された。

報告2（高旗浩志「国立総合大学の教職教養科目―教育学部と開放制教職課程を有する大学の一事例―」）においては、教員養成系学部と他の七学部の教職課程（教職科目については教師教育開発センターがマネジメント）とが並立する総合大学において、双方の教職教養科目の実情と課題が示された。主なポイントは、⑴2016年度の全学での「60分授業・クオーター制」の導入、および「教職科目区分の大括り化」と「含めるべき事項」の細分化に伴い、「教職科目の一単位化」が拡大した、⑵免許法施行規則の第三欄・第四欄の単位数においては教育学部（20）に対し他学部（21）の方が多い（これは二単位科目の残存による）が、その多くを非常勤講師に依存している、⑶「大学が独自に設定する科目」は教育学部においては実質的に副免許取得に充てられ、他学部では各学部の専門が充てられている、といった点にあった。その上で「教職教養」と「教育学の教養」の関係をどう捉えるのか、また学士課程全体でどの程度どういう形で置かれるべきなのか、等の問題提起があった。

報告3（中嶋（高津）みさき「問われる教育学の独自性、自律性―実践栄養学を踏まえた教職課程の現状と課題―」）においては、教育学とは異なるディシプリン（実践栄養学）を軸とし、管理栄養士・栄養士の養成を主に行う単科大学の教職課程（家庭・保健・看護科と栄養教諭）における教育学のありようについて、「栄養指導」との関係を例に「医学的処置としての指導」×「教育学的指導」、「膨大な知識の暗記」×「子どもに即した知識の活用」、「高い職業倫理」としての「厳格な管理」×「人格の尊重」の三種の緊張関係の指摘があった。それとともに、近年の政策における統制強化は、学内での教職課程の特徴を明確にすることにつながった半面、学生の自由な選択を困難にする作用（一年次から教職を選択する必要）も生み、「開放制」が狭まりつつあるという提起もなされた。

報告4（坂井俊樹「新設小規模大学の立場から―開智国際大学教育学部の場合―」）においては、入学生の状況として、一般の公私立高校や系列高校からの入学者以外に、通信制高校や高卒認定試験を経ている者や社会人、外国籍など多様な層が少数ながら混在しており、また経済的な課題を抱えている学生も少なくない紹介があった。教職を志望する学生は多いが、多様性ゆえに基礎学力が懸念される学生もいて課題となっている。大学独自科目としての「教科教育研究Ａ・Ｂ」やゼミでのきめ細かな指導を行っている実情を踏まえ、「参照基準」に関して「ジェネリックスキルとしての教職課程」の捉え方は重要とみられるが、それを「科学的「事実」の再考」につなげ、教科教育学を適切に位置づけていく必要があるのではないかとの指摘があった。

３．主な論点と今後の見通し

後半の冒頭でコーディネータ［鹿毛］より「大学における教員養成」の共通性は何なのか、その前提として教師にどのような能力を想定するのか、というところから教育学と教員養成の関係を広く問いたいという発言があり、以後は主に報告者間のやりとりが続く形になった。

主には、学士課程全体の中での教員養成（教職教育）のありようについての議論がなされた。「免許を取らない学生もいる」教育学部の中で「学士」の実質を担保しつつ教育現場も視野に収めて教員養成を行う実践の大切さ［坂井］や、「栄養学」との関係の中での教育学教育は不可避的に社会教育との関連を踏まえたものになり、単に学校教員養成との関係にとどまらない［中嶋］等、各大学の特性に基づく論点が示された。この延長線上に、各大学の「よいもの」「創意工夫」を活かす仕組み作りが大切である［高旗］や、「教員養成コアカリキュラム」のようなコンテンツ管理を改めて出口管理に焦点化させるべき［岩田］といった提案もなされた。

問題の基本には「新任教員に多くを期待しすぎる」［浜田会長］という問題があり、セッションのしめくくりには「卒業生である教員たちの声を聞く」ことから教育学教育の再構築を図っていくべき［勝野］との問題提起がなされた。論じ尽くせぬところは多々あったが、「大学における教員養成」原則下で展開される教育学の拡がりを共有するよい機会にはなったと思う。

（文責・岩田康之／東京学芸大学）

課題研究Ⅲ

多様な教職ルートの構造と実態に関する国際比較研究（1）

── 諸外国における多様な教職ルートの諸相 ──

1．課題設定

第11期の課題研究Ⅲ（国際比較・交流）では、「多様な教職ルートの構造と実態に関する国際比較研究」を3年間のテーマに設定した。わが国を含め、世界各国・地域では、教職に就くための複数の教職ルートが存在している。また現実的な状況として、教員不足や新たな教育ニーズへの対応という観点から、多様なキャリアや背景を有する人材が教職に就いている傾向も看取できる。多様な教職ルートは、決して緊急的な措置として存在しているのではなく、恒常的な仕組みとして機能している。そこで、課題研究Ⅲでは、世界各国・地域の多様な教職ルートの構造と実態を比較分析することを通して、これからの教師教育制度や実践をどう構想していくことができるかを考えていくこととした。

1年目の研究成果発表の場にあたる第30回大会の課題研究では、そもそもどのような教職ルートが存在しているのか、その実態はどうなっているのかといった世界各国・地域の諸相を探ることを目的とした。具体的には、アメリカ合衆国、ノルウェー、中国、ドイツの4か国を取り上げ、それぞれの国において多様な教職ルートがどのような文脈の中で存在しているのかを整理し、その特徴を報告者に考察してもらった。その上で、比較分析を通して世界的な傾向を議論した。

2．報告およびディスカッションの概要

まず、前半の司会を担当した佐藤が課題研究の趣旨を説明するとともに、報告の対象である4か国及び日本の教員養成制度（伝統的ルート）、教員採用・人事制度、教職の地位と近年の状況、そして教員業務を簡潔にまとめた情報整理表を紹介した。これにより、基礎的な状況に関する共通理解を図ることとした。

最初の報告として、小野瀬善行会員（宇都宮大学）が「アメリカ合衆国における多様な教職ルートの現状と課題」と題して、特に積極的に教職ルートの多様化を図ってきたテキサス州の実態を報告した。アメリカでは、2001年に制定された「どの子も落ちこぼれにしない法」において高度な資格を有する教員の雇用が全学区に求められるようになった。この時の「高度な資格を有する教員」の条件の一つに、伝統的なルートだけではなく、NPOや学区等が提供するオルタナティブなルートを経ることも含まれるようになった。テキサス州においても、1980年代以降の教員不足を背景にオルタナティブルートが導入されるようになり、上記の文脈においても、州が認証するルートとして、多様なプロバイダによるプログラムが認められるようになった。テキサス州の実態としては、2020-21年度に教員免許を取得した者の30%以上がオルタナティブルート出身であり、その規模の大きさが指摘された。

次に、中田麗子会員（信州大学）が「ノルウェーにおける教員養成の高度化と多様化」と題して、ノルウェーの教員養成の高度化の展開、オルタナティブルートの内実、そして地域差による教員不足問題について報告した。ノルウェーでは、直近10年間で教員養成機関への入学要件の設定・強化、そして教員養成の修士化（5年間）といった改革が行われ、教員の質的向上が進められた。他方で、オルタナティブなルー

トとしては、Teach First Norway（免許を有してない理系新卒者を対象）や、5年間の実務経験と理論的知識があることをベースにした学校管理者の判断によって、教員の能力要件を満たすことができる仕組みの存在が指摘された。こうした状況については、「正門は厳しく、裏門は開けっ放し」という批判がなされているが、後者の仕組みの背景には深刻な教員不足の問題がある。特に、へき地においては教員のなり手が少ないことや、低学年の教員が教員養成課程でしか養成できないことがある。この点については、教員養成の高度化政策の逆機能との指摘が示された。

次に、張揚会員（北海道大学）からは、「中国における「特職教師」政策の実施背景と現状―農村地域における教員不足の問題に着目して―」と題した報告が行われた。中国では、開放制教員養成システムが構築され、多様な高等教育機関における教員養成の質保証が問題とされる中で、農村地域における教員の量的不足が対応すべき課題として浮上している。その対策の一つとして、中央政府が主導する「特職教師」政策が2006年から実施されている。「特職教師」政策では、教員資格証書を有する大卒者を対象に、地方政府が「特職教師」を募集し、採用された場合は農村部の配属された学校で3年間勤務（非正規教員）することが求められる。3年間の勤務が終わった後は、正規教員としての雇用が優先されたり、大学院への入学が優遇されたりすることになる。この政策の背景には、教員流動の自由化（学校が任用契約を結ぶ仕組みの導入）による、特に農村部での優秀教員の確保が難しい状況が指摘された。

最後に、辻野けんま会員（大阪公立大学）より、「ドイツにおける教師教育の変容―難民の教員養成からの示唆―」と題した報告が行われた。ドイツでは、大学における養成と試補勤務をベースとした伝統的な教員養成制度が整備されている中で、2000年代以降にスタンダードの策定やインクルージョン理念の受容といった動きがみられる。その中の一つとして、本報告では難民背景を有する子どもが増加している状況を踏まえた、難民を対象とした教師教育プログラムが取り上げられた。事例として示されたビーレフェルト大学の「Lehrkräfte PLUS」プログラムでは、出身国での教員免許を有し教員として勤務していた経験のある難民を選抜して、1年間を通して、ドイツ語を学びながら多文化教育や教科教育の学び、そして教育実習を行うものになっている。確立された専門職養成制度の中で、新たな取り組みである難民の教員養成から、「多様性が尊重される教師教育」の在り方を議論する重要性が指摘された。

4人の報告に続いて、北田佳子会員（埼玉大学）の司会の下で、ディスカッションが行われた。論点として提示されたことを羅列すると、量的な教員不足だけでなく質的な教員不足（例えば先住民の教員不足等）の問題、中国とノルウェーの事例にみられたへき地や農村部での教員不足問題、専門職としての性質を高めるための高度化の逆機能、そして教職ルートを提供するプロバイダの多様化の問題等がある。特に、多様な教職ルートの背景にある教員不足の実態や構造、そして教員養成の高度化政策の逆機能については、各国に共通する問題として捉えることができる。今後のテーマとして引き続き議論していく予定である。

（文責・佐藤　仁／福岡大学）

日本教師教育学会年報

第31号

7

〈日本教師教育学会関係記事〉

1　日本教師教育学会 第11期（2020年9月14日－2023年10月）役員・幹事等一覧

（50音順、＊は常任理事、2022年４月16日現在）

【会長（理事長)】

＊浜田博文

【全国区理事（定員数７)】

＊岩田康之（研究推進副委員長）　＊牛渡　淳（会長代行／研究推進委員長）
＊浜田博文（会長）　＊矢野博之　＊山﨑準二　＊油布佐和子（課題研究Ⅰ部担当）
＊和井田節子（事務局長）

【地方区理事（定員数33)】

1　北海道（定員数１）
玉井康之

2　東北（定員数１）
佐藤修司（第32回研究大会実行委員長）

3　関東・甲信越（東京を除く）（定員数７のうち１名欠員）
浅野信彦　安藤知子　金馬国晴　田中昌弥　樋口直宏（第31回研究大会実行委員長）
伏木久始

4　東京（定員数９）
浅井幸子　＊鹿毛雅治（課題研究Ⅱ部担当）　勝野正章（課題研究Ⅱ部担当）　金子真理子
佐久間亜紀　佐藤千津　清水康幸　仲田康一　前田一男

5　東海・北陸（定員数３）
梅澤　収　＊紅林伸幸（研究倫理委員長）　森　透

6　近畿（定員数７）
小柳和喜雄　木原俊行　久保富三夫　原　清治　船寄俊雄　別惣淳治
＊吉岡真佐樹（年報編集委員長）

7　中国・四国（定員数３）
赤星晋作　佐々木　司　＊高旗浩志（若手研究者育成支援部担当）

8　九州・沖縄（定員数２）
＊佐藤　仁（課題研究Ⅲ部担当）　高谷哲也

【事務局】

＊和井田節子（事務局長）　＊内田千春（事務局次長）

【監査（定員数２)】

田中里佳　村田悦子

【幹事】

朝倉雅史（第31回研究大会実行委員会事務局長）　高野貴大　吉田尚史

【学会事務業務】

株式会社EPOCH-NET

2　日本教師教育学会　活動履歴　－2021.8.10～2022.8.31－

（研究会・会議はすべてオンライン開催）

【2021年】

8月10日（火）学会ニュース第61号発行

8月10日（火）課題研究Ⅰ　第9回研究会（部内）

8月29日（日）課題研究Ⅱ主催　公開研究会　第7回全体会　話題提供者：牛渡淳（仙台白百合女子大学）「今後の教師教育のグランドデザインを考えるための論点整理と展望（修正版）」話題提供者：岩田康之（東京学芸大学）「日本の教員養成政策の展開を振り返る―『グランドデザイン』検討の前提的課題と論点―」

9月7日（火）第31回研究大会プログラムダウンロード開始

9月16日（木）委員長会議　理事会・総会準備

9月18日（土）第31回研究大会リハーサル

9月20日（月）課題研究Ⅰ主催　研究大会事前開催公開研究会　「変動する社会の中の学校・教師の再定義―COVID-19のインパクトを問う」　報告者：佐藤学（東京大学名誉教授）「第四次産業革命と教育の未来」、有井優太・岩堀翔太・影山奈々美・中野綾香・永杉理恵・望月美和子・渡部裕哉（東京大学大学院教育学研究科）「コロナ禍における学校・教師の問い直し：教師の語りから」、柏木智子（立命館大学）「学校における公正・ケアの促進と『学び』の展望」、司会：油布佐和子（早稲田大学）

9月26日（日）研究推進委員会議　理事会・研究大会に関する情報共有

9月27日（月）第31回研究大会参加者専用サイト公開、大会要旨集ダウンロード開始

9月27日（月）課題研究Ⅱ　カリキュラムWG　第3回研究会（部内）「先行研究（『年報』第29号特集論文）の検討」報告者：樋口直宏（筑波大学）、福島裕敏（弘前大学）

9月27日（月）課題研究Ⅲ　第5回研究会（部内）

9月30日（木）年報第30号『教師教育の構造変動と教師教育学研究』発刊（学事出版）

10月1日（金）第79回理事会　第31回総会準備。年報投稿論文の分量拡大にむけた年報投稿要領改正が承認される。また、年報第32号より投稿論文が完全電子化されることも承認された。

10月2日（土）～3日（日）第31回研究大会　オンライン開催。大会準備校：筑波大学　大会テーマ：「教育者の資質・能力と力量を考える　―教育現場と教師教育研究との間―」大会実行委員長：樋口直宏、副委員長：浜田博文、事務局長：朝倉雅史、委員：浅野信彦（文教大学）、石﨑ちひろ（常磐短期大学）、内山絵美子（小田原短期大学）、小野瀬善行（宇都宮大学）、木村範子（筑波大学）、鞍馬裕美（明治学院大学）、髙野貴大（茨城大学）、張信愛（関東学園大学）、藤井真吾（名古屋学院大学）、星野真澄（筑波大学客員研究員）、森貞美（聖徳大学）、吉田尚史（教職員支援機構）。筑波大学大学院生スタッフ：阿部雅子、奥田修史、史嘉宜、毛月。自由研究発表55件（うち1件は当日辞退）、ラウンドテーブル4件。会員参加費無料で申し込み制度もなかったため、参加者総数は不明。最大同時参加者数：2日目午後307名。臨時会員：一般31名、学生8名。公開シンポのみ参加者：一般13名、学生2名。情報交換会はSpatialChatを使ってオンラインで行い、65名が参加。

10月2日（土）第31回総会 会務報告、予算決算等、すべての議事は可決された。主な内容：①会員

数1,303人と報告された。②理事の異動に従って八尾坂修会員（開智国際大学）が理事となったことが報告・承認された。③鹿毛理事を代表として申請していた課題研究Ⅱが2021年４月から科研費基盤研究Bに採択されたことが報告された。④2020年総会で承認された研究倫理委員会の活動報告があった。⑤学会褒賞検討委員会の設置が承認され、今後褒賞制度を整えることになった。⑥2022年４月１日より学会事務業務を株式会社EPOCH-NETに委託することが承認された。⑦2022年の第32回研究大会は秋田大学で開催されることになった。⑧年報投稿要領が改定され、分量が拡大したこと、2023年の投稿論文より完全電子化されることが報告された。

10月18日（月）課題研究Ⅰ　第10回研究会（部内）
10月27日（水）委員長会議　理事会準備
10月29日（月）課題研究Ⅲ　第６回研究会（部内）
11月12日（日）課題研究Ⅰ　第11回研究会（部内）
11月13日（土）研究推進委員会議　活動計画と情報共有
11月18日（木）研究倫理委員会　第３回委員会
11月20日（土）課題研究Ⅱ　第８回全体会（部内）
11月27日（土）第80回理事会　①研究大会総括・会計報告等。トラブルもなく、アンケート結果も概ね好評であった。②学会褒賞検討委員会で以下の委員が承認される。委員長：浜田博文会長、委員：山崎準二・森透・木原俊行・安藤知子・佐久間亜紀各理事
11月28日（日）課題研究Ⅰ　第11回研究会（部内）
12月７日（火）研究推進委員会議　中央教育審議会特別部会「『令和の日本型学校教育』を担う新たな教師の学びの姿の実現に向けて（審議まとめ）」（2021.11.15）への対応の協議。理事から意見を募ること（12月28日〆切)、１～３月に学習会を行うことについて協議した。
12月10日（土）課題研究Ⅱ　統括グループミーティング（部内）

【2022年】

１月23日（日）研究推進委員会主催　「令和の教師教育改革についての公開学習会」　話題提供：浅井幸子（東京大学）「学校における教師の学びの視点から」　司会：牛渡淳（仙台白百合女子大学）・岩田康之（東京学芸大学）
２月２日（水）研究倫理委員会　第４回委員会　①研究倫理委員会規程について　②学習会について
２月６日（日）委員長会議　学生会費引き下げについて
２月７日（月）理事メール審議：学生会費引き下げについて：会員に学生区分はないが、コロナ禍で困窮する学生のため、会員証提示で会費を７千円から３千円に引き下げることが承認された。
２月13日（日）研究推進委員会主催　「令和の教師教育改革についての公開学習会～教員研修の制度・政策面から」　話題提供：久保富三夫（元 立命館大学）「『審議まとめ』とその後の中教審合同会議での議論について考えること―教特法研修条項再生の視点から―」、梅澤収（静岡大学）「機関包括型の教師教育改革を考える―令和の日本型の学校教育を作る教師教育へ―」　司会：牛渡淳（仙台白百合女子大学）・岩田康之（東京学芸大学）

2月14日（月）研究推進委員会議　常任理事会・研究大会にむけての情報共有

2月15日（火）研究倫理委員会主催　会員限定公開　第2回研究倫理学習会（5月31日までオンデマンドでも公開）「教師教育研究の多様性と研究倫理の今日的課題 ―質的研究を中心に―」 話題提供：吉岡真佐樹（京都府立大学）「教師教育学研究の現状について―開催に寄せて―」、三品陽平（愛知県立芸術大学）「教師教育学領域における質的研究論文の研究倫理」

2月24日（木）課題研究Ⅰ　第12回研究会（部内）

2月26日（土）第101回常任理事会　会則・申し合わせ事項等について、実態と異なる点や付け加えるべき点について検討を行った。

3月13日（日）研究推進委員会主催　「令和の教師教育改革についての公開学習会」 話題提供：安藤知子（上越教育大学）「システム化された研修を運用/活用する＜人の意識の問題＞をどう考えたら良いか」、久保富三夫（元 立命館大学）「『審議まとめ』等にみる『新たな教師の学びの姿』について考えること―教特法研修条項再生の視点から―」、荒瀬克己（教職員支援機構）「教師の学びを取り戻す『研修』にむけて」 指定討論：岩田康之（東京学芸大学）　司会：牛渡淳（仙台白百合女子大学）・浅井幸子（東京大学）

3月19日（土）課題研究Ⅱ主催　公開研究会　第9回全体会「教師の専門的能力―『教師の力量』とは何かを問う」 話題提供：鹿毛雅治（慶應義塾大学）「教師の専門的能力とは何か―心理学の観点から」、木村優（福井大学）「『教師のコンピテンシー』をめぐって」　指定討論：北田佳子（埼玉大学）　司会：勝野正章（東京大学）

3月22日（火）課題研究Ⅲ　第7回研究会（部内）

3月28日（月）委員長会議　会則・規程等の改正に関する協議

4月1日（金）学会事務局のうち、事務業務を株式会社EPOCH-NETに委託開始。

4月10日（日）研究推進委員会議　第32回研究大会や研究成果の出版に関する協議

4月15日（金）課題研究Ⅱ　統括グループミーティング（部内）。Webサイトを設置。

4月16日（土）第81回理事会　①理事の欠員。関東甲信越地方区選出の八尾坂収理事は、所属の異動により理事資格を喪失し、関東甲信越地方区は1名欠員となる。②第32回研究大会の全面オンライン化。新型コロナ感染状況を鑑みて、ハイブリッドではなくオンライン開催とすることを決定。ポスター発表は10分の動画での説明をつけることが条件となった。

5月8日（日）課題研究Ⅰ　第13回研究会（部内）

5月28日（土）研究倫理委員会　第5回委員会

6月1日（水）委員長会議　①総会にかかわる準備　②会則・規程等に関する検討

6月8日（水）研究推進委員会議　①研究推進委員会規程の検討　②研究成果の出版検討

6月11日（土）課題研究Ⅲ主催　第2回公開セミナー　報告者：山下達也（明治大学）「韓国における教員養成前史と教員不足問題―植民地期の実態」、田中光晴（文部科学省／国立教育政策研究所フェロー）「韓国ではなぜ教員不足が問題になっていないのか―教員政策をめぐる論点」

6月15日（水）研究倫理委員会（メール会議）　第6回委員会

6月18日（土）第102回常任理事会　①会則・規程等の検討　②『教師教育研究ハンドブック』の電子化について　③中教審対応の出版について　④褒賞委員会の設置について

7月15日（金）研究推進委員会議　研修履歴管理制度への対応協議

7月18日（月）課題研究Ⅰ　第3回公開学習会　報告者：松下良平（武庫川女子大学）「時代の課題としての学習観・能力観の転換―リスクとしての学校教育」

7月24日（日）監査

8月2日（水）学会ニュース第63号発行

8月6日（土）課題研究Ⅱ主催　一般公開研究会　第10回全体会　報告者：牧貴愛（広島大学）「教員養成の『実践性』と『高度化』を考える：タイの事例を手がかりに」　ファシリテーター：岩田康之（東京学芸大学）

8月7日（日）若手研究者育成支援部主催　第1回「若手研究者のための論文作成支援セミナー」話題提供者：岡村美由規（広島大学）「年報第26号（2017）研究論文『D.A.ショーンのreflection-in-action概念の再検討―実践についての認識論に注目して―』」、若木常佳（福岡教育大学）「第26号（2017）実践研究論文『教職大学院における理論と実践の往還を具体化するプログラムの実証的研究』」　コメンテーター：福島裕敏（弘前大学）

8月19日（金）研究倫理委員会・若手研究者育成支援部共催　公開学習会「実践とかかわる研究と倫理的ジレンマ」　話題提供：内田千春（東洋大学）「保育者、教師教育者としての実践研究と、研究者として実践にかかわる研究」

8月21日（日）研究推進委員会主催　緊急公開学習会「中教審による『新たな教師の学び』は何をもたらすか？　―教師の主体的な研修の保障という視点から―」　話題提供者：岩田康之（東京学芸大学）「教員免許制から研修履歴管理へ：政策動向の読み解き」、伏木久始（信州大学）「地方教育行政の観点から」、入江誠剛（福岡大学）「学校現場の観点から」　司会：牛渡淳（仙台白百合女子大学）、浜田博文（筑波大学）

8月30日（火）課題研究Ⅲ主催　第3回　公開国際セミナー　登壇者：Jari Lavonen（ヘルシンキ大学・教授）「What makes teacher education attractive in Finland?」、矢田匠（フィンランド国立教育研究所・博士研究員）「フィンランド教育現場の現状」

3　日本教師教育学会会則

(1991年８月30日、創立総会決定)
(1993年10月30日、第３回総会一部改正)
(1998年10月24日、第８回総会一部改正)
(2009年10月３日、第19回総会一部改正)
(2019年９月21日、第29回総会一部改正)

(名称)
第１条　本学会は、日本教師教育学会 (The Japanese Society for the Study on Teacher Education) と称する。
(目的)
第２条　本学会は、学問の自由を尊重し、教師教育に関する研究の発展に資することを目的とする。
(事業)
第３条　本学会は、前条の目的を達成するため、次の各号に定める事業を行なう。
一　研究集会等の開催
二　研究委員会の設置
三　国内及び国外の関係学会・機関・団体等との研究交流
四　学会誌、学会ニュース等の編集及び刊行
五　その他理事会が必要と認めた事業
(会員)
第４条　本学会の会員は、本学会の目的に賛同し、研究倫理規程を遵守し、教師教育に関する研究を行なう者、及び教師教育に関心を有する者とする。　(2019.9.21、第29回総会一部改正)
２　会員になろうとする者は、会員１名以上の推薦を受けて、事務局に届け、理事会の承認を受けるものとする。
３　会員は、入会金及び年会費を納めなければならない。
４　３年間にわたって会費を納入しなかった会員は、理事会の議を経て退会したものとみなされる。　(1998.10.24、第８回総会一部改正)
(役員)
第５条　本学会の役員は、会長（理事長）１名、理事若干名、及び監査２名とする。
(役員の選任)
第６条　会長及び理事は、会員の投票により会員から選出される。当該選出方法は、別に定める。但し、学際的研究活動の発展及び理事の専門分野の均衡等のため、理事会が推薦する理事を置くことができる。
２　監査は、会長が会員より推薦し、総会の承認を経て委嘱する。
３　会長、理事及び監査の任期は３年とする。いずれの任期も、選出定期大会終了の翌日より３年後の大会終了日までとする。会長及び理事については、再任を妨げない。
４　理事会は、理事の中から事務局長及び常任理事を選出し、総会の承認を受ける。
(1998.10.24、第８回総会一部改正)
(役員の任務)
第７条　会長は、本学会を代表し、理事会を主宰する。会長に事故あるときは、あらかじめ会長が

指名した全国区選出理事がこれに代わる。　(2009.10.3、第19回総会一部改正)

2　理事は、理事会を組織し、本学会の事業を企画し執行する。

3　監査は、会計及び事業状況を監査する。

(事務局)

第8条　本学会に事務局を置く。

2　本学会の事務局は、事務局長及び常任理事並びに理事会の委嘱する書記及び幹事若干名によって構成される。　(1998.10.24、第8回総会一部改正)

(総会)

第9条　総会は、会員をもって構成し、本学会の組織及び運営に関する基本的事項を審議決定する。

2　定期総会は、毎年1回、会長によって招集される。

3　会長は、理事会が必要と認めたとき、又は会員の3分の1以上が要求したときは、臨時総会を招集しなければならない。

(総会における議決権の委任)

第10条　総会に出席しない会員は、理事会の定める書面により、他の出席会員にその議決権の行使を委任することができる。

(会計)

第11条　本学会の経費は、会費その他の収入をもって充てる。

2　会費は、年額7,000円(学会誌代を含む)、入会金は1,000円とする。

3　本学会の会計年度は、4月1日より翌年3月31日までとする。

(1993.10.30、第3回総会一部改正)

(会則の改正)

第12条　本会則の改正には、総会において出席会員の3分の2以上の賛成を必要とする。

附　則

1　本会則は、1991年8月30日より施行する。

2　第4条第1項に該当する者が、創立総会に際し入会を申し込んだ場合には、同条第2項の規定にかかわらず、会員とする。

3　第6条の規定にかかわらず、本学会創立当初の役員は、創立総会の承認を経て選出される。

附　則　(1993年10月30日、第3回総会)

本会則は、1994年4月1日より施行する。

附　則　(1998年10月24日、第8回総会)

本会則は、1998年10月24日より施行する。

附　則　(2009年10月3日、第19回総会)

本会則は、2009年10月3日より施行する。

附　則　(2019年9月21日、第29回総会)

本会則は、2019年9月21日より施行する。

4　日本教師教育学会研究倫理規程

(2019年９月21日、第29回総会決定)

【前文】

日本教師教育学会は、人びとの健全な学びと育ちを支え、民主的で公正な社会の形成と発展とを担う主体の実践ならびに成長･発達に資する、科学的かつ学術的な研究及びその成果に基づく専門的諸活動を推進する。そのために、本学会の会員が社会的責任を自覚し、自らの良心と良識とに従い、多様で多元的な価値が存在することをふまえ、基本的人権を尊重し、人びとの学びと育ちの環境を侵すことなく、民主的で公正な環境のもとで教師教育の実践とその研究を発展させるための指針として、以下の研究倫理規程を定め、会員の研究倫理に対する認識の深化を図り、倫理教育や啓発活動の推進に努める。

【倫理条項】

(責任の倫理)

1　社会的責任

会員は、教師教育及び教師教育研究の専門家として、自身の活動が人びとの健全な学びと育ちを支えるとともに、民主的で公正な社会の形成と発展に対して影響を有することの自覚を持って、科学的かつ学術的に専門的諸活動を実施する。

(態度の倫理)

2　倫理の遵守

会員は、基本的人権を尊重し、本学会の会則及び本研究倫理規程を遵守する。

3　公正な活動

会員は、教師教育の研究と実践において、科学的かつ学術的な根拠に基づいて、客観的で公正な専門的判断と議論を行う。

4　自己研鑽

会員は、自身の専門性を向上させる研鑽に努め、社会的信頼を高めるよう努力する。

5　相互協力

会員は、相互に高い信頼を持って、教師教育の実践とその研究をはじめとする全ての専門的諸活動における力量向上や倫理問題への対応について、相互啓発に努めるとともに、教師教育の発展に向けて積極的に相互協力する。

(活動の倫理)

6　人権の尊重と差別・偏見の排除

会員は、教師教育の実践とその研究をはじめとする全ての専門的諸活動において、全ての人の権利と尊厳、価値の多様性を尊重し、偏見を取り除くことをはじめ、あらゆる形態の差別を積極的に否定する。

7　科学的、学術的、専門的な研究

会員は、科学的、学術的な研究の過程において、つねに公平性のもとで、事実に基づく真理の探究と立証に努める。また、その研究と実践において、データ、情報、調査結果などの改竄、捏造、偽造や、他者の知的業績や著作権を侵すなどの不正行為を行わない。

8　研究実施のための配慮と制限

会員は、その専門的諸活動において、起こりうる倫理的問題を想定し、それらの予防に努める。

9　共同研究者、研究対象者、研究協力者などの保護

会員は、その専門的諸活動において、他者に害を及ぼすことを予防し、予期しない悪影響が発生した場合においては、その作業を中断・終了するなどの被害を最小限に抑えるための措置を直ちに講じる。

10　インフォームド・コンセント

会員は、研究にあたっては、その過程全般および成果の公表方法、終了後の対応等についてあらかじめ研究対象者及び協力者に対して説明を行い、理解されたかどうかを確認し、同意を得て実施する。

11　守秘義務

会員は、正当な手続きをとらない限り、自らの職務および学術研究において知り得た情報の秘密保持の義務を負う。

12　利益相反への対応

会員は、自らの職務及び学術研究において、利益相反による諸弊害が生じないよう十分に注意し、利益相反がある場合には、その情報を開示するなど、適切に対応する。

13　情報・成果の開示

会員は、教師教育の実践とその研究を発展させるため、自らの良心と良識とに従い、研究の成果を積極的に発信する。成果の発表にあたっては、研究対象者及び協力者の利益を損なってはならない。また、発表された成果は、発表者の知的財産として適正に扱われなければならない。

(倫理の徹底)

14　学会の責任

日本教師教育学会は、会員が日本学術会議の定める「科学者の行動規範」に則って教師教育及び教師教育研究の専門家として専門的諸活動に取り組むことができるように、継続して環境整備に努め、倫理教育や啓発活動を推進する。

附　則

1　本規程は2019年度総会終了後より施行する。

2　本規程の改定は、理事会の議を経て、総会において決定する。

※会員が参照すべき資料

・日本学術会議「科学者の行動規範　改訂版」平成25年（2013年）1月25日（http://www.scj.go.jp/ja/info/kohyo/pdf/kohyo-22-s168-1.pdf ）

5　日本教師教育学会役員選出規程

(1992年９月26日、第６回理事会決定)
(1996年６月22日、第19回理事会一部改正)
(1998年２月28日、第25回理事会一部改正)
(1998年10月23日、第27回理事会一部改正)
(2002年２月23日、第37回理事会一部改正)
(2019年９月20日、第74回理事会一部改正)

(目的)
第１条　本規程は、日本教師教育学会会則第６条第１項後段に基づき、日本教師教育学会の役員を会員中から選出する方法を定めることを目的とする。
(選出理事の種類及び定員数)
第２条　本学会の理事は、会員の投票によって選出される別表に定める定員数40を標準とする理事、並びに学際的研究活動の発展及び専門分野の均衡等のため必要に応じて理事会が推薦する若干名の理事とする。
(理事の選出方法及び任期)
第３条　投票による理事の選出は、本規程の別表の様式に従い選挙管理委員会が定める選挙区別の理事の定員数に基づき、全会員（全国区）及び地方区は当該地区の会員（各会員の勤務先等の所属地区）による無記名投票によって行なう。
２　全国区は７名連記、各地区は当該地区の理事の定員数と同数の連記によって投票するものとする。ただし、不完全連記も有効とする。
３　当選者で同順位の得票者が複数にわたるときは、選挙管理委員会の実施する抽選によって当選者を決定する。
４　地方区で選出された理事が全国区でも選出された場合には、その数に相当する当該地方区の次点のものを繰り上げて選出するものとする。
５　理事に欠員が生じた場合には、その数に相当する当該選挙区の次点のものを繰り上げて選出するものとする。ただし、その任期は、前任者の残任期間とする。
(推薦による理事の選出方法)
第４条　第２条の規定する推薦による理事は、理事会が会員中よりこれを推薦し、総会において承認するものとする。
(会長の選出方法)
第５条　会長の選出は、全会員による無記名投票によって行なう。
２　会長の選出は、１人の氏名を記す投票によるものとする。２人以上の氏名を記入した場合には無効とする。
(選挙管理委員会)
第６条　第３条及び第５条に規定する選挙の事務を執行させるため、理事会は会員中より選挙管理委員会の委員３人を指名する。選挙管理委員は、互選により委員長を決定する。
(選挙権者及び被選挙権者の確定等)
第７条　事務局長は、理事会の承認を受けて、第３条及び第５条に規定する理事選挙における選挙権者及び被選挙権者（ともに投票前年度までの会費を前年度末までに完納している者）を確定するための名簿を調製しなければならない。

2　事務局長は、選挙管理委員会の承認を受けて、第３条及び第５条の理事選挙が円滑に行なわれる条件を整えるため、選挙説明書その他必要な資料を配布することができる。

（細目の委任）

第８条　日本教師教育学会の理事選出に関する細目は、理事会の定めるところによる。

附　則（1992年９月26日、第６回理事会）

この規程は、制定の日から施行する。

附　則（1996年６月22日、第19回理事会）

この規程は、制定の日から施行する。

附　則（1998年２月28日、第25回理事会）

この規程は、制定の日から施行する。

附　則（1998年10月23日、第27回理事会）

この規程は、1998年10月24日から施行する。

附　則（2002年２月23日、第37回理事会）

この規程は、制定の日から施行する。

附　則（2019年９月20日、第74回理事会）

この規程は、制定の日から施行する。

別　表（日本教師教育学会役員選出規程第２条関係）

地方区名	左欄に含まれる都道府県名	理事定数	有権者数
北海道	北海道		
東北	青森・岩手・宮城・秋田・山形・福島		
関東・甲信越（東京を除く）	茨城・栃木・群馬・埼玉・千葉・神奈川・山梨・長野・新潟		
東京	東京		
東海・北陸	静岡・愛知・岐阜・三重・富山・石川・福井		
近畿	滋賀・京都・大阪・兵庫・奈良・和歌山		
中国・四国	鳥取・島根・岡山・広島・山口・香川・徳島・愛媛・高知		
九州・沖縄	福岡・佐賀・長崎・熊本・大分・宮崎・鹿児島・沖縄		
地方区		３３	
全国区		７	
定数合計		４０	

備　考

１．地方区理事の定数は、８つの地方区に１名ずつを割り振った後、残りの定数25について、選挙前年度最終理事会までに承認された会員（有権者に限る）の勤務先所在地（主たる勤務先の届け出がない場合は所属機関の本部、所属機関がない場合は住所）を基準とする地方区の所属会員数を基に、「単純ドント方式」で、各区に配分し決める。

２．有権者は、会費を選挙前年度末までに完納した者に限る。

３．会長は理事長でもある（会則第５条）ので、全国区理事を兼ねて投票し選出する。

４．所属機関、住所ともに日本国内に存しない会員は、全国区理事の選挙権のみを有する。

6　日本教師教育学会年報編集委員会関係規程等

(1)　日本教師教育学会年報編集委員会規程

（1992年６月６日、第５回理事会決定）
（1999年６月５日、第29回理事会一部改正）
（2008年９月13日、第52回理事会一部改正）
（2020年９月11日、第76回理事会一部改正）

第１条　本委員会は、本学会の機関誌『日本教師教育学会年報』の編集および発行に関する事務を行う。

第２条　本委員会に、委員長１名をおく。

２　委員長は、理事のうちから会長が推薦し、理事会の議を経て、会長が委嘱する。

３　委員長は委員会を代表し、編集会議を招集し、その議長となる。

第３条　委員長以外の編集委員は、理事会が推薦し会長が委嘱する会員15名によって構成される。

２　編集委員の任期は３年後の定期総会終了日までとする。ただし、再任は妨げない。

３　編集委員に欠員が生じた場合には、その数に相当する会員を理事会が推薦し、会長が委嘱するものとする。ただし、その任期は前任者の残任期間とする。

第４条　本委員会に、副委員長１名、常任委員若干名をおく。

２　副委員長、常任委員は、編集委員の互選により選出する。

３　副委員長は委員長を補佐し、委員長に事故ある場合は、その職務を代行する。

４　委員長、副委員長、常任委員は、常任編集委員会を構成し、常時編集実務に当たる。

第５条　委員会は、毎年度の大会開催に合わせて定例編集会議を開き、編集方針その他について協議するものとする。また、必要に応じ随時編集会議を開くものとする。

第６条　編集に関する規程、及び投稿に関する要領は、別に定める。

第７条　編集及び頒布に関する会計は本学会事務局において処理し、理事会及び総会の承認を求めるものとする。

第８条　委員会は、事務を担当するために、若干名の編集幹事を置く。編集幹事は、委員会の議を経て、委員長が委嘱する。

第９条　委員会の事務局は、原則として委員長の所属機関内に置く。

附 則（1992年６月６日、第５回理事会）
　本規程は、1992年６月６日より施行する。
附 則（1999年６月５日、第29回理事会）
　本規程は、1999年６月５日より施行する。
附 則（2008年９月13日、第52回理事会）
　本規程は、2008年９月13日より施行する。
附 則（2020年９月11日、第76回理事会）
　本規程は、2020年９月11日より施行する。

⑵ 日本教師教育学会年報編集規程

（1992年6月6日、第5回理事会決定）
（1999年6月5日、第29回理事会一部改正）
（2003年4月12日、第41回理事会一部改正）
（2005年9月23日、第46回理事会一部改正）
（2017年9月29日、第70回理事会一部改正）

1　日本教師教育学会年報は、日本教師教育学会の機関誌であり、原則として年1回発行される。
2　年報は、本学会会員による研究論文、実践研究論文および研究・実践ノート、会員の研究・教育活動、その他会則第3条に定める事業に関する記事を編集・掲載する。
3　年報に投稿しようとする会員は、所定の投稿要領に従い、編集委員会宛に原稿を送付する。
4　投稿原稿の掲載は、編集委員2名以上のレフリーの審査に基づき、編集委員会の審議を経て決定する。なお、編集委員会がその必要を認めた場合は、編集委員以外にレフリーを委嘱することができる。
5　掲載予定の原稿について、編集委員会は執筆者との協議を通じ、一部字句等の修正を求めることがある。
6　編集委員会は、特定の個人または団体に対して原稿の依頼を行うことができる。
7　年報に関する原稿は返却しない。
8　執筆者による校正は、原則として初校のみとする。その際、大幅な修正を認めない。
9　図版等の特定の費用を要する場合、執筆者にその費用の負担を求めることがある。
10　抜き刷りについては、執筆者の実費負担とする。

⑶ 日本教師教育学会年報投稿要領

※【年報編集委員長注記】
本年報第32号（投稿締め切り2023年1月15日）より、投稿原稿はすべて電子投稿システムを用いて投稿していただくことになります。それにともない、本要領の「4～8」については、下記投稿要領のとおり改正することとし、2022年9月16日の理事会で承認いただく予定です。
ただし、投稿に際しては、学会HPから再度、最新の投稿要領をご確認ください。（2022年8月15日）

（1992年6月6日、第5回理事会決定）
（1999年6月5日、第29回理事会一部改正）
（2000年6月17日、第32回理事会一部改正）
（2003年10月3日、第42回理事会一部改正）
（2005年9月23日、第46回理事会一部改正）
（2013年9月14日、第62回理事会一部改正）
（2015年9月18日、第66回理事会一部改正）
（2017年9月29日、第70回理事会一部改正）
（2019年4月13日、第73回理事会一部改正）
（2019年9月20日、第74回理事会一部改正）

（2021年10月１日、第79回理事会一部改正）
（2022年９月16日、第81回理事会一部改正予定）

1　投稿原稿は、研究倫理規程を遵守し、原則として未発表のものに限る。但し、口頭発表、およびその配付資料はこの限りではない。
2　投稿をする会員は、当該年度までの会費を完納しているものとする。
3　投稿原稿は以下の３ジャンルとし、会員が投稿原稿送付時にジャンルを申告するものとする。ジャンル申告のない投稿原稿は受け付けない。ジャンルの区分については、別に定める。
研究論文（教師教育に関する研究）
実践研究論文（会員個人および勤務校での教師教育に関する実践の研究）
研究・実践ノート（教師教育に関する研究動向・調査・情報・実践を紹介し考察・問題提起を行ったもの）
4　投稿原稿はＡ４版用紙縦置き、横書き、日本語によるものとし、編集委員会で別に指定する場合以外、総頁数は研究論文および実践研究論文については12頁以内、研究・実践ノートについては５頁以内とする。なお、図表類は、その印刷位置および大きさをあらかじめ表示しておくものとする。
１）題目、図表・空欄・罫線、引用・注等も含めて指定頁数に収める。
２）投稿原稿は、本学会のHPからダウンロードした「原稿執筆フォーマット」（一太郎ファイルあるいはワードファイル）を使用して作成することを原則とする。
様式は、引用・注を含めて10.5ポイントで１頁を20字×40行×２段組みとし、題目欄については１段組で10行分とする。注・図表等も含めて指定字数に収め、本文中の引用・注も字の大きさは変えないこと。
３）執筆者は、電子投稿システムを用いて提出する。詳細は、本学会ホームページに掲載の「論文投稿マニュアル」を参照すること。
5　投稿原稿および摘要欄には、氏名・所属、あるいはそれらが特定される情報は書き入れない。
6　投稿にあたっては、次の情報の入力が必要になる。
投稿ジャンル、著者・共著者の氏名と所属機関、論文タイトル、英文タイトル、英文摘要（300語前後）、英語キーワード（５項目以内）、英文タイトル・英文摘要・英語キーワード邦訳。
7　投稿原稿の提出期限は、毎年１月15日とする。
8　注および引用文献の表記形式については、別途編集委員会で定める。
9　著作権について
１）本誌に掲載する著作物の著作権は、日本教師教育学会年報編集委員会（以下「委員会」）に帰属する。
２）委員会は、原稿が本誌に掲載されることが決定した時点で、執筆者との間で著作権譲渡に関する「著作権譲渡書」（別紙）を取り交わすものとする。執筆者は、本「著作権譲渡書」を、当該著作物が掲載された本誌の発行前に委員会に提出するものとする。「著作権譲渡書」の提出を掲載の条件とする。
３）執筆者自身が当該著作物の再利用を希望する場合は、「著作権譲渡書」にある内容を了解の上、所定の手続きを取るものとする。委員会は、再利用が学術及び教育の進展に資するものである限り、異議申し立て、もしくは妨げることをしない。
４）第三者から論文等の複製、転載などに関する許諾要請があった場合、委員会は許諾することができる。
（備考）
1）投稿者は、投稿原稿中に、投稿者が特定されるような記述（注を含む）は行わないよう留意すること。
2）第6項の英文については、予めネイティブ・チェック、あるいは翻訳業者を通したものであること。

【著作権譲渡書】

著作権譲渡書

日本教師教育学会編集委員会　御中

下表著作物の著作者（又は分担著作者）である私こと（以下「甲」という。）は、このたびの「日本教師教育学会年報」への著作物掲載にあたり、下記の内容で日本教師教育学会編集委員会（以下「乙」という。）へ当該著作物の著作権を譲渡します。

<table>
<tr><td rowspan="2">著　作　物　標　題</td><td>和文：</td></tr>
<tr><td>英文：</td></tr>
<tr><td>著者名（複数の場合、全員を記載のこと）</td><td></td></tr>
<tr><td>掲載予定号数</td><td>「日本教師教育学会年報」第　　　号</td></tr>
<tr><td>発行予定年（西暦）</td><td>年</td></tr>
</table>

西暦　　　　年　　　月　　　日

甲の現在の所属

甲の氏名

記

1．甲は、乙に対して当該著作物の全ての著作権（著作権法第21～28条までに規定する全ての権利）を譲渡する。
2．上記著作権譲渡後に、甲が当該著作物について以下に掲げる再利用を希望する場合には、利用目的を記載した書面（電子メールを含む）をもって乙に申し出ることとする。乙は、無償で、甲に当該著作物の再利用を、書面（同前）をもって承認するものとする。
3．著作物の再利用の内容は次のとおりとする。
①複製
著作物を印刷、複写又は電子化することによって、複製物を作成すること。及び、作成

した複製物を他者に譲渡すること。

②公衆送信

著作物の公開、保存及び提供に資すると著者が判断できる範囲で、著作物をデジタル化し、個人又は乙の所属組織のウェブサイトにおいて送信して利用すること。

③翻訳、翻案

著作物を翻訳または翻案（改作、加筆・修正等）して利用すること。

4．当該著作物について第三者から著作権上のクレームがあった場合は、甲は誠実に対応するものとする。

5．甲は本譲渡書を、最終稿の提出の際に乙に提出しなければならない。

【年報論文転載申請書（例）】

20○○年○月○日

年報論文転載申請書

日本教師教育学会年報編集委員会様

氏名　○○○○

日本教師教育学会年報論文転載の申請について

年報第○号（20○○年９月）掲載の、「著者名」「題名」を、「著者名」『題名』（△△出版20△△年△月出版予定）に転載することを申請します。

なお、転載先には、原著論文が同年報に掲載されていることを明記いたします。

【年報論文転載承諾書（例）】

20○○年○月○日

年報論文転載承諾書

○○○○様

日本教師教育学会年報編集委員会

委員長　○○○○

日本教師教育学会年報論文転載の承認について

○○○○年○月○日に申請のあった、日本教師教育学会年報第○号（20△△年△月）掲載の、「著者名」「題名」を、「著者名」『題名』（△△出版　20△△年△月出版予定）に転載することを承認いたします。

⑷ 「研究論文」と「実践研究論文」の区分に関する申し合わせ

（2005年９月23日、年報編集委員会）

1 「実践研究論文」は、「研究論文」と並立する別ジャンルの文献である。
2 「研究論文」とは科学文献の分類における原著論文（オリジナル・ペーパー）のことであり、教師教育の分野において、執筆者が自己の行った研究活動について明確に記述し解説し、その成果として得た結論を述べたもの。
 その要件としては、次のことがあげられる。
 1）それまでに知られている先行研究に照らしてのオリジナリティ（教師教育の分野における新しい事実、既知の事実間の新しい関係、既知の事実や関係をめぐる新しい解釈、および新しい開発などの独創性）があること。
 2）オリジナリティを根拠づける論理・実証性があること。
3 「実践研究論文」とは、教師教育の分野において、執筆者が自己の行った教育活動（教育実践・自己教育などを含む）について明確に記述し解説し、その成果として得た結果を述べたもの。
 その要件としては、次のことがあげられる。
 1）教師教育をめぐって客観的に解決のせまられている現実問題に照らしての有意味性があること。
 2）有意味性を確認するために必要十分な情報が提供されていること（記録性）。
 3）実践上のユニークな視点・方法・工夫などが盛り込まれていること。

⑸ 投稿原稿中の表記について

（2003年10月３日、年報編集委員会決定）
（2005年９月23日、年報編集委員会決定一部改正）
（2013年９月14日、第62回理事会一部改正）
（2021年６月19日、年報編集委員会一部改正）

1 注および引用文献の表記については、論文末に一括して掲げる形式をとる。
〔論文の提示方法〕著者、論文名、雑誌名、巻号、年号、ページ。
 1）梅根悟「教員養成問題と日本教育学会」『教育学研究』第34巻第３号、1967年、235ページ。
 2）KarenZumwalt,“AlternateRoutestoTeaching.”*JournalofTeacherEducation,*Vol.42,No.2,1991,pp.83-89.
〔単行本の提示方法〕著者、書名、発行所、年号、ページ。
 1）大田堯『教育とは何かを問いつづけて』岩波書店、1983年、95-96ページ。
 2）KevinHarris,*TeachersandClasses*,Routledge,1982,pp.32-38.
2 記述中の外国語の表記について
外国人名、地名等、固有名詞には原語を付ける。外国語の引用文献および参考文献は、原則として原語で示す。また、叙述中の外国語にはなるべく訳語を付ける。外国語（アルファベット）は、大文字・小文字とも半角で記入するものとする。中国語、ハングル等、アルファベット表記以外の文字も、これに準ずる。

7　日本教師教育学会申し合わせ事項

1　日本教師教育学会の会費納入に関する申し合わせ

(2001年10月５日、第36回理事会決定)
(2003年４月12日、第41回理事会一部改正)
(2011年９月16日、第58回理事会一部改正)
(2021年４月16日、第81回理事会一部改正)

1　会員は、新年度の会費を５月末日までに払い込む（もしくは振り込む）ものとする。ただし、５月末日までに自動引き落としの手続きをした会員は、実際の引き落とし期日にかかわらず、５月末日までに会費を完納したものとみなして扱う。
2　会費は、規定額を払い込むものとする。払込額が当該年度会費に満たない場合は、追加払込みで満額になるまで未納として扱う。次年度会費規定額に届かない超過額を払い込んだ場合は、手数料を差し引いて一旦返却することを原則とする。
3　研究大会における発表申込者（共同研究者を表示する場合はその全員）は、前項により会費を完納した会員でなければならない。発表を申し込む入会希望者の場合は、５月末までに入会金及び会費を払い込み、必要事項を記入した入会申込書が学会事務局により受理されていなければならない。
4　学会費を完納していない会員は、研究大会及び学会総会に出席できない。
5　学会年報投稿者（共同執筆者がいる場合はその全員）は、投稿締め切り日までに当該年度までの会費を完納している会員でなければならない。投稿を申し込む入会希望者の場合は、投稿締め切り日までに入会金及び会費を払い込み、必要事項を記入した入会申込書が学会事務局により受理されていなければならない。
6　役員選挙における有権者は、選挙前年度までの会費を前年度末までに会費を完納している会員に限る。
7　退会を希望する場合は、退会を届け出た日の属する年度まで会費を完納していなければならない。退会の意向は、事務局宛に直接、書面（e-mail、ファクシミリを含む）で届け出なければならない。
8　学生（院生を含む）である会員は、該当年度に有効な学生証のコピーを事務局に提出し、確認を受けたうえで学生用年会費を払い込む。

以　上

2　会費未納会員に関する申し合わせ

(1998年２月28日、第25回理事会決定)
(2011年９月16日、第58回理事会改正)
(2018年９月28日、第72回理事会改正)

日本教師教育学会会則第４条第４項に関する申し合わせを、次のように定める。

1　会費未納者に対しては、その未納会費の年度に対応する学会年報を送らない。期限後に会費納付があった場合、年報を除き、納付日以前に一般発送した送付物（ニュース、会員名簿等）は、原則として送らない。

2　会費が３年度にわたって未納となっている会員は、次の手続きにより脱退したものと見なす。

①　未納３年目の会計年度終了に先立ち、学会事務局が十分な時間があると認める時期において、当該会費未納会員に対し、会費未納の解消を催告する。

②　学会事務局は、未納３年目の年度末までに会費未納を解消しなかった会員の名簿を調製し、翌年度最初の理事会の議を経て除籍を決定する。

③　会費未納による脱退者は、除籍の決定をもって会員資格を失うものとする。

3　会費が２年間にわたって未納となり、届け出られた連絡手段すべてにおいて連絡が取れない会員については、前項にかかわらず未納２年目末をもって、催告無しに前項に準じた脱退手続きを行なうことができる。

4　会費未納により除籍となった者が本学会の再入会を希望する場合は、通常の入会手続きに加えて、除籍に至った未納分の会費も納入しなければならない。

以　上

3　理事選挙の被選挙権辞退に関する申し合わせ

（1993年６月19日、第９回理事会決定）
（2011年９月16日、第58回理事会改正）

1　理事選挙の行われる年度末において、満70歳以上の会員は、被選挙権を辞退することができる。

2　日本教師教育学会会則第６条第３項に関し、選出区が全国区・地方区にかかわらず連続３期理事をつとめた会員は、役員選挙にあたって被選挙権を辞退することができる。

3　被選挙権を辞退する会員は、役員選挙のつど、辞退の意向を日本教師教育学会事務局宛に直接、書面（e-mail、ファクシミリを含む）で届け出なければならない。

以　上

4　常任理事に関する申し合わせ

（2002年６月22日、第38回理事会決定）
（2017年９月29日、第70回理事会一部改正）
（2020年９月11日、第76回理事会一部改正）
（2022年４月16日、第81回理事会一部改正）

日本教師教育学会会則第８条に規定する「常任理事」について次のように申し合わせる。

1（選出方法）

常任理事は、次の理事をもってあてることを原則とする。

ア　全国区選出理事

イ　事務局長、事務局次長
ウ　理事会の議を経て、会長が委嘱する理事
2（常任理事の任務）
常任理事は、次の任務を持つ。
ア　常任理事は、常任理事会を構成し、理事会の審議・議決に則り、学会運営の具体的な事項を審議・決定する。
イ　常任理事は、本学会の事業を執行する。
3（常任理事会）
常任理事会は、次の場合に招集する。
1　常任理事会は、通常、年に3回、会長が招集する。
2　第1項のほか、次の各号の一に該当する場合に、臨時の常任理事会を開催する。
ア　会長が必要と認めたとき。
イ　3分の1以上の常任理事から会長に招集の請求があったとき、会長は請求受理後一ヶ月以内に、常任理事会を招集しなければならない。

以　上

5　入会承認手続きに関する申し合わせ

（2004年4月17日、第43回理事会決定）

日本教師教育学会会則第4条第2項の運用に関して、以下のように申し合わせる。
1　会員資格は、原則として理事会の承認の後に得られるものとする。
2　前項の申し合わせにかかわらず、理事会が必要と認める場合、常任理事会の承認をもってこれに代えることができるものとする。

以　上

6　地方区理事の委嘱に関する申し合わせ

（2004年9月17日、第44回理事会決定）

日本教師教育学会役員選出規程第3条第5項の運用に関して次のように申し合わせる。
1　地方区選出の理事は、当該地方区に所属する会員でなくなった際には理事資格を喪失する。
2　地方区選出の理事に欠員が生じた際の、後任の委嘱については次の通りとする。
⑴　欠員が生じた際は、理事会および常任理事会は、速やかに後任の委嘱についての協議を行う。
⑵　繰り上げによる後任の委嘱は、当期選挙の選挙管理委員会が決定した次々点者までとする。
⑶　欠員が生じた時点で、当該の理事任期が既に2年6月経過している際には、後任の理事の委嘱を原則として行わない。

以　上

7　オンライン開催による研究大会等での録音・録画等に関する申し合わせ

（2020年９月11日、第76回理事会決定）

研究大会での録音・録画等について下記のように取り扱うこととする。なお、研究大会以外に学会が開催する研究会等においても、下記に準ずるものとする。

(1) 自由研究発表

発表者本人が求めた場合も含め、録画・録音・画面の撮影やキャプチャは行わない。学会としても録画しない。

(2) 課題研究や総会等

・記録のために学会として録画する。
・一般参加者の録画は許可しない。
・最初のpptに録画について表示し、開始時に司会から口頭で参加者に了解を得る。
・データは学会事務局で４年間保管し、保管期間終了後に消去する。
・閲覧は、会員である者が、会長・事務局長・録画対象となった部会の責任者の許可を得た場合にのみ可能とする。閲覧利用の要望について判断する際、実質的な最終判断は、録画対象となった部会にあるものとする。期をまたいで役員体制が交替することを想定し、連絡先の事務局内での共有・引き継ぎを確実に行う。

(3) シンポジウム

・学会として録画・録音する。
・保管場所・期間は（２）に同じ。
・閲覧利用についての判断は、大会実行委員会委員長・事務局長に意見を求めたうえで会長・事務局長が行う。

以　上

※注記：(2)(3) での閲覧は、学会として行う研究活動や年報編集を利用目的とするものを想定している。

8　学会として実施する研究会等の録音・録画及びその公開等に関する運営に向けてのお願い

（2021年10月１日、第79回理事会決定）

現在、本学会ではオンラインでの会議や研究会が活発に実施されています。情報関連機器の技術革新が進む中で、そうした会議や研究会の様子を録画・録音して、会員等に向けて公開し、議論を共有することが進められていくと予想されます。

そこで、研究大会時を含む、学会活動の一環として広く会員に呼びかけて実施する研究会等の運営に関して、呼びかけをさせていただくことにいたしました。本学会では、第76回理事会（2020年９月11日）において「オンライン開催による研究大会での録音・録画等に関する確認」が確認されており、大会時の課題研究、シンポジウム、総会等については学会として録画・録音を行うことが認められています。この呼びかけは、そのルールをその後のICT環境の充実を踏まえてガイドライン化し、大会時及び大会時以外の研究会に汎用することを期待するものです。

なお、本確認事項は、
・本学会研究倫理規程に基づいた研究活動を行うこと
・個人情報の保護、著作権の保護、肖像権の保護に努めること
・研究会等における会員の積極的な研究活動に十分な配慮を行うこと
を柱としています。
1．研究会等の録音・録画ならびに録画データの公開等にあたっては、研究倫理規程を遵守し、「オンライン開催による研究大会での録音・録画等に関する確認」を参考にして適切な実施に努めてください。※個人情報の保護、著作権の保護、肖像権の保護 等
2．研究会等の録音・録画および録画データの公開等は学会として行ってください。
・個人アカウントを使用しない
・担当理事等が責任者となる
3．研究会等の録音・録画及びその動画の公開を行う際は、以下の手順を参考にして、参加者に許可を得てください。
①会の開催前に参加者に周知すべき確認事項を文書化しておいてください。※これを録画、公開に関する契約事項とします。
【文書に入れるべき内容】
・会の責任者
・録画（動画の公開を予定している場合は公開を含む）することについて
・録画及び公開する箇所について
・公開の場所・範囲・期間について
・データの保管、消去について
②会の開始時に必ず①の確認事項を読み上げて参加者に周知し、それらを了解して参加するように伝えてください。
【了解できない参加者への対応】
・ビデオをオフにして参加することや発言を控えることを周知してください。
③会の終了時に開始時の説明に基づいて公開することの最終確認をしてください。
【了解できない参加者があった場合の対応】
・可能な限り当該参加者の意思を尊重する配慮をしてください。
4．録音・録画データを会員等に向けて公開する場合は、前記の説明に基づき、適正に実施してください。※理事会等での報告をお願いします。
5．録音・録画データは担当責任者（※担当理事等）が適切に管理保管し、必要がなくなった時点で、速やかに消去・処分してください。

9　学会研究費として使用可能な用途に関する確認

（2018年9月28日、第72回理事会決定）

学会研究費として使用可能な用途として以下を定める。
1　研究会にかかわること
・講師謝金　・講師・参加者の交通費、宿泊費・受付等のアルバイト代　（時給1,000円を目安とする）・会場使用料・研究会の飲み物代・茶菓子代・資料印刷費

2　研究大会にかかわること
・スタッフ、報告者の弁当代
3　研究にかかわること
・書籍代
4　報告集制作等にかかわること
・報告集制作費　・郵送費　・音声おこし費、英文校閲料
なお、備品になるような耐久消費財は、原則として購入対象外とする。

以　上

10　研究大会時の災害等への対応

(2019年９月20日、理事会決定)
(2019年11月９日、常任理事会一部改正)

研究大会時の災害等への対応については、参加者の安全確保と被害の未然防止を第一とし、以下のように定める。

1　研究大会の中止等にかかわる決定と告知
　災害等によって参加者の安全が危ぶまれる場合や何らかの被害発生が予想される場合には、大会実行委員会・学会会長・学会事務局が協議して、研究大会の中止等を決定する。告知は、大会HP、学会HPおよび大会校の受付付近での掲示で行う。

2　研究大会中止の目安
・開催日以前―大会会場最寄り駅の鉄道を含む計画運休が発表され、運休時間帯が大会開催時間帯と重なっている場合→計画運休時間帯の開催を中止
・午前７時―特別警報や避難準備にあたる「警戒レベル３」が発令されたり、大会校最寄り駅の鉄道が全線運休したりしている場合→午前の開催を中止
・午前11時―特別警報や避難準備にあたる「警戒レベル３」が発令されたり、大会校最寄り駅の鉄道が全線運休したりしている場合→午後の開催を中止
・大会開催中―特別警報や避難準備にあたる「警戒レベル３」が発令されたり、大会校最寄り駅の鉄道の計画運休が発表された場合→できるだけ早く大会切り上げ

3　研究大会の中止や再開に伴う措置
・自由研究発表・ポスター発表・ラウンドテーブルが中止の場合→発表したものとする。
・総会が中止の場合→総会資料を全会員に示し、審議事項についての意見を１ヶ月間求め、異議がない部分は承認されたものとする。異議がある部分は、次回の総会で審議する。ただし、予算に関しては異議に配慮しつつ執行する。
・状況が回復し、大会の開始または再開が可能になった場合→大会を開始または再開する。原則としてその時間に予定されていた内容を行う。ただし総会は他事に優先する。

4　参加費・懇親会費の取り扱いについて
・学会大会が不開催の場合→大会要旨集を送り、参加費（事前申し込み分）は返却しない。
・懇親会が中止の場合→懇親会費は原則として返却する。振り込みの場合は、振り込み手数料を差し引いた額を返却する。

5　被害への対応

万一、何らかの被害が生じた場合には、大会実行委員会・学会会長・学会事務局で協議しつつ、参加者の安全確保と被害拡大防止にむけた適切な対応を行う。

6　研究大会以外の学会行事における災害等への対応

研究大会以外の学会行事（理事会・研究会等）においても、この災害等への対応を目安として、参加者の安全を第一に、開催・中止等を判断する。

以　上

8　日本教師教育学会　入会のご案内
―研究と実践の創造をめざして―

日本教師教育学会は、1991年８月30日に創立されました。

子どもや父母・国民の教職員への願いや期待に応え、教育者としての力量を高めるための研究活動を多くの人々と共同ですすめたいというのが学会創立の趣旨です。

わたくしたちは「教師」という言葉に、学校の教職員はもとより、社会教育や福祉・看護・医療・矯正教育などに携わるさまざまな分野の教育関係者を含めて考えています。

また、その「教育」とは、大学の教員養成だけでなく、教職員やそれをめざす人たちの自己教育を含め、教育者の養成・免許・採用・研修などの力量形成の総体と考えています。

このような学会の発展のため、広い分野から多くの方々がご参加くださいますようご案内申し上げます。

１　大学などで教師教育の実践や研究に携わっている方々に

大学設置基準の大綱化のもとで、「大学における教員養成」も大学独自の創意工夫が求められる時代となりました。このような状況の変化のもとで、本学会は、各大学、各教職員が、国公私立大学の枠を越え、全国的規模で教師教育の実践や研究について交流し、カリキュラム開発などの共同の取り組みをすすめることに寄与したいと念じております。

大学における教師教育は、教育学、教育心理学、教科教育法などの教職科目だけではなく、教科に関する諸科目、一般教育を担当する方々との共同の事業です。多彩な専門分野からのご参加を呼びかけます。

２　学校の教職員の方々に

社会が大きく変化し、さまざまな教育問題が起こるなかで、「学校はどうあるべきか」がきびしく問われています。それだけに、学校で働く教職員の方々が、子どもや父母の願いをくみとり、教育・文化に携わる広い分野の方々との交流・共同により、生涯を通じて教育者としての力量を高めていく研究活動とそのための開かれた場が求められています。教育実習生の指導などを通してすぐれた後継者、未来の教師を育てることも現職教職員の大きな責任と考えます。そのような学会の発展のため学校教職員のみなさんの積極的な参加を期待いたします。

３　社会教育、福祉、看護、医療・矯正教育などの分野の職員の方々に

人間が生涯を通じて豊かに発達し尊厳を実現するには、学校ばかりでなく、保育所・児童館、教育相談所、家庭裁判所・少年院、公民館・図書館・博物館、スポーツ施設、文化・芸術施設、医療施設などさまざまな教育・文化・福祉・司法などの分野の職員の方々の協力が欠かせません。よき後継者を育てることも大切な仕事です。そのためには、それぞれの分野の垣根を越えて、実践や理論を交流し、教育者としての力量を共同して高める研究活動の場が必要です。この学会がその役目を果たせますよう、みなさんの入会を期待します。

４　教育行政や教育運動に携わっている方々に

教師教育は、大学やその他の学校だけでなく、教育行政とも密接な関連があり、教育運動の動向にも影響を受けます。これらの組織に関わる方々の参加が得られるならば、教師教育研究のフィー

ルドはいっそうひろがります。すすんで参加・参画いただき、その充実を図りたいと思います。

5　教育問題に関心をもつ学生や将来、教育関係の職業をめざす方々に

教職員をめざし、または、教育問題に関心をもつみなさんが、在学中や就職前から、専門的力量の向上について研究的関心をもちつづけることは、進路の開拓にも大きな力になるでしょう。本学会の諸事業にもすすんで参加してください。

6　父母・マスコミ関係者ほか、ひろく国民のみなさんに

よい教師は、よい教師を求める国民的期待の中で育まれるといえるでしょう。他の分野の教職員についても同様です。会員として、また、会員外の立場から、本学会について率直な意見を寄せていただければ幸いです。

7　教育者養成・研修に関心をもつ外国の方々に

教師教育研究の国際交流は、本学会の事業の大きな目標のひとつです。会員資格に国籍は問いません。入会を歓迎いたします。

会員になりますと、研究集会、研究委員会活動、その他の諸行事への参加、機関誌への投稿やその無料郵送、研究業績の紹介、学会ニュースや会員名簿の閲覧など、会則に定める本学会の多彩な事業の利益を受けることができます。

いま、社会は大きく変化し、新しい教育者像が求められています。この学会が、その探究のための「研究のネットワーク」「研究の広場」として発展するよう、多くのみなさんのご協力をお願いいたします。

《入会申込みの方法》

1　本学会の趣旨に賛同し、入会を希望する場合は、「入会申込フォーム」（学会ホームページ上にあります）より、必要事項を記入し、推薦者１名（既会員）の名前も添え、お申し込みください。（既会員の推薦者がいらっしゃらない場合には無記入のままで結構です）。郵送で申込みをされる場合は、「入会申込書」（学会ホームページ上にあります）に必要事項を記入し、日本教師教育学会事務局までお送りください。

2　入会金1,000円及び当該年度会費7,000円（合計8,000円）を下記郵便振替口座もしくは銀行口座へご送金ください。学生・院生の場合は、ホームページ上の「会費納入方法について」ページ内の「会費学生料金申請」フォームから当該年度に有効な学生証のコピーを事務局に提出してください。事務局からの確認メールが届きましたら、入会金1,000円及び年会費3,000円（合計4,000円）をご送金ください。

【加入者名】：日本教師教育学会

【郵便振替】記号番号：00140−7−557708

【ゆうちょ銀行】＜機関コード9900＞　〇一九店（店番号019）当座預金　口座番号　0557708

3　入会申込書、及び入会金、年会費が事務局宛に届いた時点で「入会希望者」として受付しまして、受付受理されましたことをメールでお知らせ致します。

4　理事会で承認されましたら、メールで承認のお知らせをさせていただきます。メールが届かない場合は、大変お手数ではございますが、事務局までお問い合わせいただきますようお願い申し

上げます。

＊　事務局は基本的に３年交代です。最新の事務局情報は、本学会ホームページをご覧ください。

日本教師教育学会事務局（JSSTE）

＊和井田節子（第11期事務局長・共栄大学）

＊内田　千春（第11期事務局次長・東洋大学）

＊株式会社EPOCH-NET（事務局事務業務担当）

Email：office@jsste.jp

Tel　：070-6441-0943

Post ：〒344-0061　埼玉県春日部市粕壁3-10-1-1705

HP　：https://jsste.jp/

編集後記

『年報』第31号をお届けします。本年報第１号が発刊されたのは1992年10月。本号は、新たな世代（generation）の出発を記録するものとなります。

本号では、２つの特集を組みました。(1)「教員研修制度改革の検討」、(2)「幼児教育・初等教育教師の養成と研修―現状と課題―」です。

教員研修制度改革は、現在まさに進行中の政策です。教育公務員特例法および教育職員免許法の改正（2022年５月18日）により、免許状更新制度は廃止され、教員免許状に期限をつける仕組みも廃止されました。しかし、そもそもこの制度は第１次安倍内閣において、首相自身の強いイニシアティブのもとに、関係者の強い反対や疑義の表明にもかかわらず強行されたものです。それが首相の退陣から程なくして廃止されたという経緯は、「政治」と教育政策を考える上での貴重な教訓として忘れてはならないと考えます。

同時に新たに導入された、教育委員会等が教員の研修履歴を記録・指導助言する制度が、一人一人の教員の教育実践を励まし、力量を向上させるものとなり得るのかどうか、厳しく問われなければなりません。

幼児教育・初等教育教師の養成と研修をめぐる特集は、近年の保育および幼児教育制度の構造的な変化を背景に、基礎的な課題や論点を整理しようとしたものです。この分野で実践あるいは研究している本学会員は、少なくありません。しかしこれまで、この分野の研究を本誌が特集として取り上げたことはありません。今回掲載された論文を基盤として、今後、この分野の研究がいっそう発展することを強く願うものです。

なお、特集テーマに対して投稿論文もありました。しかし査読・審査の結果、残念ながら掲載には至りませんでした。投稿に感謝するとともに、今後のご活躍を期待しています。

本号には16本の一般投稿論文がありました。内訳は、研究論文14本、研究・実践ノート２本。実践研究論文はありませんでした。２度にわたる査読・審査の結果、最終的には２本の研究論文が掲載されることになりました。

実践研究論文の投稿がなかったことは、大変残念でした。しかしこのことの原因には、引き続く新型コロナウイルスの蔓延によって、物理的な人的接触が制限されていることがあると考えられます。例年に比べて投稿論文の総数自体が少なかったことも、日常的な教育活動を行うこと自体に、きわめて多くの負荷がかけられていることの反映です。状況が改善されることを望まずにはいられません。

次号からは、電子投稿システムが本格化します。学会HPからダウンロードした「原稿執筆フォーマット」を使用して、「論文投稿マニュアル」に従って入力・提出して下さい。積極的な投稿を期待しています。

（文責：編集委員長　吉岡真佐樹）

年報第31号　第11期編集委員会活動記録

2021年12月４日（土）第６回編集委員会（ズーム会議）
- 年報第30号編集の振り返り
- 投稿論文の査読体制と日程についての確認
- 投稿論文の提出・判定作業の電子化について検討
- 年報第31号の特集企画についての検討

2022年１月29日（土）第７回編集委員会（ズーム会議）
- 投稿論文査読担当者と審査日程の決定
- 年報第31号特集テーマの決定
- 「書評」「文献紹介」図書の選定
- 投稿論文の提出・判定作業の電子化について検討

2022年４月９日（土）第８回編集委員会（ズーム会議）
- 投稿論文の第一次査読結果の報告と審査・判定
- 再査読の日程と手順の確認
- 年報第31号特集テーマへの執筆依頼者の決定
- 「書評」「文献紹介」図書の追加および執筆者の決定

2022年６月18日（土）第９回編集委員会（ズーム会議）
- 投稿論文の再査読結果の報告と判定
- 年報第31号特集テーマ投稿論文の査読結果の報告と判定
- 年報第31号編集作業の現況についての報告
- 論文投稿システム電子化作業の報告

2022年９月10日（土）第10回編集委員会［予定］（ズーム会議）
- 年報第31号の編集結果について
- 論文投稿システム電子化に伴う「年報投稿要領」の改正（案）について
- 学会総会への報告事項について

日本教師教育学会年報　第31号
教員研修制度改革の検討
幼児教育・初等教育教師の養成と研修――現状と課題――

2022年９月30日　発行
編　集　日本教師教育学会年報編集委員会
発　行　日本教師教育学会
事務局　〒344-0061　埼玉県春日部市粕壁3-10-1-1705
Tel 070-6441-0943
郵便振替口座番号　00140-7-557708（557708は右詰で記入）
E-mail：office@jsste.jp
年報編集委員会
〒606-8522 京都府京都市左京区下鴨半木町１
京都府立大学　公共政策学部　吉岡真佐樹研究室内
Tel & Fax 075-703-5344
E-mail：m_ysok@kpu.ac.jp
印　刷　学事出版株式会社
〒101-0051　東京都千代田区神田神保町1-2-5
Tel 03-3518-9655　Fax 03-3518-9018　https://www.gakuji.co.jp/